高等职业教育公共基础课系列规划教材

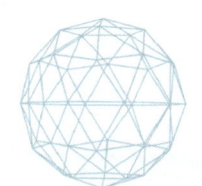

职通未来
——大学生职业规划与就业指导

ZHITONG WEILAI——DAXUESHENG ZHIYE GUIHUA YU JIUYE ZHIDAO

主　编　杨　岩　武　静　孙育麟
副主编　刘志刚　张金琦　卢　勇
　　　　张　蕾　白晓东　刘春兰

大连理工大学出版社

图书在版编目(CIP)数据

职通未来：大学生职业规划与就业指导 / 杨岩，武静，孙育麟主编. -- 大连：大连理工大学出版社，2024.9. --（高等职业教育公共基础课系列规划教材）. ISBN 978-7-5685-5155-7

Ⅰ. G647.38

中国国家版本馆 CIP 数据核字第 2024NV2953 号

大连理工大学出版社出版

地址：大连市软件园路 80 号　邮政编码：116023
发行：0411-84708842　邮购：0411-84708943　传真：0411-84701466
E-mail：dutp@dutp.cn　URL：https://www.dutp.cn
大连图腾彩色印刷有限公司印刷　　大连理工大学出版社发行

幅面尺寸：185mm×260mm　印张：14.5　字数：362 千字
2024 年 9 月第 1 版　　2024 年 9 月第 1 次印刷

责任编辑：胡升华　　　　　　　　　责任校对：程砚芳
　　　　　　　　　封面设计：张　莹

ISBN 978-7-5685-5155-7　　　　　　　定　价：49.80 元

本书如有印装质量问题，请与我社发行部联系更换。

PREFACE

党的二十大报告强调,要实施就业优先战略,强化就业优先政策,健全就业公共服务体系。开设大学生职业发展与就业指导课程,是高校贯彻落实这一重要精神的关键举措,是促进青年学生职业生涯规划初步完成、职业能力和职业素养有效提升、职业观和就业观正确树立以及实现高质量充分就业的重要渠道。

大学期间是青年学子成长、发展、成才的重要人生阶段,需要开展创新创业教育,对大学生就业进行指导,帮助他们对学业和职业发展进行科学规划,并全面提升综合素质和能力。为了帮助学生对学业和职业发展进行科学规划,并全面提升综合素质和能力,学校开发了"大学生职业规划与创新创业教育"系列教材,分别为《职通未来——大学生职业规划与就业指导》和《创赢人生——大学生创新创业教育》。《职通未来——大学生职业规划与就业指导》以大学生职业生涯设计为主线,以寻找人生方向、规划职业生涯为主要内容,指导大学生树立正确的世界观、人生观、价值观、职业观和就业观,使职业生涯规划的意识深入学生的心灵,并落实到日常的成长中。本教材主要包括四个模块:了解规划——我的未来不是梦;了解社会——外面世界很精彩;正确选择——我的生涯我做主;就业准备——万里之路足下行。

编者本着"科学、实用、简明、创新"的原则编写本教材,遵循"贴近实际、注重实效、有所创新"的基本思路,在以下方面打造自己的优势和特色:

(1)本教材以科学的课程理论为支持,力求与就业市场相适应,充分体现"以学生为中心,以就业为导向,以能力为本位"的风格,从而更具实用性和前瞻性。

(2)本教材精选了大学生真实的案例和拓展工具,以"案例导入"作为每单元的切入点展开内容介绍,以"课堂训练"作为每节的结尾,以实训练习为手段,做到理论与实践相结合,深入浅出,论述清楚,全面提升学生解决问题的实战经验和能力。

(3)本教材结合新时代职业与就业市场新形势、新情况、新变化,让学生真正了解职业环境的新特点、新内涵、新趋势,把握职业生涯规划设计的步骤要求和求职方法,为"职通未来"做好充分的准备。

职通未来——大学生职业规划与就业指导

本教材由黑龙江生态工程职业学院杨岩、武静、孙育麟任主编,黑龙江生态工程职业学院刘志刚、张金琦、卢勇、张蕾、白晓东、刘春兰任副主编。教材具体编写分工如下:单元一、单元三、单元七由武静编写,单元二第一节和第三节、单元四、单元六由杨岩编写,单元二第二节由张金琦编写,单元五由刘志刚、张金琦、卢勇、张蕾、白晓东、刘春兰合作编写,单元八、单元九、单元十由孙育麟编写,单元十一由武静、孙育麟合作编写。本教材可作为高等职业教育教材使用,也可供青年朋友在做职业生涯规划和求职择业时参考。

本教材在编写过程中,参考借鉴了大量有关文献资料,在此向有关著作权人表示衷心的感谢! 由于编者的专业知识、经验、能力和水平有限,加之时间仓促,书中难免出现疏漏和不足之处,敬请广大读者提出宝贵的意见和建议,以便再版时修正。

编　者
2024 年 9 月

所有意见和建议请发往:dutpgz@163.com
欢迎访问职教数字化服务平台:https://www.dutp.cn/sve/
联系电话:0411-84706672　84706581

CONTENTS 目录

模块一 了解规划——我的未来不是梦

单元一 在大学寻找人生方向 … 3
- 第一节 认识大学 … 3
- 第二节 适应大学时期角色转换 … 8
- 第三节 规划大学生活 … 17

单元二 职业与职业生涯规划 … 20
- 第一节 职业 … 20
- 第二节 职业生涯规划 … 32
- 第三节 职业生涯规划理论 … 38

模块二 了解社会——外面世界很精彩

单元三 认识职业环境 … 51
- 第一节 社会环境分析 … 52
- 第二节 组织环境分析 … 58

单元四 探索工作世界 … 65
- 第一节 专业探索 … 66
- 第二节 专业与职业 … 68
- 第三节 专业与兴趣 … 70
- 第四节 岗位探索 … 72

单元五 准备职业未来 … 76
- 第一节 职业信息的收集 … 76
- 第二节 职前实习 … 78
- 第三节 培养职业素质 … 80

模块三 正确选择——我的生涯我做主

单元六 探索自我 … 89
- 第一节 自我概述 … 89
- 第二节 培养兴趣 … 93
- 第三节 发掘职业性格 … 100
- 第四节 提升能力 … 109

第五节　探索价值观 ·· 116

单元七　职业决策与行动 ·· 124
　　第一节　职业决策概述 ·· 125
　　第二节　职业决策方法 ·· 132
　　第三节　职业决策步骤 ·· 138

模块四　就业准备——万里之路足下行

单元八　了解就业形势 ·· 155
　　第一节　大学生的就业现状 ·· 155
　　第二节　影响大学生就业的因素 ··· 161
　　第三节　我国目前的就业政策 ·· 163

单元九　就业心理与就业观 ··· 169
　　第一节　保持良好的就业心理 ·· 169
　　第二节　树立正确的就业观 ··· 175

单元十　掌握求职方法 ·· 179
　　第一节　整合就业信息 ·· 179
　　第二节　求职材料 ··· 186
　　第三节　笔　试 ·· 195
　　第四节　面　试 ·· 197

单元十一　就业流程与权益保护 ·· 213
　　第一节　就业流程 ··· 214
　　第二节　就业协议书、劳动合同与档案 ·· 215
　　第三节　求职陷阱与防范对策 ·· 222

参考文献 ·· 226

模块一

了解规划
——我的未来不是梦

导入语

人生中的很长时间是在工作中度过的,职业生涯的成败对人生发展有着决定性的影响。个体的发展、家庭的幸福,往往要通过职业来实现。为大学生学业发展和求职择业创造条件是大学教育的重要任务,在态度层面上,大学生应建立职业生涯发展的自主意识,树立正确、积极的世界观、人生观、价值观和科学的就业观,愿为个人的生涯发展付出努力;在知识层面上,大学生应该清晰地认识自身特性、工作环境状况、职业特性和环境、专业与职业的关系、未来工作发展趋势等;在技能层面上,应该掌握自我探索、职业决策、行业分析等技能。毕业走向社会,获得一个有成就感和自我实现感的职业,才能在职业生涯中适应发展,施展才华,实现自我价值,服务社会。大学是人生中非常重要的时期,是丰富思想、积累知识、增加技能、提升素质的关键阶段,也是大学生正式进入职业生涯的准备阶段。大学是一座集知识、能力、文化和精神的宝库,有着丰富的学习资源,如何度过美好的大学时光,如何在大学中寻找到人生的方向,如何不负青春、不负韶华、不负使命,实现自己的人生梦想,进而为实现中华民族伟大复兴的中国梦不懈奋斗,是每个大学生应该认真思索和明确回答的问题。

单元一
在大学寻找人生方向

案例导入

三个工人在砌一堵墙。

有人过来问:"你们在干什么?"

第一个人没好气地说:"没看见吗? 砌墙!"

第二个人抬起头来笑了笑,说:"我们在盖一幢高楼。"

第三个人边干边哼着歌曲,他的笑容很灿烂,说:"我们正在建设一座新城市。"

十年后,第一个人在另一个工地上砌墙;第二个人坐在办公室中画图纸,他成了工程师;第三个人呢,成为前两个人的老板。

(资料来源:王林发.成长的箴言:成就你一生的哲理故事[M].北京:军事谊文出版社,2007.)

请思考:

这三个人为什么会产生如此大的人生差距?

第一节 认识大学

一、大学的含义

19 世纪中叶的英国教育家纽曼认为,"大学是一个传授普遍知识的地方"。大学教育的最高层次,决定了它不仅仅是传授知识和发展知识的地方,更是启迪人的心智,使人掌握较复杂的知识、解决较复杂的问题,并在今后的生涯中可以自觉地进行自我教育、自我开发的地方。大学(University/College)是实施高等教育的学校,是一种功能独特的组织,是传承、研究、融合和创新高深学术的高等学府。它不仅是人类文明发展到一定阶段的产物,还在长期办学实践的基础上,经过历史的积淀、自身的努力和外部环境的影响,逐步形成了一种独特的文化。

中国古代高等教育有两千年的发展历程,虽没有"大学"之形,但却有"大学"之实。

1895年北洋大学堂(天津大学前身)创立,是近代中国官办最早的大学。以1922年新学制的颁布为标志,中国大学开始了百年发展历史中第一次重要的转型。中国大学发展至今,已经从社会边缘走向社会中心,从精英教育走向普通教育,在国家与社会的发展中占据着越来越重要的地位,发挥着越来越大的作用。

二、大学的使命

大学之责在于向社会、向学生提供开放性的普世化文明教育,要向学生传授全人类文明演进的成果。大学肩负着培育高素质人才、创新科学技术、传承民族文化、传播先进思想的使命。《大戴礼记·保傅篇》中写道,"古者年八岁而出就外舍,学小艺焉,履小节焉;束发而就大学,学大艺焉,履大节焉。"

大学应有崇高的使命感。这个使命是指培养学生完整的人格、净化学生的心灵、修养学生的品行、锻炼学生对事物进行批判的能力,而不是仅仅对学生进行专业教育。正如教育理论家纽曼所认识到的,"从功利派的论点中看到了真正教育的死敌。新大学在功利派理论的指导下,更看重的是专业培训而不是文化要求,是考试及结果而不是心理过程,是对事实的被动获取而不是心智的一般活动。"纽曼所指的"新大学",是违背了大学的逻辑而将市场经济的逻辑和政治的逻辑当作它的使命来运行的大学。

大学应当服务于人类社会的整体利益,服务于国家,服务于民族的进步、社会的进步。大学应该是主流价值观传播的地方,是先进文化传承、创造和弘扬的地方,是先进生活方式的倡导者和传播者,是社会的良心和智慧之所在。为此,大学应当引导学生学会独立思考、自主选择生活,为一生的职业生涯发展做准备。

三、大学的特点

(一)突出办学理念

先进的办学理念是大学的灵魂,是大学发展的理想愿景和持久追求。大学理念是大学的"精气神",反映大学的历史传统、精神底蕴和价值追求。大学是培养人的场所,大学教育归根结底是知识传承、人格发展、能力培养的多功能高等教育。例如,蔡元培先生提出"循思想自由原则,取兼容并包主义"。《柏林洪堡大学宪章》认为大学理念是"坚持研究与教学的统一、学生与学者的共同体、学术自我负责和自主管理的原则。因为学术离不开自由,自由离不开责任。"《东京大学宪章》描述东京大学的学术理想是"努力使自己建设成世界一流的学术研究机构,并且培养出有全球性发展眼光的知识分子,这些知识分子将为实现一个没有偏见的社会,为促进科技进步和创造新文化做出贡献。"

(二)实现教育价值

《大学》中写道:"大学之道,在明明德,在亲民,在止于至善。"意思是高层次的学问,在于弘扬光明正大的品德,在于使人弃旧图新,在于使人达到最完善的境界。这里谈到的"大学",是指大人之学,是君子之学,是走向人生大道的学问。能开始研习"大学",意味着心理成人的开始,要求遵守君子之德,开启光明大道的修行。这一点虽和现在的"大学"概念不同,但从内涵上有着一致性。

教育责任是大学的首要社会责任。大学的教育价值体现在培养符合社会需要的人才,大学一方面为青年学者提供学习知识、培养技能、成长成才的机会和条件;另一方面也引导学生树立正确的世界观、人生观、价值观,塑造学生的人格,培养他们高尚的道德品质。大学正是通过价值引导、目标激励、行为规范、素质提升等多种方式发挥综合育人的作用。

大学教育在本质上是人的教育。大学的职能内涵集中体现在培养什么人和怎样培养人上。因此,大学教育的价值在于提供了广泛的学科和专业、学术领域和职业机会,培养学生的综合能力和素质,并促进学术研究和社会进步。大学教育为学生的个人发展和职业成功提供了重要的支持和保障。

同时,大学教育的最重要目标,不仅在于培养出多少具有先进知识的人才,更重要的是关注教育对象的精神、心灵、人格的塑造,培养具备良好道德情操和人格素质的社会成员,大学在学生的专业知识与人格发展两个方面都具有同等的责任。因此,大学的教育价值既要体现社会的构成部分,与政府、社会保持密切的联系和互动,又要遵循自己的发展规律,追求真理,做社会和时代的先锋。

(三)引领科技发展

科技创新是提高社会生产力和综合国力的战略支撑,而大学是推动科技发展的重要引擎和创新源泉,这是大学的职能在科学研究方面的体现,大学应当成为知识创新的中心和推动科技成果向现实生产力转化的重要力量。

然而,在18世纪,尽管出现了但丁、哥白尼、伽利略等著名的学者、科学家,但那时的科学研究在大学还不普遍,还只属于纯粹的个人活动。19世纪初,德国提出了"大学教授的主要任务并不是'教',大学生的任务也不是'学',大学生需要独立自主去从事'研究'"的观点。从而传统大学模式有了突破,获得了巨大的成就并形成鲜明的大学特色。

20世纪50年代之后,各国相继创建了高科技园区,使大学发展高科技的职能发挥得淋漓尽致。以美国斯坦福大学为主的"硅谷"科学工业园区,以麻省理工学院、哈佛大学为核心的波士顿科研中心,英国剑桥科学园以及北京中关村高新技术开发区等,都体现了大学在以高新技术产业群为基础形成的产学研相结合的科技发展基地中的重要作用。出人才、出成果、出产品是大学科学研究这一职能的显著特征。

国际21世纪教育委员会在《教育——财富蕴藏其中》的报告中,对21世纪人才的要求是"学会认知,学会做事,学会共同生活,学会生存",可以说这四个基本学习要求已经超越了人才培养口径宽窄和传授知识多少的范畴,体现了高素质人才的基本要素,它是人生存和发展的重要根基。

当今,中国经济社会快速发展转型,对人才的需求也更加全面化、高素质化、专业化。同时,经济全球化、社会知识化、文化多元化、信息网络化等,无不体现着与农业时代、工业时代最为显著的"便捷性""复杂性"的区别。科学技术更新的周期越来越短,科技成果转化为现实生产力的速度越来越快,产业结构和职业结构的调整越来越频繁。科学技术与经济、政治、文化的相互作用、相互制约不断增加,从而对一流创新人才提出了迫切的需求。

大学承担着人才强国的历史重任,通过建立科学的人才培养体系,打造引领未来科技创新、经济发展和社会进步的人才资源。中国大学不仅为社会培养科技人才,还积极发挥科技创新的功能,成为国家创新发展的重要引擎。航天、电子、软件、互联网等技术和产业革命,中国的大学都发挥了重要的作用。

(四)实施科学管理

"政校分开、管办分离"是现代大学制度的基本原则,这是落实大学法人地位、保障大学自我管理的客观需要。实施"学者参与、民主决策"是管理大学事务,尤其是大学学术事务的普遍做法,在国外,学术评议会、学术委员会是民主管理的主要形式。《剑桥大学章程》规定学校设立"学部总委员会"作为最高学术决策咨询组织,统管大学的学术和教学工作。其下设学部分委员会、学院分委员会和学系分委员会,负责各学部、学院和学系的教学研究工作。此外,设有30余个专门委员会,如教学委员会、本科生招生委员会等,负责为学术事务决策提供咨询和监管。诸多层级和种类的委员会为教师有效参与民主管理和学术决策提供了条件。

大学之所以是大学,是因为它研究范围博大、研究学问高深、研究视野广阔,胸怀宽广、兼容并包、气度恢宏,充溢着一种大象无形的氛围和文化的光芒。这样,大学才成为人类文明和社会进步的综合标志。大学是一个复杂的社会组织,需要建立起多层次的共享空间和活动场所来支持与满足社会人员的需要。高校的产业和科研、文化、旅游等,不仅要服务于校园内的受教育者,更要向社会开放,实现校园内的资源与社会共享,为学校和社会同时使用,使得学校的教育资源得到最大限度的利用并体现对民众的关注。

同时,大学拥有开放的气魄、胸怀和能力,有勇气、有实力将教育资源向社会开放、向国内外开放。当代的大学生应该像大学一样具有开放的胸怀、走出校园、放眼世界、包容万物,具备宽阔的胸怀、开放的视野,以及不断发展和壮大自我的能力,使自身的综合素质在开放中不断融合、激荡和提高,涵养大气、开放、富有远见的当代大学生的品格。

大学是通往社会的一座重要桥梁,21世纪的高等学校不再是一个封闭的象牙塔,大学与社会互相影响、互相作用。大学须走进社会、了解社会;社会须走进大学,融入大学。校园向社会开放是大学培养人才的需要;大学为了培养高素质、全面开拓型的人才,需要向社会敞开,以保证师生与社会有广泛的接触并在社会生活中受到锻炼。

四、大学的意义

大学是什么,大学给我们带来什么?这是很值得思考的问题,也是大学生应该弄清楚的重要的问题之一。

大学给予我们充足的时间和实践去认真思考什么样的人生才有意义,让我们重塑世界观、人生观、价值观。总之,大学是让我们从幼稚走向成熟的精神殿堂。

(一)大学是一个新起点、一种新视野

进入大学,作为大学生的你离家后,独立参与团体和社会生活。在这里,你不再是单纯地学习或背诵书本上的理论知识,还有机会在学习理论的同时亲身实践。在这里,你不再由父母安排生活和学习中的一切,而是有足够的时间自由处理生活和学习中遇到的各类问题,支配所有属于自己的时间。大学阶段可能是你人生中最后一次有机会系统性地接受教育;可能是你最后一次能够全心建立自己的知识基础;可能是你最后一次可以将大段时间用于学习的人生阶段;也可能是最后一次可以拥有较高的可塑性、集中精力充实自我的成长历程。大学也许是你最后一次能在相对宽容的、可以置身其中学习为人处世之道的理想环境。所以说,大学是人生的关键阶段。这个阶段怎样处理好理想与现实、权利与义务、个人与集体、竞争与合作、自由与纪律、尊重与平等、友谊与爱情、学习与工作等关系;怎样做人、怎样

做事、怎样做学问、过怎样的生活、有怎样的人生追求等,这一系列的人生课题,都需要大学生在大学时光中自己去观察、思索、选择和实践。

(二)大学是一个全新的生活舞台

大学生进入大学,新的学习环境、新的生活环境、新的人际环境,为他们展开了充满希望和挑战的全新生活。大学时代是大学生迈入真实社会前的一次彩排。同时,大学生活的经验是很重要的,它可以帮助大学生习得竞争力、适应力、创造力、自控力、交往力、表达力、自学力等诸多方面的实践能力。

大学是各类学识渊博、不同学科精英的聚集地,除此之外,也会聚了富有激情、敢于挑战、思想活跃、来自五湖四海的同学。在这里可以建立起自己最初的人脉关系。在大学期间所建立起来的良好师生关系和同学关系,往往也会成为今后职业发展中的重要资源——人脉。因此,大学期间要广交朋友,不要把自己封闭在宿舍的小圈子里,也不要只同和你性格相似的人交往,其实更重要的是和其他类型的人交往,了解他们的经历、思维习惯、爱好,学习他们处理问题的模式,了解社会各个角落的现象和问题。

(三)大学是触摸梦想、设计未来的空间

人生就是一个不断选择、不断放弃和再选择的过程。有风雨也有艳阳,有苦辣也有甘甜。大学生活将是生命里美好的回忆。可以拥有美丽的爱情、多彩的活动、深夜里的卧谈会、睿智的老师、可爱的同学……当然,最重要的是在这里能够触摸到自己的梦想,感受到心灵的激情,为自己树立一个目标并且为之前行。需要注意的是,抉择前需要慎重思考,走好人生的每一步,尤其是关键的几步。人生需要规划,大学阶段同样需要规划。大学生活是人的一生中精彩、珍贵的时光。在这个时期,合理规划尤为重要。科学分配自由时间来应对生活中的种种问题,养成良好的生活习惯和合理的消费观,增强安全意识,提升心理素质,积极参与到丰富的社团生活之中,为自身的成长成才做好充分的准备。

(四)大学是独立思考、品味人生的摇篮

走过大学时光会发现,其实最值得珍惜的不是掌握的知识,不是学会的社交能力,不是所拥有的关系,而是曾走过的这段人生。好好去品味这段人生,只要认真去品味大学时光,一定会获益匪浅。在大学可以独立地感知社会、感悟人生,虽然大学生活有苦有累,但更多的是乐在其中。通过独立思考,大学生可以树立崇高的理想信念,明确自己的奋斗目标。在大学,大学生可以学会认知、学会做事、学会生存、学会共同生活,在提高专业技能的同时提升自己的道德修养,增强自己的综合素质,提升核心竞争力,为走进职场做好充分准备,最后通过个人努力,实现自身理想。

(五)大学是一种精神、一种人生追求

大学较吸引人也较为世人津津乐道的精髓之一就是大学精神。大学精神是一种价值取向,是大学生命力的源泉,是大学文化的核心所在,对大学的生存和发展起着决定性作用。

大学精神既深藏于大学之中,又游离于大学之外。它给大学注入了生命活力,使大学不仅是教学楼、图书馆等冷冰冰的建筑群落,也不仅仅是人才的集散地,而是人、思想、价值观念、理性思考、创新、智慧与博大胸怀的代表。大学虽不能直接赋予我们职业、态度、思想、信念和幸福,但大学精神却会潜移默化地滋润我们的精神、信念和信仰,使我们经历一种无形的洗礼和熏陶,这种影响虽然无声,却往往是持续终身的。

我上大学的十大理由

1. 我上大学,是希望/因为 _____。
2. 我上大学,是希望/因为 _____。
3. 我上大学,是希望/因为 _____。
4. 我上大学,是希望/因为 _____。
5. 我上大学,是希望/因为 _____。
6. 我上大学,是希望/因为 _____。
7. 我上大学,是希望/因为 _____。
8. 我上大学,是希望/因为 _____。
9. 我上大学,是希望/因为 _____。
10. 我上大学,是希望/因为 _____。

小组讨论:请同学们以小组为单位,分享自己的"我上大学的十大理由",并参考网络上一些学生关于"上大学到底为了什么?"的评论,找出本组认为的最重要的十大理由。各小组派代表在班里宣读讨论结果,再在全班评选出大家公认的最重要的十大理由。

第二节 适应大学时期角色转换

在社会中,每一个角色都不是孤立存在的,而是与其他角色联系在一起的。任何人都不可能仅仅承担某一个社会角色,而总是承担着多种社会角色。这些角色是根据个体在不同时间、不同场合、不同环境,占据着不同的社会位置,履行着不同的社会义务,遵循着不同的社会规范而确定的。例如,一名大学生,在学校对教师而言是学生,在家里对父母来讲是子女,在社会上对商店来讲是顾客等。一个人总是集多种角色于一身,与他人产生交往与互动,并由此参与社会生活。但是,由于学生主体的主要任务是读书学习,因此,他在社会中扮演的主要角色便是学生。

个体在社会中所扮演的主要角色并不是固定不变的,往往会发生多次的角色转换。角色转换就是在社会关系中对个体地位的动态描述。人的社会任务和职业生涯不断变化,角色也随之变化,从一个角色进入另一个角色,这个过程称为角色转换。社会角色由角色权利、角色义务、角色规范三个要素组成,角色转换也就是这三个要素的转换。

大学生一定要清醒地认识到进入职场后,自己的社会责任、社会角色、社会义务、社会权利及所处的环境都不同,应该按照新的环境和角色来约束自己,并承担自己该承担的责任。要将"以学为主"的思维模式,转变成"以用为主"的思维模式。掌握获取知识的本领,学会在知识的海洋中畅游,是同学们在大学阶段的主要任务,是顺利成长成才的重要基础。

一、角色转换的内容

(一)从精英到大众:适应个人心态的变化

多数大学生在大学里要经历两到三次重要的角色转变,以及因角色转变带来的心理变化。首先,很多同学在高中阶段是校园里的"精英",学习成绩非常好,担任年级或者班级的学生干部;到大学后,突然发现自己从受人瞩目的"明星"一下子变成了平平无奇的"凡人",甚至变成了"差生",周围的同学大多有这样或那样的优点和特长,中学时期的学习成绩也不比自己差。这种感觉往往是很多大学生进入大学时的第一个感受。

其次,由于大学教育从"精英教育"转向"大众教育",大学生进入大学校园,往往还来不及排解中学时代内心的压力,就被告知就业的压力、考研的压力……有个比喻放在大学生心态的转换中非常形象:高中是辆火车,高中的成绩只代表车票的不同,到达大学后,人生一个新的阶段就此展开,大家又一次站在了起跑线上,后面的路,奋斗就可以了。

最后,大学生完成学业以后,选择一份职业,开始步入社会,上岗就业,标志着一个新的人生阶段的开始。如何从单纯走向成熟,顺利地完成从大学生到职业人的社会角色转换,并尽可能地缩短这个转换的过程,是适应职业环境、实现职业生涯目标的一个关键。因此,每一个即将上岗的大学毕业生,都必须对这种社会角色转换过程有一个清楚的了解,以便及早做出有针对性的准备,尽快适应社会,迈好走向成功的第一步。

从学校到社会,从大学生到职业人,角色转换的成功与否,将直接影响大学生未来事业的成功与失败。大学毕业生应尽快完成从学生角色到职业角色的转变,正确面对社会,处理好工作与人际关系上的诸多矛盾,克服各种心理障碍,培养良好的适应能力,尽快适应环境,迈出成功的第一步。

(二)从被动到自主:适应学习方式的转变

国家大力推进素质教育,国内很多高中的教育教学方法灵活多样,学生也有很多机会接触课堂之外的内容,但不可否认的是,在高考的压力下,学习仍然是高中生最重要的任务。每个人的学习情况,会受到学校和家长的高度关注,学生的学习压力普遍较大。同时,中学阶段会对大学加入很多理想主义的元素,使很多学生认为大学学习非常轻松,也使很多人认为考进大学就"解放了"。然而,人类社会已经进入了知识经济时代,在五彩缤纷的大学生活里,学习仍然是一个不变的主题,是大学生活的主旋律。当然,这里所说的学习,除了指为了完成大学学业而必须完成的学习任务外,更重要的是为了提升自己的核心竞争力而进行的各方面的学习。相对中学而言,大学的学习氛围自由宽松,学生有了更多的可以自由支配的时间,对自主学习的要求更高,学习环境由"监督"变为"自觉",这对自制力较差的学生而言无疑是严峻的考验。大学的学习应把握三点。第一,要找到自己真正的兴趣,并有意识地培养这些兴趣,从而提高学习的积极性、主动性和创造性,增强学习的内在动机。兴趣不只是对事物表面的关心,任何一种兴趣的产生都是由于获得知识或参与活动而使人体验到情绪上的满足。兴趣是可以培养和发展的,它的发展通常有三个阶段:感官兴趣、自觉兴趣和志趣。例如,有的同学对打篮球有很大的兴趣,每次打篮球都觉得心情愉悦,这是兴趣的第一个阶段,即感官兴趣。接下来,他开始研究打好篮球所需要的各种技术,并找一切机会去实践锻炼,他打篮球的技术有了提升,他成为球队中受欢迎的人。这样,一方面,他的兴趣让他的能力更加浓厚,另一方面,能力的提升又让他对打篮球的兴趣更加浓厚,形成了互相促进的关系。这样,他打篮球的兴趣进入了第二个阶段,即自觉兴趣。这个同学发现自己打篮球的技术越来越好,最后被选入了校队,他在打篮球的过程中,也慢慢学到了很多篮球甚至体育方面的知识,产生了以篮球作为终生追求的想法,打篮球之外,他开始涉足篮球裁判、篮球解说、篮球产业等领域,最终将篮球当作自己的职业生涯目标。这样,他打篮球的兴趣进入了第三个阶段,即志趣。可见,兴趣可以使人的智力得到开发,知识得以丰富,眼界得到开阔,善于适应环境,对生活充满热情。兴趣对个性的形成和发展起了巨大作用。第二,要完成由"为考试而学"到"为自我提升而学"的转变。大学里的考试仍然非常重要,大学期间必须保证通过各项考核并顺利毕业。同时,大学生应该在学好专业基础理论知识、拓宽知识面的同时,重视实习实践、能力素质和国际视野的拓展,积极参与第二课堂的活动,注意培养创新能力,在提高个人的综合素质上下功夫。第三,要加强时间管理,提升效率。靠死记硬背和题海战术,已经不能适应大学的学习了。

大学所学知识的深度和广度都有了很大的提升,大学生必须学会时间管理,实现由"拼时间、拼勤奋"的数量竞争向"拼方法、拼效率"的质量竞争的转变,在学习中更加讲究用脑的艺术,遵循学习规律,注意学习方法,提高学习效率,开发自己的智力潜能。

(三)从依赖到独立:适应生活方式的转变

中学阶段的生活起居有较强的规律性,老师和家长提供了无微不至的帮助。进入大学后,大学生进入了独立生活的阶段,之前从来不会遇到的问题也会出现在生活中,理财、衣食住行等方方面面都必须由自己来安排和处理,对一切都感到新鲜。很多大学生总希望继续依赖父母、依赖老师,总觉得应该得到别人的帮助,遇到学习生活等方面的琐事,往往会以自己是学生为借口,怠于思考、懒得动手。以消费为例,当前很多大学生理财能力较差,经常没到月底就已经"月光"了。

出现这种问题往往是出于以下几点原因:缺乏自信,不敢勇敢地表达自己,而缺乏信心的大学生很容易受到他人的干扰,对于别人的意见很容易接受,自己的执行力不强,不敢在众人面前勇敢地表达自己;父母长期溺爱,缺乏自主性,不能自主决定事情。很多大学生在选择上严重依赖父母,愿意在安逸的环境中生存,不愿投身社会实践;内心不愿成长,不少有依赖心的大学生长期缺乏实践,动手操作能力不足,而内心并不渴望去成长。

真正的大学生活是以自主、自理、自立和自律作为显著特征的。大学生应当学习独立思考、提高自学能力,学会反思我为什么做不好、我哪里做错了、应该怎么改正,并主动找原因和解决的办法。这是新入学的大学生要尽快转变的心理。

大学生应尽快适应这种生活方式的变化,在思考、处理问题,尤其是个人重大问题时克服依赖思想,培养独立思考和解决问题的能力,要有远见卓识,三思而后行。对人生重大问题的选择,理性理智,而不盲目和感情用事。有法律和道德观念,做事有责任心,不鲁莽草率做事。坚持自己的事自己做,今天的事今天完成,从点滴小事入手,严格要求自己,控制生活的节奏,不管做什么事情都要掌握分寸,把握一个度,处理好学习与娱乐休闲的关系。

大学生应培养自己独立解决事情的能力。依赖心强的大学生应多培养自我创造和动手的能力。做到少说多做,即使自己有很多的想法,不妨去做一做,通过"去做"开发自己的思维,慢慢培养自己独立解决问题的能力。

大学生应学会自己承担后果,自己做决定,对于他人的意见仅供自己做参考。依赖心强的大学生可能内心不够强大,他们很害怕承担这样或那样的风险,所以不愿去面对现实。其实让他们自己去做出决定,承担后果,反而不会产生抱怨。

大学生应多参加社会实践,对于依赖心强的大学生而言,培养各种兴趣爱好,接触到更多的新朋友,会让自己慢慢投身到社会中,去帮助一些朋友,从中感悟一些东西,才能在不断实践中适应环境,减少依赖性。

(四)从简单到复杂:适应人际关系的转变

在人生长河中,交往是一门艺术,正是因为人与人的交往,心与心的沟通,所以生活才会多姿多彩。大学人际交往是迈向社会的关键转折点。在大学期间会遇到很多不同的人际关系,如果不懂得如何处理众多的人际关系,便会造成很多困扰。大学时代关系着自己的未来发展与人脉圈,因此,大学期间人际交往的重要性是不可忽视的。

高中同学一般都来自同一个城市,甚至是同一个城市的同一个区县,同学之间的生活习惯相对一致。同时,高中阶段学生的年龄相对较小,主要任务是学习,同学间在其他方面的互动相对较少。所有这些因素都导致了高中阶段同学之间的人际关系相对简单。而大学同学普遍来自全国各地,同一个专业或班级,一般都会有来自城市或乡村、经济发达地区或贫困地区的同学。无论是语言文化还是生活习惯,都有非常大的不同,相互之间的了解和磨合需要较长的时间。同时,大学里除学习之外,业余生活非常丰富,不同专业、不同班级、不同社团甚至班级内同学之间,在升学名额、奖学金资格、社团竞选等方面,都可能会遇到各种各样的冲突。冲突会带来人际关系的复杂化,大学生要认识到良好的人际关系是拓展大学生发展空间、促进其成长成才必不可少的重要因素。

建立良好的人际关系,应坚持与人为善和换位思考的原则,既要培养竞争意识,又要注意人际关系的和谐,善于理解和宽容别人,掌握交往之道。良好的人际关系是大学生心理健康的标志之一。到了大学该如何处理自己的人际交往呢?

1. 拓展社交圈

主动交往:正所谓"你若盛开,蝴蝶自来"。与人交往最重要的是态度,主动给别人一个微笑、一句问候、一份帮助,就可能会获得一份新的友情。

(1)参加社团或学生会。大学生活非常丰富多彩,交朋友的方式并不只是局限于整个班级或者是整个专业,可以通过社团或学生会找到与自己志同道合的朋友,交流自己感兴趣的东西。

(2)参加活动、比赛。大学里有各种各样的活动和比赛,可以通过参加校内举行的活动和比赛来结交朋友,这样也可以拓宽自己的交际圈。

(3)接纳同学之间的差异。每个人都有自己的生活习惯和价值体系,和同学生活在一起,就要学会接受,如果别人的生活方式妨碍到你的生活,可以委婉地提出,并适当地进行自我调整。

(4)掌握社交技巧。坚持平等、真诚、尊重、宽容的交往原则,当我们在交友的过程中遇到了问题,反思自己是不是没有做到这些原则,并及时地调整。

2. 重视寝室关系

寝室关系也是大学阶段基本的人际关系,住在集体宿舍,拥有一个和谐融洽的寝室关系十分重要。

(1)主动交流谈心。大家来自五湖四海,无论是语言上还是生活习惯上会有不同,那么平时就要多交流。这样能拉近彼此的距离,了解彼此,减少误会的产生。

(2)多替他人着想。人有不同,生活习惯也大相径庭,所以要多替对方考虑,换位思考。如晚上不要打扰早睡的同学,不要在宿舍大吵大闹,等等。

(3)相互关心,共同进步。大学生活,时间不短,室友便是我们最亲近的人,吃住在一起,所以要学会相互关心,如室友生病了要及时关心等,鼓励彼此成为更好的人。

(4)理性处理矛盾。如果和室友有矛盾,要当面说出来,切勿背后议论,背后议论只会增加矛盾,若能当面交流清楚,把矛盾说清,并化解掉,便会让寝室关系更加和睦。

(5)平等心对待混寝的情况。有些同学可能由于报到晚或者一些特殊原因,与其他班的同学或者学长(学姐)混住在一个寝室,不同年龄、不同专业可能会导致一些寝室问题的产生。那么,遇到此类情况,我们应该以平常心对待,只要自己做好,不打扰别人的生活,再用一颗真诚的心去交流,敞开心扉,也能与大家成为无话不谈的好朋友,拥有和谐融洽的寝室关系。

(6)不搞"小团体"。在寝室里,应当以平等的态度对待室友,不要厚此薄彼,不要和一部分人打得火热,而对另外一些人疏远不理。

(7)尊重他人。不去触碰他人底线,不要乱扔垃圾、制造噪音、斤斤计较。

(8)主动打扫寝室卫生。在寝室,要尽力做好属于自己的那份工作,养成好习惯。集体的事,要靠集体来完成,任何人都不能敷衍了事。

3. 学会与老师相处

(1)校内校外多交流。与老师们的交流不用仅限于校园之内,若有更高的视野和目标,可以参与老师校园以外的项目工作,由此获得更多实习、就业、积攒社交人脉的机会。

(2)"融入"老师。保证出勤率,主动发言,表达自己的观点,获得认同或遭到反对都没关系,重要的是这个思想交流的过程,更让人印象深刻,也会让老师觉得你是有想法、能做事的人。不要带功利的目的去交流,无论与老师还是朋友都应如此。

(3)主动寻求帮助。对于自己学习上、生活上、心理上遇到的困惑,可以第一时间找老师倾诉,老师是我们人生道路上的引路人,他们有丰富的社会经验。对于自己遇到的困难,寻求老师的帮助是有效的方法。

二、角色转换的意义

完成大学角色转换,能够帮助大学生提升个人综合素质和能力,为未来更好地融入社会生活,发展职业生涯做准备。这种转变对于个人成长和社会进步具有重要的意义。

(一)有利于提升自我认知的能力

"知人者智,自知者明。"在大学生活中,通过学习、人际交往、社团活动、参加各项比赛等方式,充分了解自己的兴趣爱好、性格特长,挖掘自身潜能,有助于大学生厘清自己想要干什么、能干什么、应该干什么,为明确未来发展方向,制定适合自己的发展路径,奠定自我认知的基础。

(二)有利于完善自身知识结构,提高核心竞争力

角色转换有助于大学生强化"学业是择业的基础和前提"的意识,要想在就业竞争中获胜,就必须努力提高竞争的"实力"。因此,角色转换可以帮助大学生树立崇高的理想信念,明确自己的奋斗目标,推动大学生勤奋学习,全面提高自身综合素质,注重各种能力的培养和提高。通过调整和完善自身的知识和能力结构,增强自己的综合素质,提升核心竞争力,为未来职场奋斗做好充分准备。

(三)可以为将来的成才和创业夯实基础

从学生角色到职业角色的转换,实质上是从继承知识和储备知识向创造性地运用

知识和创造知识的转变过程。企业的发展在于创新,一个企业发展的关键在于技术创新,而人才的本质特征就是创造性或创新性。能否主动、较快、顺利地实现角色转变,通过创新性劳动最大限度地创造经济效益和社会效益,能够反映出大学生的素质和能力的高低。以积极的态度,主动适应大学角色的转换,投身于大学生活与实践之中,不断积累知识和经验,在提高专业技能的同时提升自己的道德修养,可以为自己将来成才和创业打下扎实的基础。

三、学生角色与职业角色的区别

从大学生到职业者,其间完成变化的时间虽然不长,但是角色性质的变化非常大,甚至可以说是生涯的转折。学生角色与职业角色的区别体现在以下几个方面:

(一)社会责任不同

1. 学生角色

大学生以学习、探索为主要任务,整个角色过程是一个受教育、储备知识、锻炼能力的过程。学生角色履行得如何,主要与知识掌握多少和能力培养的程度有关。

2. 职业角色

以特定的身份去履行自己的职责,依靠自己的本领或技能去为社会和他人服务,完成某项工作,通过对工作对象的履行情况来体现自身价值。作为职业人必须适应社会,服从领导和管理,适应上级的管理风格,在工作中犯了错误,必须承担成本和风险责任及相应的社会责任。职业责任履行得如何,不仅影响个人声誉,还会影响到单位和行业的声誉。

(二)社会规范不同

1. 学生角色

学生角色的社会规范主要反映在国家制定的《高等学校学生行为准则》和各学校制定的大学生手册之中,这些规范性文件告诉学生怎样做人、应如何发展等。因为学生是受教育者,所以在违反社会规范时,还是以教育帮助为主。

2. 职业角色

对职业角色的规范因职业的不同而不同,相较于学生角色而言更严格,违背了社会规范就要承担一定的责任,甚至法律责任。

(三)社会权利不同

1. 学生角色

学生的主要活动是学习,因此,学生角色强调对知识的输入、吸收与接纳,对知识的输出和运用强调较少。当毕业生参加工作后,如果不能及时有效地转变活动方式,将所学知识应用、输出和创造性地发挥,就会感到工作难以适应。

2. 职业角色

职业人依法行使职权,开展工作,运用自己的知识和能力,向外界提供自己的劳动,即运用和输出、应用与创造性地发挥自己的知识和才能,向外界提供专业的服务。要求结合实际创造性地发挥能力,并在履行义务的同时取得报酬。

（四）面对的环境不同

1. 学生角色

大学生面临的是简单而安静的生活方式，单纯而简单的校园文化气氛，学习时间可弹性安排，有较长的节假休息日，教学大纲提供了清晰的学习目标，学术上可师生讨论，在规定的时间完成布置的作业或任务、考试通过即可。

2. 职业角色

多数职业人面临的是快速的生活节奏、紧张的工作。在单位里，规定了上下班时间，不能迟到或早退，可能经常加班加点，工作任务急而重；老板可能对讨论不感兴趣，一切以经济利益为导向；要完成上司或老板交给的具体的工作任务等。

（五）对独立性与自我管理的要求不同

1. 学生角色

学校的生活是一种集体生活，学校实行统一的作息制度，对学生提出统一的行为规范，学生违反了纪律要受到惩罚，因此许多学生对学校管理形成了依赖心理。此外，学生在校的经济来源主要依赖家庭支持。

2. 职业角色

单位只在工作时间对员工提出要求，其他时间主要由员工自行支配，没有统一严格的方式来管理约束。职业人经济独立，家庭和社会期望他们不仅在经济上独立，而且在心理及其他方面也能独立。因此，职业角色对大学毕业生的独立性与自我管理能力提出了更高的要求。

（六）人际关系不同

1. 学生角色

学生的主要任务是掌握科学文化知识，提高自身的素质和能力，这主要取决于学生本身，竞争只是促进学习的手段，并未从根本上影响学生的利益，因此学生的人际关系是比较简单的。

2. 职业角色

成为职业人后，竞争是不可避免的，竞争的胜败直接关系到利益的分配，这决定了职业人间的关系是相对复杂的。

四、角色转换的原则

角色转换具有周期长、过程艰苦的特点，在这个过程中，需要边学习、边适应、边调整，坚持不懈地努力，自觉加快角色转换的速度。在角色转换的过程中需要注意以下几点原则：

（一）强化职业角色意识，培养职业兴趣

生活在社会中的人，都扮演着不同的社会角色，这个社会角色具体规范了个人行为。对于刚刚走上工作岗位的毕业生来说，强化角色意识，充分认识角色职责、任务与工作要求，及时、准确地进入职业角色，是一项基本的要求。

爱岗敬业是学生角色向职业角色转变的基础。大学毕业生走上工作岗位之后，应当尽

快地从学生生活的模式中解脱出来,不仅要认识学生角色与职业角色的差异,更重要的是应该遵守职业角色规范,正确行使职业的权利,忠实履行职业角色的义务,使自己的言行与职业角色的内在要求相适应,全身心地投入到工作岗位中去。如果患得患失、心不在焉,经过几个月甚至一年的适应期还不能完成角色转变,将会直接影响职业兴趣和工作业绩。另外,"甘于吃亏"是角色转变的重要条件,只有"甘于吃亏",才可能实事求是地分析和对待角色转换中遇到的种种困难,并自觉地加以克服;只有"甘于吃亏",才可能积累丰富的社会经验和营造和谐的人际关系,促进职业层次的发展。

(二)增强社会责任意识,强化职业素质

角色规范是社会赋予角色的行为模式,也是社会评价角色的尺度和标准。求学期间,社会对大学生的评价主要看其学习是否勤奋、品行是否端正、成绩是否优良,而这些通常都被看作个人的事。但是,大学毕业生走上工作岗位以后,其工作或服务的质量、效率、贡献等,不再被简单地看作个人的事,而是从其承担的社会责任来加以评判的。

因此,大学毕业生走上工作岗位以后,必须时刻意识到自己所从事的工作与社会发展的关系,明确自己对社会所承担的责任,按照职业角色规范的要求,不断提高自身的职业素质,加强自身的职业道德建设,努力履行自己应履行、应尽的社会义务。

(三)增强独立自主意识,勤于思考和研究

缺乏自主意识和独立生活能力是大学生普遍存在的问题,大学毕业后,要想把自己掌握的知识和能力,通过提供劳动或服务的方式回报社会,则需要提高自主意识和创造能力。同时,从学生生活转入职业生涯以后,通过劳动获得了职业收入,经济上也具有自立的能力。因此,增强自主意识,提高自立能力、独立工作能力和创业能力,乃是大学毕业生实现角色转换的客观要求和重要条件。勤于观察思考,善于发现问题是角色转换的有力保障。大学毕业生进入职业角色,只有善于观察问题,才能发现问题;只有运用自身掌握的知识去努力解决问题,才能掌握大量的第一手资料;只有分析研究职业对象的内部规律,才能培养自己的独立见解,逐步具备独立开展工作的能力,更好地承担角色责任。

(四)提高心理调适能力,跨越心理误区

大学生在角色转换的过程中,往往会面临着新旧角色的冲突。有些人由于受到社会因素、家庭因素,尤其是自身认知能力、人格心理发展、意志品质以及情感等因素的影响,不能正确认识角色转换的实质,或者在角色转换过程中不能持之以恒,导致自己的心理与职业角色的社会地位、作用和要求不相适应,于是在从学生角色到职业角色的转换过程中容易出现以下心理困扰:

1. 依恋心理

一些毕业生在角色转换过程中容易出现怀旧心理,依恋学生角色。十多年的读书生涯使大学生对学生角色形成了一种相对固定的习惯。因此,在职业生涯开始之初,许多人常常会自觉或者不自觉地把自己置身于学生角色中,在生活上依赖父母,学习上依赖老师,工作上依赖领导,行动上依赖书本,以学生角色的社会义务和社会规范来要求自己、对待工作,以学生角色的习惯方式来待人接物,以学生角色的思维方式来观察、分析事物和处理问题。

2. 畏惧心理

面对新环境,一些大学生在刚走进新的工作环境时,不知道工作应该从何处着手,该如

何处理复杂的人际关系,在工作中胆怯、畏惧、缩手缩脚,怕承担责任、怕艰苦、怕出事故、怕闹笑话、怕造成不良的影响,于是"作茧自缚""画地为牢",缺乏年轻人的闯劲和活力。大学生群体中,每个学生都既是年轻群体中的佼佼者,又是非常普通的社会一员,大家彼此平等相待,相互认同,没有管理者和被管理者之分,更没有领导意义上的上下级之分。一旦走出校园,步入社会,面临的将是陌生的群体和环境,这就从心理上形成了一种紧张感,以致不知所措,而一些性格内向的人甚至会因此产生自卑感。

3. 自傲心理

大学毕业生接受比较正规的高等教育,但只能算是拥有先进知识的人,还算不上人才,只有运用知识、创造知识,将其转化为生产力,这时的毕业生才能算是比较高层次的人才了。但有些毕业生却因仅拥有先进知识就看不起基层工作和基层工作人员,甚至认为一个堂堂的大学毕业生干一些琐碎的不起眼的工作是大材小用,有失身份和尊严,结果是大事做不来,小事又不做,甚至目空一切,以为自己是最正确的,用批判的眼光看待社会、单位和周围的一切,把自己游离于单位或群体之外。事实上,如果不能静下心来踏踏实实地学习,适应工作,不管什么样的单位都不会适合你。

4. 失衡心理

一些人往往过于争强好胜,缺乏承受挫折的能力,因此产生嫉妒情绪,见别人干得好,不是见贤思齐,向其学习,而是冷嘲热讽,诋毁别人;或产生失望情绪,用悲观、灰暗的眼光看待世界和人生。遇到不顺心的事就唉声叹气,情绪低落,甚至悲观绝望。

上述这些心理问题,如果得不到正确有效的调适和矫正,就会严重阻碍毕业生的角色转换,直接影响毕业生个人的成长和工作。因此,注意调整、控制、改善自身的心理卫生状况,是毕业生实现角色转换的一种有效办法。

我们今天相识

1. 有缘相聚,建立团队

学生分组就座,每人5分钟轮流分享以下内容:

最喜欢自己身体的哪两个部位,为什么;个人特质和最大的优点是什么;你的职业困惑是什么;你梦想的大学生活是怎样的。

2. 小组大比拼

(1)选组长(明确权力、责任)、起组名、拟组训。

(2)讨论:

• 组名和组训的意义。

• 期望(希望从本课程中收获什么?)

• 顾虑(参加课程有什么担忧或顾虑?)

• 努力(为了达到目标在整个学期中会做哪些努力?)

(3)制作海报签名(组长、组员)。

(4)每组派代表在全班进行海报展示。

第三节　规划大学生活

大学阶段是人生发展的黄金时期,大学生要在这个阶段完成从学生到社会人的过渡,完成自己的初步职业探索,但也有很多同学在经过高考迈入大学后,不适应大学相对宽松的环境,虚度了大好青春,到头来懊悔无比。

一、大一阶段:适应调整期+目标探索期

大学一年级,终于脱离了由父母和老师主导的学习与生活,开始自己掌控一切,却突然无所适从……很多大学生高考前都听说过这样一句话:"高中苦点累点如过眼云烟,到了大学就轻松了。"这是一个善意的谎言,事实上并不是那么一回事。刚进入校园,首先要学着适应大学生活,学着在没有家长、教师督促的情况下管理自己的学习和生活,学着以友善的方式与他人相处,学着独立思考和解决问题,让自己完全融入大学生活。

在学习上,大一的课程相对较多,需要投入较多的精力学习,以打牢基础。很多人在思想上有个误区,认为高考这一关终于顺利通过,大学学习应该比高中轻松了,然而,大学期间的学习任务并不轻松,反而会面临更多的问题和困惑。当进入大学的你开始从埋头学习中抬起头审视周围的人时,会发现自己和他人之间除了成绩相当之外,几乎没有什么值得自豪的东西,经过高考的筛选,班级里高手如云且大都不相上下。当你发现自己曾经引以为傲的学习成绩不再作为唯一的考察要素时,自己可能变得一无是处:学习成绩普普通通,课外知识、人际交往能力等方面不如他人。曾经心目中美好的大学并不如想象中的那般可爱,甚至渐渐变得"面目可憎"。这都是你可能遇到的问题,这些问题带给大学生的烦恼不比高考少。

做好学涯管理,并通过各种途径了解本专业将来的发展趋势,进行专业探索,了解本专业对应的就业行业和就业方向,了解自己的兴趣、性格、特长和价值观,尝试探索和初步确立自己的职业目标,制订一个大学的学业和发展计划。

在思想上,由于对环境感到陌生,大一新生的思想起伏一般比较大,这是正常的,关键是要调整好自己的心态,要及时将自己从高中生的角色转为大学生的角色。如果对某些问题有不理解或不满,常用的方法不应是抱怨,而是调整。抱怨现状之困或者回想当年之勇都无助于解决任何问题,此时的你除了选择改变自己去适应环境外没有其他的选择。这话说来残酷,但并非毫无道理。此时的你应该放下心理包袱,正视现状,以一颗平常心和进取心度过大学的时光。大学里人才济济、高手如林,不用一味和别人比高低,而应该看到别人身上的闪光点和自己的不足,取长补短。大学生应该做积极的理想主义者,在角色上则要成为适应者和筹划者。通过合理规划自己的大学生活,可以帮助大学生树立崇高的理想信念,明确自己的奋斗目标。学会认知、学会做事、学会生存、学会共同生活,在提高专业技能的同时提升自己的道德修养,增强自己的综合素质,提升核心竞争力,为走进职场做好充分准备。

在能力素质培养方面,主要培养以下能力素质:新环境适应能力,培养对全新环境的适应能力;人际关系建立能力,处理好与老师及同学间的关系;自我管理能力,面对学习、活动等各方面任务,培养自己的自我管理能力。这包括合理计划、目标设置,以及在这个过程中磨炼出来的诚信、勇气,在一个全新的环境中,开始全新的自我塑造。

二、大二阶段：能力提升期＋目标修正期

大学二年级，有些同学似乎不太喜欢自己的专业，但又不太了解别的专业，开始觉得上课无所谓。纠结于将来干什么，该不该转专业……

进入大二，很多同学对自己大学的校园文化、校园环境等已经熟悉，对大学生活和学习也有了自己的看法，此时就进入了能力提升和目标修正期。在这个阶段，可以根据预定的大学目标培养自己的综合能力。

在思想上，大学生应该保持对新事物的好奇与探索，同时要有对大学的理性认知。在角色上则要成为重新自我定位者和能力体系建立者。在学习上，大学生会接触到专业核心课程，对专业有了更加清晰的认识。应该结合自己的目标，有意识地开展相关专业的实践活动。

在生涯规划方面，需要对工作世界和职业环境有一定的了解，尝试一些事情，明白自己更适合做什么，并根据自己的经验调整最初的职业目标。比如，可以利用课外时间参加社团提升组织能力，参加实习及社会活动提升实践能力，也可以参加科技竞赛提升创新能力。同时，应该学习和掌握生涯规划理论中关于决策的基本知识，能够根据自己的实际情况理性地做出合理的决策并开始付诸行动。升本、就业或创业，此阶段应该有相对明确的方向。

在能力素质培养方面，不断尝试，广泛涉猎，尽可能多地试着做一些自己原本做不到或者原以为自己做不到的事情，充分挖掘自身的潜能，在尝试的过程中，发现真实的自己，扩大你的优势，突破你的舒适圈，寻找机会适当拓展自己的活动范围和层次，不断提高自己的综合素质和能力。积极参加学校组织的活动，例如篮球赛、演讲赛、专业技能大赛、创新创业大赛等，这些活动、比赛既是发掘自身才能的好机会，也是结识朋友的好办法，还可以培养以下能力和素质：积极主动——大学需要自己主动寻求资源与机会；团队归属——要能够有底气地说出自己所属的团体，避免孤家寡人；目标意识——明确离开校园那一刻将带着什么样的能力和品质离开；有效实践——基于目标，争取尽可能多的资源与机会去实践。

三、大三阶段：决策目标冲刺期＋大学总结期

对于高职高专学生而言，大三阶段开始顶岗实习，走进实习单位，刚刚步入社会，要规划好自己的职业目标，要为自己的未来做打算，并且进行最后的冲刺。

对于专科学生而言，大三阶段是目标冲刺期和大学总结期。大学三年级，突然惊觉自己很快将成为毕业生。要不要升本？自己适合做什么？想做什么？学了些什么？能做什么？特别是当其他同学拿到企业录取通知书而自己还没有目标的时候，那种空落落的感觉，可能是很多同学都要经历的。

在思想上，大家要为新的生存空间做准备。在角色上，则要成为决断者、策划者和求职者。在学习上，大三有很多空余时间，应处理好课程、择业、升本、实习等各方面的关系。

在生涯规划方面，应该学习和掌握各种工具，如职业决策平衡单等；应该掌握各类求职知识和求职技巧，如就业政策、就业市场概况、就业手续办理、求职技巧（设计简历、准备面试等）等操作层面的内容。

在能力素质培养方面，主要培养三方面能力素质。一是信息渠道：一定要注意学校的网站和招聘网站并不是唯一的信息来源，还需要获得大量的社会环境及行业信息。二是自我

营销:富有技巧地自我整合、包装、宣传,这个时代人才太多了,你需要让别人知道你是人才。三是互动技巧:自我营销过程中的直接营销,需要会沟通、会说服、会影响——这些在某种意义上被称为领导力。

不过,对于前途和命运的思索和追求,首先还取决于你自己对生活的态度。在学业规划和职业规划中,真正能起作用的还是自己的意愿和选择:你是选择就地倒下,还是继续前行;你是选择在大学里过安逸舒适的生活,还是预先做好准备应对各种挑战。目标可以定得高远一些,哪怕不那么可行。坚持对自己目标的追求,不因一时的挫折而气馁和妥协。在你出彩之前,几乎没有人会相信你,甚至你自己,因此,你必须本着对自己负责的态度给自己最坚强的信心和勇气,勇敢面对,勇敢前行。

没有目标的时光

李同学学习成绩优异,他生活在西北的一个偏远山区,考入大学前从没走出过大山,来到大城市是他年少时就有的梦想,这颗梦想的种子深深地扎根于他内心深处。高中的学习生活是十分艰苦的,每当觉得自己坚持不住的时候,李同学就想起自己的决心和梦想,这激励着他克服了一个又一个困难。经过高考的洗礼,李同学终于如愿以偿考到首都的一所重点大学,多年的理想,当踏入校门的那一刻,终于实现了。这个理想支撑着他克服各种困难,努力学习,但当理想实现的时候,对他来说就是失去理想的时候——进入大学后,他突然发现自己没有理想、没有目标了。李同学丧失了学习的动力,提不起学习的兴趣,周围的一些新鲜事物,特别是网络游戏对他产生了强烈的吸引力。为了网络游戏,他经常旷课,不写作业,也不复习,结果到了期末,他有四门课程不及格。辅导员向他的父母通报了他的情况,母亲从老家来到北京,边打工边陪读。由于大学一年级落下的课程太多,并且沉迷网络游戏太深,二年级的课程,李同学还是有好几门不及格。大学生活转瞬即逝,李同学没有完成学分,只能延期毕业。看到同学一个个拿着学位证、穿着学位服,在校园各处毕业留影时,他在心里深深地懊悔,自己曾经的理想哪里去了,大学的时光又为了那个理想付出了什么呢?

思考并回答:

1. 什么原因使李同学无法适应大学的学习生活?
2. 为什么说科学规划大学的学习和生活,应成为每个大学生必备的功课?

单元二
职业与职业生涯规划

案例导入

齐白石先生是近现代中国绘画大师,世界文化名人。1878年,拜周之美为师学习雕花,做一名木工;1889年,拜胡沁园、陈少蕃为师学诗文和国画,得胡沁园帮助,专习绘画,成为一名画匠;1902年,应夏午诒邀请,赴西安教画,成为一名教师;1950年,被聘为中央文史馆馆员。

齐白石先生所经历的木工、画匠、教师、文史馆馆员几个不同的职业累加起来,就是他一生的职业生涯。

请思考:
1. 什么是职业?什么是职业生涯?
2. 职业生涯与时间有什么关系?

第一节 职 业

一、职业的定义

职业是什么?每个人都有自己的理解,但很少有人能够准确系统地表述它。事实上,职业是人类社会生产力发展到一定阶段的必然产物,是伴随着社会分工的产生而出现的。"职业"一词,更多的是指一种事业,不同于工作。因此,职业问题不是简单的工作问题。

职业的概念由来已久,但由于研究目的的不同,学者从不同角度、不同侧面对职业的定义进行了不同的界定。

从广义的职业范畴来看,职业是指个人在社会生活中所从事的作为主要生活来源的工作。而从狭义的职业范畴来看,职业是人们为了谋生和发展而从事的相对稳定的、有收入的专门类别的社会劳动,即人们所获得的一系列社会位置。它是人们的生活方式、经济状况、文化水平、行为模式、思想情操的综合反映,也是一个人的权利、义务、权力、职责和地位的一般性表征。

从社会角度讲,职业是劳动者获得的社会角色,劳动者因此而为社会承担一定的义务和责任,并得到社会的承认,职业维持社会运转和创造社会财富,也是实现社会控制的手段;从个人角度讲,职业则是劳动者"扮演"的社会角色,通过劳动获得稳定、合法的收入,维持生活,参与社会活动,发挥个人潜能,为社会做贡献。这也是"职业"这种特定的社会活动区别于其他社会活动的主要特点。

二、职业的特征

职业的特征反映了劳动者在长期的实践活动中所形成的与其他形式的社会活动相区别的本质属性。

(一)社会性

每一种职业都体现了社会分工的细化,体现了对社会生产和社会进步的积极作用。社会成员在一定的社会职业岗位上为社会整体贡献力量,社会整体也以全体成员的劳动成果作为积累而获得持续的发展和进步。职业使每个以个体存在的劳动者获得了社会身份,得到了社会的承认。所以,职业的社会性反映出不同的职业承担着不同的社会责任。每个职业人都应当了解自己承担的职业角色,完成自己的使命。

(二)经济性

个人通过职业活动获得一定的经济收入或报酬,这是职业的经济特性。劳动者在承担职业岗位职责并完成工作任务的过程中索取报酬,获得收入,一方面,这是社会、用人单位对劳动者付出劳动的回报,另一方面,劳动者以此维持家庭生活,这是保持整个社会稳定的基础。职业的经济特性使职业与每个人密切相关。

(三)技术性

职业的技术性体现了职业的专业色彩,一个人无论从事何种职业,都必须具备该职业所需要的专业知识和技术。任何一个职业岗位都有相应的职业要求,能胜任岗位和承担岗位责任的人,除了达到该岗位的职业道德、责任义务、服务要求,至少还要达到持证上岗的技术水平,所以有些职业,从业人员必须经过较长时间的专业知识或技术上的培训才能胜任。例如,大部分工作岗位对学历证书、职业资格证书、专业技术考核证书、上岗培训合格证书、专业工作年限等都有具体的规定,只有达到起点要求才能上岗。作为高职毕业生,要十分清楚所从事或准备从事的职业对自己提出的"什么要求、能否胜任、怎样才能达到胜任资格"等问题。

(四)群体性

职业的群体性从形式上表现为一定数量的劳动者所形成的职业活动,而实质上体现的是一定数量的劳动者所从事的不同工序、工艺流程表现出的协作关系,以及由此产生的人际关系。从事同一工作性质的劳动者会形成语言、习惯、利益、目的等方面的共同特征,从而使群体成员不断产生群体认同感。任何成熟的职业,都有自己的职业特点,有与之相关的职业素质要求、专业术语等。专业术语的发明,使沟通更加便捷明了,协作更加准确默契。

（五）规范性

职业的规范性有以下含义：劳动者所从事的职业活动必须符合国家法律规定和社会伦理道德准则。在我国，某些人所从事的活动尽管具有以上各种"职业"特征，如有组织的非法加工、生产等，但是，这些带有"职业"特性的活动的目的和内容不符合国家的法律规定，或有悖于社会伦理道德的准则要求，因而这些社会群体活动并不属于正当职业范畴。劳动者本身应遵守法律法规。例如，某些职业的从业者应持证上岗，某些职业的从业者在操作过程中须遵守特定的法律法规等。

职业除了以上特性外，还具有时代性、多样性和稳定性。

三、职业资格与职业资格证书

（一）职业资格

职业资格是对从事某个职业所必备的学识技术和能力的基本要求，依据《中华人民共和国劳动法》第六十九条，国家确定职业分类，对规定的职业制定职业技能标准，实行职业资格证书制度，由经备案的考核鉴定机构负责对劳动者实施职业技能考核鉴定。

（二）职业资格证书

职业资格证书是通过政府认定的考核鉴定机构，按照国家规定的职业技能标准或任职资格条件，对劳动者的技能水平或职业资格进行客观公正、科学规范的评价和鉴定，对合格者授予的相应的国家职业资格证书。职业资格证书是劳动者具备某种职业所需要的专门知识和技能的证明，是劳动者求职、任职、开业的资格凭证，是用人单位招聘、录用劳动者的主要依据，也是境外就业、对外劳务合作人员办理技术水平公证的有效证件。

1. 职业资格证书类别

职业资格证书按性质划分，可分为准入类职业资格证书和水平评价类职业资格证书。

2. 二证区别

准入类职业资格证书是对涉及公共安全、人身健康、人民生命财产安全等特殊职业，依据有关法律、行政法规或国务院决定设置的职业资格证书。

水平评价类职业资格证书是指针对社会通用性强、专业性强的职业设置的非行政许可类职业资格证书。

3. 等级划分

准入类职业资格证书：没有明确的等级划分，只是各项证书之间有所区别。

水平评价类职业资格证书：分为5个等级，从低到高依次为五级（初级工）、四级（中级工）、三级（高级工）、二级（技师）、一级（高级技师）。

4. 证书作用

准入类职业资格证书：按照相关要求，个人拿到准入类职业资格证书，才能从事相关行业的工作。此类工作必须持证上岗，企业也不得招募无证人员。比如，建筑行业的建造师执业资格证书，个人持有后才能担任项目经理。

水平评价类职业资格证书：水平评价类职业资格证书代表的是技术实力的高低，并没有强制性的工作要求。当然，有更高级的证书，也可以提高待遇，升职加薪。

(三)职业技能鉴定

国家实施职业技能鉴定内容包括职业知识、操作技能、职业道德。考核内容依据国家职业技能标准、职业技能鉴定规范和相应的教材确定,并通过考试进行鉴定考核。

(四)教育部1+X证书制度

1+X证书制度是为完善职业教育培训体系、深化产教融合校企合作而制定的一项重要制度。2019年1月,国务院印发了《国家职业教育改革实施方案》(以下简称职教20条),把学历证书与职业技能等级证书结合起来。探索实施1+X证书制度,是职教20条的重要改革部署。职教20条明确提出,深化复合型技术技能人才培养培训模式改革,借鉴国际职业教育培训普遍做法,制定工作方案和具体管理办法,启动1+X证书制度试点工作。学历证书全面反映学校教育的人才培养质量,在国家人力资源开发中起着不可或缺的基础性作用。职业技能等级证书是毕业生、社会成员职业技能水平的凭证,反映职业活动和个人职业生涯发展所需要的综合能力。

1. 1+X职业技能等级证书

"1"是指学历证书,"X"是指代表某种技术技能的资格证书,不同的专业对应不同的资格证书。1+X证书制度旨在鼓励职业院校学生在获取学历证书的基础上,考取多种职业技能等级证书,疏通技术技能人才成长通道,拓展就业创业路径。

2019年,国家启动第一批5个职业技能领域试点,确定了参与首批试点的有关职业技能等级证书,包括建筑信息模型(BIM)、Web前端开发、物流管理、老年照护、汽车运用与维修及智能新能源汽车职业技能等级证书。第二批10个职业技能证书试点,包括电子商务数据分析、网店运营推广、工业机器人操作与运维、工业机器人应用编程、特殊焊接技术、智能财税、母婴护理、传感网应用开发、失智老年人照护、云计算平台运维与开发。第三批设置76个职业技能证书试点。第四批设置355个职业技能证书试点(其中包括生涯规划类职业技能等级证书)。试点覆盖的领域越来越广,一方面体现了职业技能等级标准借鉴国际国内先进标准,吸纳新技术、新工艺、新规范、新要求;另一方面体现了社会、市场、企业和学生个人的发展需求。

2. 生涯规划指导职业技能等级证书

随着社会产业结构的升级和高科技飞速发展,对从业人员的职业能力要求也越来越高。中、高职业院校肩负着培养能够适应社会发展需要、终身成长的高技术人才的重任。而当前很多中高职学生及大学生往往对自身的性格、能力及定位认识不清,对所学专业的职业发展不了解,因此,生涯规划指导已成为职业院校和大学的普适性需求。

生涯规划指导职业技能认证初级的培训对象是职业院校学生,对于职业院校的学生来说,越早规划自己的职业生涯,越能聚焦于提升自己的职业竞争力。而生涯规划只能由自己来完成,具有不可替代性。生涯规划帮助学习者提升个人自我认知,明确个人目标与理想,激发内驱力,使学生能根据自身发展需要,主动探究、挖掘个人潜能,实现自我生涯规划管理,掌握生涯规划技能。

四、职业的分类

职业分类是由产业和行业的分类决定的。要了解职业分类,首先要了解产业和行业的分类。

(一)我国的产业分类

我国的产业分类是国家经济部门按照国民经济的产业结构进行划分的,通常分为三大产业部门,即第一产业、第二产业和第三产业。

第一产业为农业,包括种植业、林业、渔业和牧业。

第二产业包括工业和建筑业等。按照产品的经济用途,可以将整个工业分为两大类:生产生产资料的工业和生产消费资料的工业。前者称为重工业,包括冶金、机械、煤炭、电力、石油、燃料、化工等工业;后者称为轻工业,包括纺织、造纸、食品、皮革等工业。

第三产业是指除了第一、第二产业外的其他产业。它具体分为四个层次:一是流通部门,包括交通运输业、邮电通信业、商业饮食业、物资供应和仓储业等;二是为生产和生活服务的部门,包括金融业、保险业、地质勘查业、房地产管理业、公用事业、居民服务业、旅游业、信息咨询服务业和各类技术服务业等;三是为提高科学文化水平和居民素质服务的部门,包括教育、文化、广播、电视、科学研究、卫生、体育和社会福利事业等;四是国家机关、党政机关和社会团体等。

(二)我国产业发展趋势

当前,我国经济正处在转变发展方式、优化产业结构、转换增长动力的攻关期。通过科技创新推动产业链、供应链优化升级,培育新兴产业、抢占发展新赛道,是国家实现高质量发展的重要部署。2024 年政府工作报告中进一步明确提出积极培育新兴产业和未来产业。新兴产业与未来产业代表科技革命和产业变革的方向。比如,量子技术和生命科学就有望成为未来产业新赛道。完善新型举国体制,攻克"卡脖子"难题;着力加强原创性、引领性科技攻关,增强在重点领域的自主掌控能力和原始创新能力;强化数字赋能,加速推动产业数字化转型。

工业和信息化部、教育部、科技部、交通运输部、文化和旅游部、国务院国资委、中国科学院七部门联合印发《关于推动未来产业创新发展的实施意见》,提出:到 2025 年,未来产业技术创新、产业培育、安全治理等全面发展,部分领域达到国际先进水平,产业规模稳步提升。建设一批未来产业孵化器和先导区,突破百项前沿关键核心技术,形成百项标志性产品,打造百家领军企业,开拓百项典型应用场景,制定百项关键标准,培育百家专业服务机构,初步形成符合我国实际的未来产业发展模式。到 2027 年,未来产业综合实力显著提升,部分领域实现全球引领。关键核心技术取得重大突破,一批新技术、新产品、新业态、新模式得到普遍应用,重点产业实现规模化发展,培育一批生态主导型领军企业,构建未来产业和优势产业、新兴产业、传统产业协同联动的发展格局,形成可持续发展的长效机制,成为世界未来产业重要策源地。

(三)我国的行业分类

行业是指从事相同性质的经济活动的职业及其所有单位的集合。行业是采用经济活动的同质性原则划分的,即每一个行业类别都按照同一种经济活动的性质划分。国民经济行业分类是对全社会经济活动进行的标准分类,它为国民经济核算和各项专业统计按照经济活动范围提供了详细、科学的分类依据。

1984 年,由国家统计局、原国家标准局、原国家计委、财政部联合制定的《国民经济行业分类与代码》(GB 4754—84)是国民经济行业分类国家标准的最初版本。1994 年、2002 年、2011 年和 2017 年,国民经济行业分类国家标准历经四次修订,并更名为《国民经济行业分类》。现行《国民经济行业分类》(GB/T 4754—2017)于 2017 年 6 月 30 日由原国家质检总局和国家标准委联合发布,并于 2017 年 10 月 1 日起实施,将国民经济行业划分为门类、大类、中类和小类四级,共有 20 个行业门类,97 个大类,473 个中类,1 382 个小类。下面列出 20 个行业门类,见表 2-1。

表 2-1 行业门类分类表

项目	内容	项目	内容
1	农、林、牧、渔业	11	房地产业
2	采矿业	12	租赁和商务服务业
3	制造业	13	科学研究和技术服务业
4	电力、热力、燃气及水生产和供应业	14	水利、环境和公共设施管理业
5	建筑业	15	居民服务、修理和其他服务业
6	批发和零售业	16	教育
7	交通运输、仓储和邮政业	17	卫生和社会工作
8	住宿和餐饮业	18	文化、体育和娱乐业
9	信息传输、软件和信息技术服务业	19	公共管理、社会保障和社会组织
10	金融业	20	国际组织

(四)我国行业发展趋势

随着全球经济的不断发展,行业趋势也在不断演变。当前行业发展趋势主要包括技术创新驱动、市场需求变化、数字化转型、绿色可持续发展、国际合作加强、政策法规引导、人才需求变化以及竞争格局演变等方面。通过 2024 年前景最被看好的十大行业排序也能发现行业发展趋势,如图 2-1 所示。

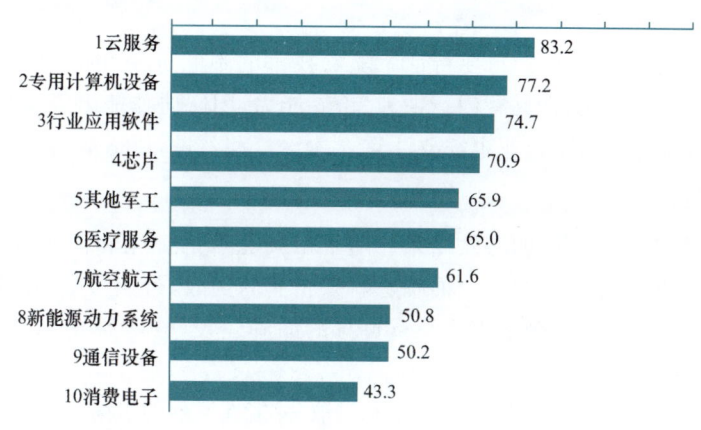

图 2-1 2024 年前景最被看好的十大行业

(资料来源:万得通讯,按照"新阶段行业市盈率"排序)

1. 技术创新驱动

技术创新是推动行业发展的核心动力。随着科技的快速进步,新技术不断涌现,如人工智能、大数据、云计算、物联网等,这些技术正逐步深入到各个行业中,提高生产效率,优化产品质量,改变商业模式,为行业发展注入新动力。

2. 市场需求变化

市场需求变化是影响行业发展的重要因素。随着消费者需求的不断升级和多元化,行业必须紧跟市场需求的变化,不断创新产品和服务,满足消费者的个性化、品质化、便捷化需求。

3. 数字化转型

数字化转型是当前行业发展的重要趋势。随着数字化技术的广泛应用,企业正逐步实现从生产到销售、从管理到服务的数字化转型,以提高效率、降低成本、增强竞争力。

数字化转型不仅改变了企业的运营模式,也重塑了行业生态。

4. 绿色可持续发展

绿色可持续发展已经成为全球共识。随着环保意识的提高和环保法规的完善,行业必须注重绿色生产和可持续发展。绿色产品、绿色技术、绿色服务等正逐渐成为市场新宠,为行业带来新的增长点。

5. 国际合作加强

国际合作加强是行业发展的重要趋势。随着全球化的深入发展,国际合作已经成为行业发展的必然选择。通过国际合作,企业可以获取更多的资源和市场,提高自身的竞争力。同时,国际合作也有助于推动全球产业链和供应链的优化,促进全球经济共同发展。

6. 政策法规引导

政策法规引导是行业发展的重要因素。政策法规的出台和实施对行业有着深远的影响。政府通过制定相关的政策法规来引导行业发展方向,促进产业升级和转型。同时,政策法规也有助于规范市场秩序,保障企业的合法权益。

7. 人才需求变化

人才需求变化是行业发展的重要特征。随着技术的不断进步和市场的不断变化,企业对人才的需求也在发生变化。具有创新精神、跨界能力、团队协作能力等综合素质的人才越来越受到企业的青睐。同时,企业也需要注重人才培养和引进,以适应行业发展的需求。

8. 竞争格局演变

竞争格局演变是行业发展的必然结果。随着市场竞争的加剧和消费者需求的变化,行业竞争格局也在发生变化。传统企业面临着新兴企业的挑战,行业壁垒逐渐降低,竞争压力不断增加。在这样的背景下,企业需要注重自身的品牌建设、技术研发、市场营销等方面的工作,提高自身的竞争力。

企业需要紧跟这些趋势的变化,不断创新和进取,才能在激烈的市场竞争中立于不败之地。

(五)我国的职业分类

职业分类就是采用一定的标准和方法,依据一定的分类原则,对从业人员所承担的各种专门化的社会职责所进行的全面、系统的划分与分类。职业分类大典是职业分类的成果形式和载体。

目前,世界上职业种类已超过 42 000 种,我国是世界上最早出现职业和职业活动的国家之一。2 500 年前的儒学经典就记录过当时的职业和职业活动。《春秋·穀梁传》就写道:"古者有四民,有士民,有商民,有农民,有工民。"

1995年原劳动部、原国家质量技术监督局、国家统计局牵头启动国家职业分类大典编制工作,于1999年颁布了我国第一部国家职业分类大典,填补了我国职业分类工作的空白,标志着适应我国国情的国家职业分类体系基本建立。随着经济社会发展、科学技术进步和产业结构调整,社会职业构成和内涵发生较大变化,2010年底,我国启动国家职业分类大典的第一次修订工作,历时5年,颁布了2015年版《中华人民共和国职业分类大典》(以下简称2015年版《大典》)。

为了适应当前职业领域的新变化,更好满足优化人力资源开发管理、促进就业创业、推动国民经济结构调整和产业转型升级等需要,2021年4月,人力资源和社会保障部启动了第二次修订,并于2022年9月28日正式公布2022版《中华人民共和国职业分类大典》(以下简称2022年版《大典》)。

2022年版《大典》适应当前职业领域的新变化,反映了数字经济发展的需要,顺应了碳达峰碳中和的趋势,契合了创新、协调、绿色、开放、共享的新发展理念,满足了人民美好生活的需要,对于经济社会各领域都具有重要价值。与2015年版《大典》相比,2022年版《大典》对分类体系进行了修订,把新颁布的74个职业纳入2022年版《大典》当中。在保持八大类不变的情况下,净增了158个新的职业,现在职业数达到了1 639个,并首次标识了97个数字职业。标识数字职业是我国职业分类的重大创新,对推动数字经济、数字技术发展以及提升全民数字素养,具有重要意义。具体来说,2022年版《大典》围绕数字经济、绿色经济、制造强国和依法治国等要求,专门增设或调整了相关中类、小类和职业。2015年版《大典》与2022年版《大典》对比详见表2-2。

表2-2　　　　　　2015年版《大典》与2022年版《大典》对比表

2015年版《大典》					2022年版《大典》				
大类	中类	小类	细类（职业）	工种	大类	中类	小类	细类（职业）	工种
第一大类　党的机关、国家机关、群众团体和社会组织、企事业单位负责人	6	15	23		第一大类　党的机关、国家机关、群众团体和社会组织、企事业单位负责人	6	16	25	
第二大类　专业技术人员	11	120	451		第二大类　专业技术人员	11	125	492	
第三大类　办事人员和有关人员	3	9	25	15	第三大类　办事人员和有关人员	4	12	36	24
第四大类　社会生产服务和生活服务人员	15	93	278	338	第四大类　社会生产服务和生活服务人员	15	96	356	460
第五类　农、林、牧、渔业生产及辅助人员	6	24	52	138	第五大类　农、林、牧、渔业生产及辅助人员	6	24	54	150
第六大类　生产制造及有关人员	32	171	650	2 179	第六大类　生产制造及有关人员	32	172	671	2 333
第七大类　军人	1	1	1		第七大类　军队人员	4	4	4	
第八类　不便分类的其他从业人员	1	1	1		第八大类　不便分类的其他从业人员	1	1	1	
合计	75	434	1 481	2 670		79	450	1 639	2 967

(六)我国职业发展趋势

随着社会的快速发展和科技的进步,职业也在不断演变,主要体现在以下几方面:

1. 多样化与精细化

职业种类增多:随着经济的发展和社会的进步,新的职业种类不断涌现,如数据分析师、人工智能工程师、社交媒体经理等,职业分类更加多样化。

职业分工细化:在同一职业领域内,职业分工越来越细化,对从业人员的专业技能要求越来越高,如以兽医专业为基础分化出来的宠物医师。

2. 技术化与知识化

技术性职业兴起:随着科技的发展,越来越多的技术性职业开始涌现,这些职业通常对技术要求较高,如无人机飞手。

知识型职业增加:与此同时,知识型职业也在不断增加,这些职业通常要求从业人员具备较高的知识水平和创新能力,如密码工程技术人员、碳管理工程技术人员等。

3. 国际化与全球化

跨国职业增多:随着全球化的推进,跨国公司和国际合作项目不断增加,对具备国际视野和跨文化交流能力的职业者需求增加,如国际旅游顾问、供应链分析师等。

职业标准全球化:全球化还推动了职业标准的统一和国际化,越来越多的职业需要遵循全球性的标准和规范,如会计师、律师等。

4. 自我成长与专业化

终身学习需求:在快速变化的社会环境中,职业者需要不断学习新知识和技能,以适应职业发展的需求。自我成长和终身学习成为职业发展的重要趋势。

专业化程度提高:随着职业分工的细化和市场竞争的加剧,专业化程度成为职业者竞争力的重要体现。越来越多的职业者选择深耕某一领域,成为该领域的专家或权威。

5. 数字化与绿色化

数字化职业崛起:随着数字化技术的普及和应用,数字化职业开始崛起,如数据分析师、UI设计师、数字营销专员等。这些职业通常与互联网、大数据、人工智能等技术密切相关。

绿色职业发展:随着全球环境问题的日益严峻,绿色职业发展成为重要趋势。绿色职业通常涉及环保、节能、清洁能源等领域,如环保工程师、新能源开发师等。

6. 服务业与第三产业快速发展

服务业快速发展:随着经济结构的调整和人们生活水平的提高,服务业得到快速发展。服务业涉及的职业范围广泛,如金融服务、教育服务、健康服务等。

第三产业成为就业主战场:在产业结构演变的过程中,第三产业逐渐成为就业的主要战场。随着技术的发展和服务需求的增长,第三产业的职业机会将持续增加。

职业分类发展趋势体现了社会的进步和科技的发展。未来,职业分类将更加多样化、精细化,技术化和知识化成为职业发展的重要方向。同时,国际化、全球化趋势将继续深入发展,对从业人员的素质和能力提出更高要求。自我成长、专业化、数字化与绿色化也将成为职业发展的重要趋势。服务业和第三产业的快速发展为人们提供了更多的就业机会和发展空间。

五、新职业的产生

随着社会经济发展、科学技术进步以及产业结构调整,我国各类经济新业态强势崛起,一批工作内容新颖、工作模式多样的新职业相继涌现,极大丰富了职业人才内涵。

党的二十大报告中指出,"就业是最基本的民生""强化就业优先政策,健全就业促进机制,促进高质量充分就业"。2023年就业形势持续回暖,但目前我国就业结构性问题仍较突出,青年失业率仍居高不下。据教育部预计,2024届的高校毕业生总规模预计1 179万人,比去年增加了21万人,就业总量压力依然存在。在这样的背景下,新职业因其市场需求兴旺、供给相对不足的特征,成为众多高校毕业生的就业新选择。

2019年,人力资源和社会保障部启动新一轮新职业发布工作。2022年9月,2022年版《大典》终审通过。从2019年到2022年,人社部陆续发布了五批共74个新职业:

2019年发布了人工智能工程技术人员、物联网工程技术人员、大数据工程技术人员等13个新职业;2020年发布了智能制造工程技术人员、工业互联网工程技术人员、虚拟现实工程技术人员等25个新职业;2021年发布了集成电路工程技术人员、企业合规师、公司金融顾问、易货师等18个新职业;2022年则发布了机器人工程技术人员、增材制造工程技术人员、数据安全工程技术人员等18个新职业。

2024年7月31日,人力资源和社会保障部公布最新一批新职业,新增了生物工程技术人员等19个新职业和汽配销售经理人等28个新工种。

(一)新职业的定义

广义来说,一切伴随新技术、新业态出现而诞生的新型职业均可被视为新职业。

狭义来说,人力资源和社会保障部曾明确定义,新职业是指国家职业分类大典尚未收录的,但在社会经济发展过程中已有一定规模从业人员,且具有相对独立成熟的专业和技能要求的职业。

(二)新职业的认定标准

新职业的定义标准主要有三个方面:从业规模、劳务报酬和发展前景。

实际上,除人力资源和社会保障部已公布的新职业之外,当前,我国还存在着许多尚未被官方认可,但从业规模已十分可观的新职业。例如,密室设计师、整理收纳师、改娃师、芳香治疗师、AI提示词工程师等。现如今,各种新奇小众的职业正如雨后春笋般涌现,并逐渐走进人们的日常生活,为大家所熟知。

新职业不断涌现,折射出经济社会发展的活力。新职业是就业蓄水池,意味着新的就业增长点,且仍有较大的发展潜力和空间。人力资源和社会保障部及时公布并规范新职业,能提升从业者认同感、归属感和获得感,促进人才队伍高质量发展。新职业为我们带来更丰富的产品和服务供给,更好满足了人们物质生活和精神文化生活的需要。引导更多人加入新职业,也将帮助劳动者获得更高收入,改善生活水平。新职业规范健康的发展,为稳就业、惠民生提供更多助力,为经济社会高质量发展注入更多新动能。

(三)新职业与数字职业

数字经济的高速发展为提高我国经济活跃度,带动经济增长发挥了巨大的作用,也为创造就业岗位、创新就业形式带来了更多可能,越来越多的新职业应运而生。公示的新职业中,就有很多与"数字"相关的职业。新职业如同一面镜子,照见的是新质生产力的蓬勃发展,也是我国经济不断迭代的内在活力。数字经济蓬勃发展,全面渗透和深刻影响生产、流通、消费等各环节,孕育催生了一批新兴数字职业。2022年版《大典》首次标注了97个数字职业,占职业总数的6%,这些数字职业在不断涌现的新技术、新场景、新需求背景下逐渐兴起,正是数字经济变革在职业领域的突出表现。

1. 数字职业定义

数字职业是伴随着数字经济、数字技术出现的新职业类群,涵盖了信息通信、电子商务、金融科技、智能制造、数字媒体等多个行业领域。数字职业不仅包括传统职业的数字化,更是就业形态和就业模式的创新。它们从数字产业化和产业数字化两个视角,围绕数字语言表达、数字信息传输、数字内容生产三个维度及相关指标综合论证得出。数字职业不是某个具体职业称谓,而是以数字技术及其应用为表征、体现数字经济业态的一个职业范畴。凡是以云计算、人工智能、物联网等信息通信技术为基础,进行数字化及其语言表达(二进制)和信息传输以及数字化产品(服务)研究、设计、赋能、管控、应用、运维、操作的人员,均应算作从事数字职业。

2. 数字职业分类

数字职业可分为三大类:专业技术类、技术融合类、技能改进类。专业技术类职业在数字技术产业化过程中出现,如云计算工程技术人员,其职业活动所涉及的经济和知识领域以及所提供的产品和服务种类具有系统性、专业性和不可替代性;技术融合类职业在产业技术与数字化技术融合发展中出现,如智能制造工程技术人员,其职业活动所涉及的经济领域、知识领域以及所提供的产品和服务种类没有改变,但数字技术和知识嵌入或融合到了原有的知识和技术中;技能改进类职业随着数字技术产业化、产业技术数字化出现,如建筑信息模型技术员,其职业活动所涉及的经济和知识领域以及所提供的产品和服务种类没有改变,但工艺技术、使用的工具设备和数字技能水平已发生很大变化。

随着数字经济的迅猛发展,数字劳动者就业市场迈入刚需时代。"数字劳动者"也广受关注。中国信息通信研究院发布的《中国数字经济发展研究报告(2023年)》显示,2022年,我国数字经济规模达到50.2万亿元,同比名义增长10.3%,已连续11年显著高于同期GDP名义增速,数字经济占GDP比重达到41.5%,较2021年增加1.7%,总量居世界第二。同时,随着"数字中国"战略的实施,数字技术在政务、工业、农业、医疗、金融、教育等多个领域得以广泛应用,这意味着数字劳动者将面临更广阔的职业发展空间。世界经济论坛发布的《2023年未来就业报告》预测,到2027年,数据分析师和科学家、大数据专家、人工智能和机器学习专家以及网络安全专业人士的工作机会预计平均增长30%。

3. 数字劳动者的定义

数字劳动者是一个内涵比较宽泛的概念。从本质上讲,数字劳动者是指依赖数字技术知识、数字技能、数字素养或数字伦理等来履行工作职责、完成工作任务的劳动者群体。总体来看,数字劳动者伴随着数字技术的发展而出现,而且随着我国逐渐进入数字经济蓬勃发展的新阶段,数字劳动者的范畴不断扩展。

依据2021年国家统计局发布的《数字经济及其核心产业统计分类(2021)》,数字劳动者已从最初主要分布的数据技术领域,逐步延伸至数字产品制造业、数字产品服务业、数据技术应用业、数字要素驱动业、数字化效率提升业等多个数字经济核心产业领域。

4. 数字劳动者的特征

2022年版《大典》首次标注了97个数字职业。至此,我国数字劳动者的职业分类体系正式确立,立体多元的职业图谱基本形成。具体而言,数字劳动者呈现以下特征:

(1)第一、二、三产业全覆盖。从数字职业的分布来看,数字劳动者已经渗透到第一、二、三产业。当前,在工业、服务业数字化进程加速推进的同时,我国农业的数字化进程也在提速,农业数字化技术员等新职业的出现,成为推进实施"数字强农"的重要力量。

(2)数字经济核心产业广分布。在这97个数字职业中,数字技术应用业占比最高(46.4%),其次依次为数字化效率提升业(19.6%)、数字要素驱动业(17.5%)、数字产品制造业(9.3%)、数字产品服务业(7.2%)。

(3)第二及第四至第六大类全涉及。当前,数字劳动者已广泛分布在社会生产、流通、分配以及消费等各个环节,涉及2022年版《大典》的第二、四、五、六大类,这四大类数字职业数量依次为54个、37个、1个、5个,其中第二、第四大类居多,共占93.8%。

(4)不同职业对技能水平与专业化程度要求有差异。依照职业技能水平与专业化程度要求的差异,数字劳动者可分为三类:第一类要求较高,从业者需具备专门的数字技术,如工业互联网工程技术人员;第二类要求适中,从业者需在原有知识和技术基础上嵌入或融合数字技术,如智能制造工程技术人员;第三类要求偏低,从业者只需具备通用数字素养或掌握一般的数字技术,如智能楼宇管理员。

(5)传统职业与新兴职业并存。从职业演进的过程看,数字职业既包括"技能改造型"职业,即对传统职业的数字化改造,如工程测量工程技术人员等,也包括"新兴"数字职业,即因应数字经济活动及其相关技术而产生的新职业,如数字化管理师等。从97个数字职业的类型看,传统职业、新兴职业分别有62个、35个,其中传统职业居多。

(6)新兴职业的流动性特征凸显。从35个新兴数字职业从业者的就业领域来看,它们大多属于新就业和新工作形态,如互联网营销师、虚拟人设计师便属灵活就业范畴。《中国数字经济就业发展研究报告(2023年)》显示,数字经济新职业呈现出人员流动性较大等特点。

网络主播是职业吗？

随着网络时代的发展,新媒体异常活跃。近年来,各类主播层出不穷,已经成了一个行业(职业)现象。近日,有社交平台发布了主播职业报告。报告显示全职主播的收入普遍高于兼职主播,约35%的全职主播月收入高于8 000元,6.6%的全职主播月收入高于30 000元。在薪酬待遇、弹性工作时间的利益驱动下,不少大学生在毕业后选择了这个职业。

思考并回答:
网络主播是一种职业吗?你的判断标准是什么?请说说原因。

第二节　职业生涯规划

一、职业生涯的含义

"生涯"在《牛津英语词典》中被定义为名词,指个体一生的历程或发展,尤指众人皆知的显赫或非凡时期。我国古代《庄子·养生主》中有"吾生也有涯,而知也无涯",指出人的生命是有限的,而知识是无限的。美国国家生涯发展协会(National Career Development Association)提出,生涯是个人通过从事工作所创造出的一个有目的的、延续一定时间的生活模式。

职业生涯是一个人一生所有与职业相连的行为与活动以及相关的态度、价值观、愿望等连续性经历的过程,也是一个人一生中职业、职位的变迁及职业目标的实现过程。简单地说,一个人职业发展的状态、过程及结果构成了个人的职业生涯。一个人对其职业发展有一定的控制力,他可以利用所遇到的机会,从自己的职业生涯中最大限度地获得成功与满足。

从时间上来说,职业生涯有狭义与广义之分。狭义的职业生涯是指一个人终其一生,伴随与工作或职业有关的经验和活动。广义的职业生涯是指从职业能力的获得、职业兴趣的培养、选择职业、就业,直到最后完全退出职业劳动这样一个完整的职业发展过程,即开始上学接受知识教育一直到退休这段过程。

二、职业生涯的分类

根据中国职业规划师协会定义,职业生涯分为两个方面:

(一)外职业生涯(对外在职场而言)

为什么希望做的工作干不了?为什么希望去的城市没机会?为什么工作进步慢?究其原因是人们往往只关注外职业生涯,不关注内职业生涯。外职业生涯,是指从事职业时的工作单位、工作地点、工作内容、工作职务、工作环境、工资待遇等因素的组合及其变化过程。外职业生涯的特点有三个。

(1)不可控性。外职业生涯构成要素往往是他人给予的,也容易被别人收回和否定。
(2)不等偿性。外职业生涯构成要素往往与自己的付出不符,尤其是职业初期。
(3)依赖性。外职业生涯发展以内职业生涯发展为前提条件。

(二)内职业生涯(对个人自身而言)

内职业生涯是指从事一种职业时的知识、观念、经验、能力、心理素质、内心感受等因素的组合及其变化过程。它不是通过名片体现,而呈现为工作表现、言谈举止、工作结果。它是在职业生涯发展中通过提升自身素质与职业技能而获取的个人综合能力、社会地位及荣誉的总和。内职业生涯强调自身各项因素的获得与提高,它是别人无法替代和窃取的财富。

(三)内职业生涯与外职业生涯的关系

内职业生涯与外职业生涯密不可分。内职业生涯的发展可以带动外职业生涯的发展。内职业生涯是真正的人力资本所在,提高内职业生涯而取得的工作成绩,会转化为外职业生涯。在内职业生涯中,有些因素,如知识、经验等需要在相对特定的环境才能发挥作用;有些因素,如高尚的品德、积极的心态、终身学习的能力等,却是万能的种子,无论在怎样的环境中都能生长。外职业生涯发展通常是由别人决定、给予和认可的,也容易被别人否定、收回和剥夺。而内职业生涯,是靠自己的不断探索而获得,不随着外职业生涯的发展而自动具备或自动消失。外职业生涯的稳定以内职业生涯的发展为前提。良好的外职业条件可以提升个人对内职业生涯的认知,内职业生涯与外职业生涯相互促进、相互协调。一方面,只有内、外职业生涯同时发展,职业生涯之旅才能更为顺畅。另一方面,外职业生涯发展顺利,还可以促进内职业生涯的发展。

三、职业生涯规划的含义

职业生涯规划,简称生涯规划,又叫职业生涯设计,是指个人与组织相结合,在对一个人职业生涯的主客观条件进行测定、分析、总结的基础上,对自己的兴趣、爱好、能力、特点进行综合分析与权衡,结合时代特点,根据自己的职业倾向,确定最佳的职业奋斗目标,并为实现这一目标做出行之有效的安排。

四、职业生涯规划的特点

(一)独特性

每个人都有自己的特点,有与众不同的成长背景及机遇,因此必须从自己的特点、特长出发来进行职业生涯规划。每个人的生涯发展都是独一无二的,职业生涯也是独一无二的,因此职业生涯规划也因人而异。每个大学生的个性、兴趣、价值观、综合素质等不尽相同,大学生在进行职业生涯规划时,要综合分析自身条件和现实环境,有针对性地规划,切忌盲从。

(二)目标性

一般的职业生涯规划的总体目标是获取一定的职业地位或取得一定的职业成绩。比如,规划自己35岁前要进入某企业的高级管理层,或为自己定下两年内销售业务量成为公司之冠的业绩目标。一般职业生涯规划的阶段目标划分并不明晰,应视个人的总体目标和现实差距而定。

(三)可行性

可行性是指规划是根据实际情况(自己的能力、兴趣、气质和性格,组织的发展状况和机会,自己的竞争力等)做出的,职业目标的确定,应该建立在充分分析自己主客观条件的基础上,而不是脱离实际的幻想。

(四)终身性

不仅是大学生,每个人人生发展的全过程,都涉及职业生涯规划这一课题。只是有的人是自觉做的,有的人是无意识间完成的。孩子们玩过家家时,有人爱扮医生,有人爱扮教师,有人爱扮解放军,这就是职业生涯规划的萌芽。五六十岁的人一样有自己的职业规划。有一位60岁的老人参加了生涯规划课程的学习,意识到虽然自己已经退休,但自己的生涯可能还有二十多年甚至更长时间,他感慨地说:"我如果学习三年,还可以工作十五六年。"像这样退休后发挥余热或兼职或上老年大学学习新专业、新技能的人比比皆是,甚至有人退休后学画画,竟然还办成了画展,成了画家。

(五)综合性

如果把生命看作一个横截面,那么每个人在某一时间段内会同时有多重身份。如一位五十岁左右的某高校系主任,他在单位主持工作时是领导;在与同事共同研究问题时是伙伴;在学生面前,他是老师;在"充电"时,他是学生;在孩子面前,他是长辈;在父母面前,他是晚辈。所以,人们在做职业生涯规划时会涉及工作、学习和生活的多个方面,具有很强的综合性。

五、职业生涯规划的分类

职业生涯规划按照时间的长短来分类,可分为短期规划、中期规划、长期规划、人生规划四种类型。

(一)短期规划

短期规划时间通常为1~2年,是中长期规划的具体化、现实化,是最清晰的规划。

(二)中期规划

中期规划一般为3~5年内的目标与任务。如到不同业务部门做经理,规划从大型公司部门经理到小公司做总经理等。

(三)长期规划

长期规划是指5~10年的规划,主要设定较长远的目标。如规划30岁时成功创业等。

(四)人生规划

整个职业生涯规划,时间跨度通常在20年以上,设定整个人生的发展目标和阶梯。对职业生涯进行长期的规划,能够使大学生明确各个阶段的职业目标,保持整个职业生涯发展的连贯性和持续性,使总体目标(如最终希望成为某上市公司的董事)更容易循序渐进地达成和实现,进而产生最大的职业动力。大学生如果有条件的话,应该进行这种长期的职业生涯规划,激励自己为达到各个阶段的目标而不懈努力。

六、大学生职业生涯规划的原则

大学是培养专业人才的重要基地,大学生应当从跨入大学校门开始就确立自己的未来职业生涯目标。大学生在进行职业生涯规划时,应遵循五个基本原则。

(一)社会需求原则

社会的需求不断演化着,旧的需求不断消灭,同时新的需求不断产生。择业是一种社会活动,它必定受到社会的制约,如果择业脱离社会的需求,将很难被社会接纳。规划自己的职业生涯时,一定要分析社会需求,择世之所需,以社会需求作为出发点和归宿,这样的职业生涯规划才有现实性和可行性,而不能光从自己的理想出发,脱离社会需求导向。

(二)结合专业原则

每一个大学生都有自己的专业,每一个专业都有一定的培养目标和就业方向,经过大学阶段的学习,大学生都具有某一领域专业的知识和技能,这是每一个人的优势所在。而且,用人单位在招聘过程中,首先要考虑大学生所学的专业。因此,大学生在进行职业生涯规划时,应以所学专业为依据。如果所从事的职业不是自己所学的专业,在参加工作后要重新"补课"。

(三)目标可量原则

规划的设计应有明确的时间限制或标准进行评量、检查,使自己随时掌握执行状况,并为规划提供参考的依据。

(四)择己所长原则

有些人善于与人打交道,有些人则更适于管理机器等物品。在设计自己的职业生涯规划时,应选择有利于发挥自己优势的职业,即择己所长。

(五)择己所爱原则

从事一项喜欢的工作,本身就能带来一种满足感。兴趣是最好的老师,是最初的动力,兴趣是成功之母。兴趣与成功概率有着明显的正相关性。设计职业生涯时,务必考虑自己的特点,珍惜自己的兴趣,择己所爱,选择自己喜欢的职业。

七、职业生涯规划的意义

通过职业生涯规划,可以把"我想做的事情"与"我能做的事情"有机结合起来,在客观分析自身和外界环境之后,制定出科学可行的、个性化的方案。严格实施这个方案,将会使自己的优势得到最大限度的发挥,需求得到最大限度的满足。认清自己,就迈出了职业生涯规划的第一步。以此为起点,第二步就需要我们针对职业领域进行探索。最后一步则是将各方面的静态与动态信息进行整合,确定行动计划,付诸实践,解开就业的困惑,为个人一生的成功与幸福奠定坚实的基础。

职业生涯规划有突破障碍、开发潜能和自我实现三个积极目的。一个人最大的幸福,是能以自己选择的方式生活。借助职业生涯规划,更易于把握每一个可能成功的机遇,认识自我、发展自我、完善自我,培养个人的素质和修养,设计一生职业发展的最优路径。职业生涯规划让个人拥有明确的目标,会围绕目标去学习和提升,在人职匹配的基础之上,将人的发展与职业的发展有机结合,使职业成为实现自我人生价值、自我人生幸福的工具和内容,让个人的发展成为推动职业发展和进步的助力,达到自我与职业的双赢,实现人与职业的和谐发展。

八、影响职业生涯规划的因素

职业生涯规划是个人发展的基础,又是个人发展的历程体现。在这个重要而又漫长的过程中,每个大学生的职业生涯规划都会受到各种因素的影响。影响职业生涯规划的因素是多方面的,有个人素质、个性等主观方面的因素,也有社会环境、机遇等客观方面的因素,各个因素之间是相互关联的。因此,在进行职业生涯规划时要仔细考虑影响自己职业生涯的每一个因素。

(一)教育因素

受教育程度是影响职业生涯规划的一个重要因素,受教育的层次不同,形成的知识结构、能力结构和职业素质结构就会有所不同,从而会使受教育者形成不同的思维模式,进而影响到职业生涯的规划与发展。

(二)环境因素

环境因素包括社会环境和组织环境两方面。社会环境主要是指社会的政治体制、经济体制、社会文化习俗、职业的社会评价、人才市场的管理体制等,这些社会环境因素决定了就业的方式、职业观和个人职业生涯的历程。组织环境包括行业环境和企业环境。对环境因素的分析和认识,有助于把握社会需求和职业环境发展趋势,正确选择职业生涯目标。大学生在职业生涯规划中不仅要运用好现有环境,挖掘环境中的有利因素,而且要善于创造良好的环境,考虑社会的需求,才能最终达到自己的职业目标。良好的组织环境可以使得工作顺利进行,个人才能也能够得到充分发挥。组织的发展态势对大学生职业方向的选择影响重大。组织或者行业正处于朝阳期,或者是国家主导的新兴产业,社会对其前景普遍看好,这种职业方向对于大学生来说无疑是具有吸引力的。

(三)家庭因素

家庭是造就个人素质、影响人生发展的重要因素之一,一个人的价值观和行为模式的形成往往受家庭成员潜移默化的影响,家庭的经济状况也会对个人在择业、职业转换等方面产生很大影响。人的社会化其实从一出生时就已经开始了,一个人在幼年时期就开始受到家庭的影响,逐渐形成一定的价值观和行为模式。许多人还会长期受到家庭成员的影响,不自觉地习得某些职业的知识和技能。在家庭环境中习得的价值观、行为模式、职业知识和技能等必然会影响一个人的职业理想和职业目标,影响其未来的职业抉择。因此,大学生在做职业生涯规划时,不可忽视家庭的影响,要把握职业生涯的每一个阶段与家庭责任之间的平衡,寻求更好的职业发展方向。

(四)个人因素

在职业生涯规划中,自我认识与定位是进行职业生涯规划的重要前提,通常包含以下几个方面内容:我想干什么?——职业兴趣;我能干什么?——职业能力;我适合干什么?——个人特质(气质、性格);我为了什么而干?——职业价值观。职业兴趣是一个人对待工作的态度,是影响人择业的主观因素,也是判断一个职业是否适合自己的关键因素,所以大学生在制定职业生涯规划时,一定要结合自己的职业兴趣。职业能力是由具体的一个个职业所客观要求的,大学生在制定自己的职业生涯规划时,要考虑在校期间如何提升自己的通用职业能力,增强自己就业时的核心竞争力。个人特质包括气质和性格。气质是不以人的活动目的和内容为转移的心理活动的典型的稳定的动力特征。它不仅能影响一个人活动的能力,而且也影响活动的效率。职业价值观是个人追求的与工作有关的目标,往往影响人们对职业方向和职业目标的选择。

生涯人物访谈

对实际从事于某一行业的、有一定影响力的人进行访谈,以了解该行业的基本概况、职业技能要求等,以有效地帮助自己在进入这一行业之前做好入职准备,访谈提纲如图2-2所示。

- 工作性质、任务或内容
- 工作环境、就业地点
- 所需教育、培训或经验
- 所需个人的资格、技巧和能力
- 收入或薪资范围、福利
- 工作时间和生活形态
- 相关职业和就业机会
- 组织文化和规范
- 未来展望

图2-2 生涯人物访谈提纲

注意:

1. 事先与受访者约定时间,提前5~10分钟到达。访谈时间控制在1小时以内。
2. 介绍拜访目的,注意着装和仪表,举止礼貌、措辞得体。
3. 如要录音、录像、照相等,须征得对方的同意。
4. 认真对待,不走过场,达到探索行业的目的。
5. 离去前要真诚致谢。

第三节　职业生涯规划理论

一、舒伯生涯发展理论

(一) 生涯彩虹理论

在众多阐述职业生涯的理论中,舒伯的生涯彩虹理论较为著名,如图 2-3 所示。它是根据人生职业发展各个阶段的各个角色之间的相互关系,编制出的一张综合的整体职业生涯发展网络,分别从广度——横跨人的一生、空间——纵观一生中所充当的不同角色、深度——在不同角色中投入的时间和程度三个方面,详细阐述了各个阶段的职业特点和变化趋势。

如果一个人对其职业的发展有合理的规划和控制力,那么他就可以提前预见和利用所有可能遇到的机会,在不同时期调整自己的身份角色、所投入的时间和精力,减少矛盾冲突与焦虑情绪,灵活应对生活中的各种困难。无论持家者、工作者还是退休者,都能从自己的人生中最大限度地获得成功与满足。

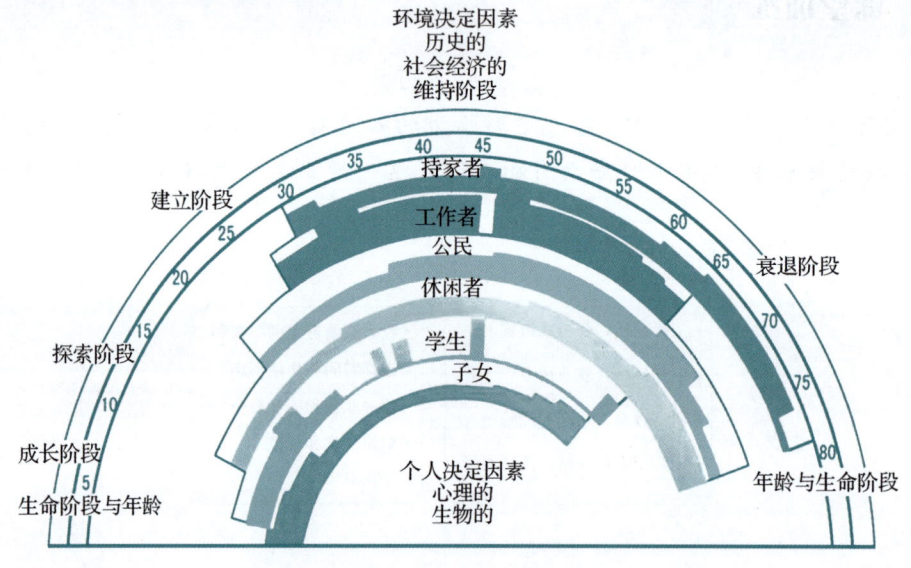

图 2-3　生涯彩虹理论

舒伯认为生涯统合了人一生中的各种职业和生活角色,由此表现出个人独特的自我发展形态。生涯不仅是工作或职业,还包含个人的生活风格与个人在一生中所从事的所有活动。舒伯提出,人在一生中主要扮演多种生活角色:子女、学生、休闲者、公民等。不同角色之间互相影响,对某一角色的时间和精力的投入会影响对其他角色的时间和精力的投入,这也是生涯彩虹图中呈现的角色凸显问题,角色凸显的变化情况也可以反映一个人对价值观的追求情况。

（二）拱形门理论

拱形门理论是舒伯于1990年提出的，它将人的整个生涯形象地比作一个拱形门，其左侧是生理基石，主要包括个人的兴趣、价值观、需求等因素，形成个人的人格倾向；右侧是地理基石，主要包括学校、家庭、劳工市场等社会环境因素，形成社会性政策。而连接拱形门两大柱子的因素由发展性阶段逐渐形成角色自我概念，进而发展成"自我"，它位于拱形门最高点，如图2-4所示。

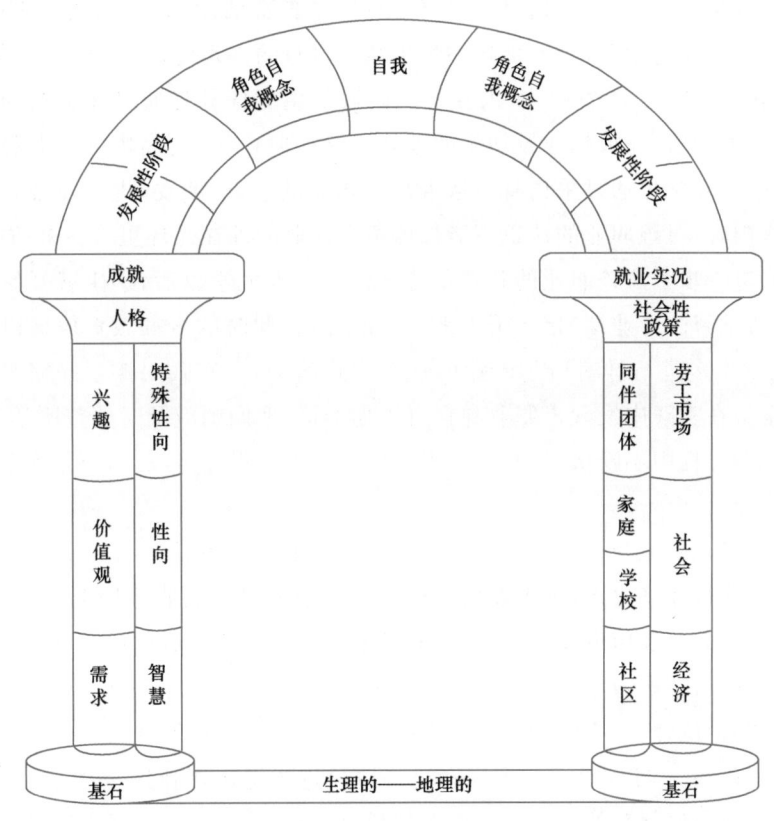

图 2-4　拱形门理论

舒伯认为，生涯选择的过程是"人"对不断变化发展的社会环境和社会结构的构建过程，即自我概念发展与实践的历程。拱形门理论生动地描述出个人在"自我"发展时，在基于自身兴趣、价值、需求等的职业追求中，与社会、经济、劳工市场所形成的反差与冲突，由此产生的痛苦、迷茫，以及自身与外部世界联通不顺畅时的困惑。这就需要个人不断调整自身兴趣、价值、需求，对自我进行深度探索和改变，以此来不断适应外部世界的成长过程。这是角色扮演和反馈学习的过程，是一个自我概念发展与实践的过程，这个过程是"人"主动构建完成的。

（三）发展阶段理论

舒伯将生涯定义为生活中各个时间的发展方向与历程，它整合了个体一生中的各种职业和历程,可将其主要分为成长阶段、探索阶段、建立阶段、维持阶段、衰退阶段。

(1)成长阶段(出生至14岁)。个人在这一阶段的主要任务是认同并建立起自我概念,对各种职业充满好奇,有意识地逐步培养职业能力。在这一阶段,学生正处于幼儿园和小学时期。幼儿园时期的生涯教育应该以启蒙为主,采用生动形象的方式,如在角色扮演或"过家家"游戏中,幻想自己是医生、教师、超市收银员……这一时期的生涯教育应让幼儿了解和区分不同职业,使幼儿初步知道每个职业都有自己的特点,社会的发展和进步离不开各行各业所有劳动者的共同努力,每个行业都需要有人去做,初步了解工作的意义。小学时期的生涯教育应该以兴趣为主要目标,通过一些富有特色的教育活动,如参观儿童职业体验馆,让小学生进行不同职业的角色体验,引导小学生结合自身的兴趣爱好,形成最初的职业观。

(2)探索阶段(15至24岁)。个人在这一阶段的主要任务是通过在学校的学习不断认识自我,进行职业探索,完成择业及初步的就业。这一阶段中,初高中的生涯教育应该以体验为主要目标,引导学生通过采访身边从事某一职业的亲戚、朋友,进一步细致地了解该职业的具体工作内容,对该职业的认识不能仅停留在浅显的外在光环里。在采访中,学生通过与当事人沟通进一步了解该职业的利弊及特殊性。步入大学以后,学生就开始进入专业课的学习,他们所学习的专业课,指明了未来工作的方向,此时的生涯教育应该以实践为主要目标,鼓励大学生多进行针对所学专业的社会实践活动,在实践中探索并完善自己的职业观。如果大学生在实践中发现该职业与自身兴趣不符,他们则应及时调整所学专业。此外,学生应该在实践过程中不断认识到,工作不仅仅是为了获得经济收入,更是实现自身价值和社会价值的途径。

(3)建立阶段(25至44岁)。个人在这一阶段的主要任务是找到一个适合自己的工作领域,并在其中获得经济收入,谋求发展。这一阶段是大多数人职业周期中的核心部分,因为在这个阶段,个人会经历事业的辉煌期,通过事业实现自身价值和社会价值。

(4)维持阶段(45至64岁)。个人在这一阶段的主要任务是长时间开发新的技能,维护已获得的成就和地位,维持家庭和工作两者间的和谐关系,寻求接替人选。

(5)衰退阶段(65岁以后)。一个人在这一阶段逐步退出职业岗位和结束职业生涯,减少权力和责任,适应退休后的生活。工作者的角色逐渐消失,个人把精力逐步投入其他角色中,完成角色的平稳过渡和转换,用其他角色替代和满足需求。

在后期的研究中,舒伯对于发展阶段的理论又进行了深化。他认为,各个发展阶段都要经历成长、探索、建立、维持和退出阶段,这样就形成了一种螺旋循环式发展模式。这种大阶段套小阶段的模式丰富和深化了生涯发展阶段的内涵。

二、施恩生涯发展理论

职业生涯管理学家施恩立足于人生不同年龄段面临的问题和职业工作主要任务,将生涯分为九个阶段:成长、幻想、探索;进入工作世界;基础培训;早期职业的正式成员资格;职业中期;职业中期危险;职业后期;衰退和离职;离开组织或职业——退休。施恩的生涯发展理论表详见表2-3。

表 2-3　　　　　　　　　　　施恩的生涯发展理论表

阶段名称	年龄	角色	主要任务
成长、幻想、探索	0~21岁	学生、工作申请者	1.发现和发展自己的需求、兴趣、能力和才干,为进行实际的职业选择打好基础 2.学习职业方面的知识,做出合理的受教育决策,开发工作领域中所需要的知识和技能
进入工作世界	16~25岁	求职者、新学员	1.进入职业生涯 2.学会寻找并评估一项工作,做出有效的工作选择 3.个人和雇主之间达成正式可行的契约,个人正式成为一个组织的成员
基础培训	16~25岁	实习生、新手	1.了解、熟悉组织,接受组织文化,克服不安全感,学会与人相处,融入工作群体 2.适应独立工作,成为一名能有效工作的成员
早期职业的正式成员资格	17~30岁	取得组织正式成员资格	1.承担责任,成功地履行第一次工作任务 2.发展和展示自己的技能与专长,为提升或进入其他领域的横向职业成长打基础 3.重新评估现有的职业,理智地进行新的职业决策,寻找良师和保护人
职业中期	25岁以上	正式成员、任职者、终身成员、主管、经理等	1.选定一项专业或进入管理部门 2.保持技术竞争力,力争成为专家或职业能手 3.承担较大责任,确定自己的地位 4.制订个人的长期职业计划 5.寻求家庭、自我和工作间的平衡
职业中期危险	35~45岁	正式成员、任职者、终身成员、主管、经理等	1.现实地评估自己的才干,进一步明确自己的职业抱负及个人前途 2.就接受现状或者争取看得见的前途做出选择 3.建立与他人的良师关系
职业后期	40岁到退休	骨干成员、管理者、有效贡献者等	1.成为工作指导者,学会影响他人并承担责任 2.提高才干,以担负更重大的责任 3.选拔和培养接替人员 4.如果求安稳,则要接受和正视自己影响力和挑战能力的下降
衰退和离职	40岁到退休		1.学会接受权力、责任、地位的下降 2.学会接受和发展新的角色 3.培养工作以外的兴趣、爱好,寻找新的满足感 4.评估自己的职业生涯,着手退休
离开组织或职业——退休	因人而异		1.适应角色、生活标准的急剧变化,保持自我认同感 2.保持自我价值感,运用自己积累的经验和智慧,以各种资深角色对他人进行"传帮带"

虽然施恩给出了每个阶段的年龄,但是并未囿于此。这九个阶段更多是根据职业状态、任务、职业行为的重要性来划分的。由于每个人经历某一职业阶段的年龄有别,所以,施恩只给出了每个阶段的大致年龄跨度,且在每个职业发展阶段都有所交叉。

三、职业锚理论

(一)职业锚的概念

职业锚理论(又称职业定位)产生于在职业生涯规划领域具有较高地位的美国麻省理工学院斯隆管理学院、美国的职业指导专家施恩教授领导的专门研究小组,是对该学院毕业生的职业生涯研究中演绎成的。斯隆管理学院的44名MBA毕业生,自愿形成一个小组接受施恩长达12年的职业生涯研究,包括面谈、跟踪调查、公司调查、人才测评、问卷等多种方式,最终分析总结出了职业锚理论。

人职匹配实际上是一个持续不断的过程。在这一过程中,每个人都在根据自己的天资、能力、动机、需要、态度和价值观等慢慢地形成较为明晰的、与职业有关的自我概念。随着一个人对自己越来越了解,他就会越来越清晰地形成一个占主要地位的职业锚。通俗地说,职业锚就是当一个人不得不做出选择的时候,他无论如何都不会放弃的职业中的那种至关重要的东西。有些人也许一直都不知道自己的职业锚是什么,直到他们不得不做出某种重大选择时才知道。正是在这一关口,一个人过去的所有工作经历、兴趣、资质、性向等才会集合成一个富有意义的职业锚。这个职业锚会告诉此人,对他个人来说到底什么才是最重要的。

(二)职业锚的类型

大量的跟踪调查研究表明职业锚有八种类型。

1. 技术型职业锚

持技术型职业锚的人愿意在专业领域中发展,追求在技术领域的成长和技能的提高,以及应用这种技术的机会;喜欢面对挑战和独立开展工作,希望开展自己认为正确的工作时不受资源限制;大多从事工程技术、财务分析、系统分析、企业计划等工作。他们希望拒绝一般的管理性质的工作,因为这将意味着他们放弃技术领域的成就。他们希望在技术领域获得专家的肯定和认可,以及承担日益增多的富有挑战性的工作。其成长和获得成功看重的主要不是地位的提升,而是专业地位的提高和技术领域的扩大。

2. 管理型职业锚

持管理型职业锚的人有强烈的愿望去做管理人员,同时经验也告诉他们自己有能力达到高层领导职位,承担较重大责任的管理职位是这些人的最终目标。他们倾心于全面管理,追求权力;具有强烈的升迁动机,追求并致力于职位、收入的提升;善于与人沟通;有较强的分析能力和领导、操纵、控制他人的能力;对组织有很大的依赖性。

3. 创造型职业锚

持创造型职业锚的人需要创造完全属于自己的东西,或是以自己名字命名的产品或工艺品,或是自己的公司,或是能反映个人成就的私人财产。他们认为只有这些实实在在的事物才能体现自己的才干;他们具有强烈的创造需求和欲望,意志坚定,勇于冒险。

4. 安全型职业锚

持安全型职业锚的人最关心的是职业长期的稳定性和安全性。他们为安定的工作、可观的收入、优越的福利与养老保障等付出努力。对他们来说,一份安全稳定的职业、一笔体面的收入、优越的福利和良好的退休保障是至关重要的。他们比较容易接受组织,倾向于根据雇主对他们提出的要求行事,不越雷池半步,对组织有较强的依赖性。

5. 自主型职业锚

持自主型职业锚的人更喜欢独来独往,希望随心所欲地安排自己的工作方式和生活方式;追求能施展个人能力的工作环境,最大限度地摆脱组织的限制和制约。在选择职业时,他们宁可放弃提升或拓展工作的机会,也不愿放弃自身的自由与独立,视自主为第一需要。很多有这种职业倾向的人也有相当高的技术型职业定位。但是他们不同于那些单纯技术型定位的人,他们不愿意在组织中发展,而是宁愿做一名咨询人员,或是独立从业,或是与他人合伙创业,或是成为自由撰稿人。

6. 服务型职业锚

持服务型职业锚的人会一直追求他们认可的核心价值,例如,帮助他人,改善人们的生活,通过新的产品消除疾病等。他们一直追寻这种机会,这意味着即使变换公司,他们也不会接受不允许他们实现这种价值的工作变换或工作提升。

7. 挑战型职业锚

持挑战型职业锚的人喜欢解决看上去无法解决的问题,战胜强硬的对手,克服难以克服的困难障碍等。对他们而言,参加工作或职业的原因是工作允许他们去战胜各种不可能。克服困难是他们的终极目标。如果事情非常容易,它马上变得非常令他们厌烦。

8. 生活型职业锚

持生活型职业锚的人喜欢允许他们平衡并结合个人的需要、家庭的需要和职业的需要的工作环境。他们希望将生活的各个主要方面整合为一个整体。正因为如此,他们需要一个能够提供足够的弹性让他们实现这一目标的职业环境。甚至可以牺牲他们职业的一些方面,如提升带来的职业转换,他们将成功定义得比职业成功更广泛。他们认为自己在如何去生活、在哪里居住、如何处理家庭事情以及在组织中的发展道路等问题上是与众不同的。

上述八种职业锚之间可能存在着交叉,但是都会有一个最突出、最强烈、最易识别的特性。

四、兰特的社会认知模型

认知革命为职业心理学理论的发展带来潜移默化的影响,其中一个重要的趋势是如何看待职业生涯进程中的人。认知取向下的职业心理理论将人看作能动者,看作自身职业生涯发展的主动建构者。社会认知模型正是基于社会认知视角重新审视人的生涯发展的,尝试在个人与环境所属的多种生涯要素之间建构起复杂的联系,进而描述个人的生涯发展路径。在青年生涯发展领域,社会认知模型通过生涯要素间的互动关系进一步回答"学生的职业兴趣是如何形成的""他们如何做出职业选择"。

（一）社会认知模型的基本理论结构

社会认知模型里的基本理论结构是由自我效能、结果预期、个人目标、学习经验的互动关系构成的。它们一方面受到学生个人特质与成长环境的影响，另一方面又影响着学生职业选择的发展，属于社会认知模型里的核心部分，如图 2-5 所示。

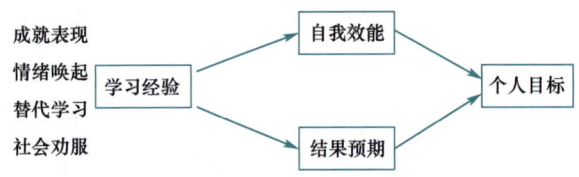

图 2-5　社会认知模型的基本理论结构

1. 自我效能是学生生涯发展的自信基础

在社会认知模型中，自我效能是学生对自己能否胜任某一领域活动所持有的一系列观念，常回答"我能做这个吗"这类问题，这些观念是学生在日常的学习生活中，在与他人、行为、环境等因素的互动中形成的，可以影响其后续的生涯决策与行动。例如，小海认为自己可以做班长，因为他觉得自己学习成绩优秀，组织能力强，擅于沟通，在班级里的人缘好，被老师喜欢。可见，小海对自己能够胜任班长工作是充满信心的，因为他有这么多关于自己能够做好班长的积极观念。

2. 结果预期是学生生涯发展的价值基础

结果预期同样是由一系列观念构成的，主要涉及学生对采取某一特定行动的后果评估，常回答"如果我这样做了，将会怎样"这类问题。结果预期体现了学生对自己行为结果的预判，即"我做这样的事，可能得到或失去什么"。对这个问题的思考与回答体现了学生的价值取向，即学生决定去做或拒绝做某件事情表明了学生所领悟与追求的人生意义与价值。只有当学生认为"这么做有好处"时，他们才愿意采取行动。例如，小丽认为教师可以通过自己的学识与智慧去培育年轻人，这样的事令人非常有成就感，而且教师有寒暑假，可以定期休息。从小丽对教师职业所持有的结果预期来看，她非常认同从事教师工作所带来的各种好处，因此，教师职业可能是小丽的生涯发展目标之一。

3. 个人目标是学生生涯发展的动力基础

目标可以看作学生要参与某一特定活动的决定，它能够驱使学生围绕目标来组织、引导和调整自身行动。由此可见，目标是学生发挥其内在力量的能动机制。社会认知模型里的目标可以分成两种类型：一是选择目标，注重个体活动的类型，如"我想打篮球"；二是表现目标，注重个体表现的水平，如"我要进学校的篮球队"。

4. 学习经验是学生生涯发展的信息基础

某一领域活动的自我效能与结果预期并不是凭空实现的，与二者有关的一系列观念是在丰富的学习经验中发展起来的。换言之，在某一领域活动中，学生的学习经验能够提高其自我效能与结果预期。学习经验是自我效能与结果预期所涉及的观念的信息来源，主要包括成就表现、情绪唤起、替代学习和社会劝服四种信息源。

成就表现是指学生亲身参与某领域活动的成功经验。例如，小兰在这次学校的演讲比赛中得了第二名,很有成就感。这种成就感会增强小兰从事演讲相关活动的自信心(自我效能),并且小兰会觉得以后参加这样的活动自己都可能取得好结果(结果预期)。

情绪唤起是指学生参与某一活动时,所体验到的积极或消极的情绪状态。例如,在这次演讲比赛中,小兰虽然有点儿紧张,但站在众人面前演讲,她感到非常兴奋,这个比赛的过程令其感到愉快。这种积极的情绪体验会增强小兰的自信心,并使其认为自己下次参加这样的比赛还能有好的结果。

替代学习是指学生看到与其相似或具有其所向往的能力的榜样完成某项任务的成功或失败经验。例如,小丽看到小兰不但可以参加这次演讲比赛,还获得了第二名,她认为自己平时演讲水平不比她差,这样的比赛以后自己也能参加。与自己水平差不多的小兰比赛成功了,这件事情增强了小丽参加演讲比赛的信心,并使小丽认为如果自己参加也能取得好的结果。

社会劝服是指学生所信任的人对学生在某领域的成功表现的肯定或鼓励学生尝试参与某领域活动。学生所信任的人可以是朋友、老师、家长或其他自己所看重的人。例如,小丽从来没有参加过演讲比赛,但班主任认为她的语言表达能力很强,鼓励她去参加这类比赛,虽然小丽没有任何的演讲比赛经验,但班主任对她的肯定与鼓励增强了她参加比赛的自信心,并认为自己有能力获得好的成绩。

(二)社会认知模型之职业兴趣模型

如对于学生而言,他们的成长环境促使其置身于各种活动中,如音乐、美术、体育等,这些活动都与未来的职业行为有关,这些有倾向性的活动不断被重复,使个体收获了大量的学习经验,这为特定领域职业兴趣的产生与发展提供了重要的实践基础。关于学生的生涯发展,社会认知模型提出职业兴趣模型来阐释该群体生涯发展的主要路径。

1. 职业兴趣的含义

社会认知模型中的职业兴趣是指学生对不同生涯活动所持有的喜欢、不喜欢或无所谓等态度的一种特定模式。比如,"我很喜欢一个人玩的动脑益智游戏,不喜欢奔跑争抢的篮球运动,但对于需要动手操作的木工活儿是无所谓的态度"。

2. 学习经验对效能与预期的影响

学习经验是自我效能与结果预期的信息源,这一观点最早来自班杜拉的社会学习理论。社会认知模型将这一理论内容引用到生涯领域,阐释针对某一特定生涯领域的学习经验对其自我效能与结果预期的影响。社会认知模型一方面强调自我效能信念的塑造与修正都有赖于学习经验的丰富与变化,另一方面指出学生参与教育和生涯活动的学习经验产生并强化了个体相应的结果预期。一般来看,在某一特定活动中,学生的成功经验越多,活动中的积极情绪体验越多,身边人的成功示范越多,外界的积极肯定与鼓励越多,该学生对参与这类特定活动所持有的自我效能越高,结果预期越积极。

3. 效能与预期对兴趣的影响

社会认知模型中,特定活动领域的自我效能与结果预期是促进学生职业兴趣发展的主要因素。我们可以这样理解:在某项生涯活动中,学生对完成该项任务的自我效能越高,越可能对这项生涯活动有兴趣;同样,学生对该项任务可能产生的结果的期待越高,越可能对这项生涯活动有兴趣。换言之,学生对某个生涯领域的兴趣是不断地累积完成该领域任务所带来的自我效能与良好的结果预期所导致的结果。

4. 兴趣发展的生涯结果

当学生对特定活动领域的兴趣出现后,其对持续参与该领域活动的意愿或目标就会显现出来。学生从事有目标倾向的活动与实践的频次增加,由此可以收获更多的行动经验,如目标的达成、技能的增长等,这些经历会促进相关活动的效能与积极预期的进一步增加,促使该领域的兴趣进一步发展,这是一个良性循环的过程,直到兴趣逐步稳定下来。

(三)社会认知模型之职业选择模型

与生涯发展理论保持一致,社会认知模型里的职业选择模型阐释了职业选择是一系列的动态过程,而不是一个简单的、静态的事件。尽管学生尚不处于在某个特定职业领域进行探索的生涯阶段,但其兴趣的动态发展与朝向稳定的趋势是指向未来的职业选择的,或者说理想中的职业选择阶段应该是兴趣发展后的结果,所以我们有必要进一步了解社会认知模型中的职业选择模型,熟悉个体职业选择的可能进程。

1. 职业选择的三个环节

职业选择过程是一个动态的复杂过程,很多因素会影响人的初步职业选择。职业选择模型将这一复杂的选择过程大致分成三个环节:首先,学生对进入某一特定职业领域的主要选择或目标进行表达;其次,采取计划行动去实现既定目标,如"选择某一具体专业进行学习或训练";最后,接下来的所有行动经验会形成结果反馈,并最终影响学生做出的未来选择。当然,在这个选择过程中,学生并不是单方面地做出职业选择,职业环境也同样选择从业者。

2. 职业选择过程中的环境因素

社会认知模型里的外部环境分为远端成长背景因素和近端环境因素。远端成长背景因素主要是指接触不同任务和职业榜样的机会、参与特定活动的情绪与经济支持、技能发展的机会、文化和性别角色的社会化过程等。这些成长背景因素有助于学生学习经验的发展,促进效能与预期的形成,并最终决定兴趣。近端环境因素主要是指在学生决策过程中发挥作用的环境因素。一方面,社会认知模型假定某些条件可以直接影响人的选择目标或行动,比如"在决定选择什么职业时,你所感受到的来自家庭成员的支持或阻碍";另一方面,环境因素可以影响个体将兴趣转变成目标以及将目标转变成行动的能力或意愿。由此可见,只有在适宜的条件下,兴趣与目标、目标与行动之间的关系才会更为密切。

3. 多种因素影响职业选择

在选择模型中,我们可以看到兴趣模型中的兴趣、自我效能和结果预期都可以影响人的职业选择。在其他条件都相同时,学生更可能根据兴趣来做出职业选择。但是,职业选择同时受其他环境因素和个人因素的影响,基于多种原因,许多学生可能并不会通过获得外界支持来追求自己的职业兴趣,对他们而言,选择只是从较窄的较低意愿选择范围内进行的选择。鉴于环境阻碍和机会有限等客观条件,学生寻找工作的决定较少受兴趣影响,更可能由实际环境、自我效能和结果预期的综合考虑所决定。当兴趣难以通过职业选择来实现时,便会做出兴趣程度较低的职业选择,这种退而求其次的选择往往更容易在现实中实现,会提供更好的结果且令学生更好地发挥自身才能。

(四)社会认知模型对学生生涯教育的启示

社会认知模型的兴趣与选择模型阐释了学生生涯发展的主要路径。个人与环境因素促进了学习经验的发展,特定职业领域的学习经验形成了个体的自我效能与结果预期,进而发展出特定领域的职业兴趣。这些都会影响目标的选择与行动,为学生进入生涯探索期做好职业心理准备。社会认知模型对生涯教育具有较好的启示。

1. 重视学习经验的生涯教育价值

许多学生过早地取消了对某些潜在职业的追求,是因为他们的学习经验相对匮乏,所以在面对多种生涯任务时自我效能偏低,或者持有不符合现实的、自己假想的结果预期。学生的职业兴趣尚处于动荡期,具有较大的变化性,他们需要置于更加丰富的生涯活动中去体验与积累,通过大量且有效的学习经验来发展相应的自我效能与结果预期,为职业兴趣与选择的结合做好充分的准备。学校在组织丰富多彩的生涯活动时,要注重围绕学习经验的四个方面来精心设计,即让学生有成就感、有观察学习的榜样、有快乐的情绪体验和及时的积极反馈。

2. 发挥环境影响的积极力量

学校和家庭是学生生涯发展中最重要的环境力量。生涯教育要善于充分发挥环境对学生生涯发展的促进作用,一方面,要为学生接触更丰富的生涯活动提供机会,鼓励学生积极参与,丰富学生的体验,开阔学生的视野,给予学生足够的环境支持;另一方面,要帮助学生积极应对各种阻碍因素,比如,帮他们认真考量阻碍生涯发展或成功的潜在障碍,分析战胜这些阻碍的可能性,提出避免或应对这些生涯阻碍的可行性策略,以及获取来自家庭或同伴的社会支持,等等。

3. 理解兴趣与选择的动态变化性

社会认知模型中的职业兴趣与职业选择并不是一个静态的结果,而是一个不断发展变化的过程。个人—环境因素是促进兴趣与选择发展的现实基础,自我效能与结果预期是促进兴趣与选择形成的认知基础。生涯教育者要用发展的眼光去看待职业兴趣与选择,让二者在变化中发展,在发展中逐渐稳定。我们的生涯教育的重心要放在促进学生充分体验与发展上,而不是立竿见影的决策上。

我的生涯彩虹图

自行绘制生涯彩虹图,在每一个阶段对每一个角色的投入程度用涂颜色的方式来表示,彩色面积越大表示对该角色投入的程度越大,空白越多表示对该角色投入的程度越小。

请绘制一份你自己的生涯彩虹图,并思考以下问题:

1.你有多少个角色?哪个角色占用了你人生最长或最短的时间?(事实)

2.你认为哪个角色较重要?为什么?你最期待哪个角色?(感受)

3.在不同的角色中、你投入的程度如何?为什么会有这些落差?原因可能有哪些?哪些生命中曾承担的或者正在承担的角色是你一直所忽略的?(发现)

4.你在扮演不同角色时,是否有冲突?当你遇到这些冲突时,心情如何?是如何处理的?看过这幅"我的生涯彩虹图"后,你对未来有哪些具体计划?(规划)

模块二

了解社会
——外面世界很精彩

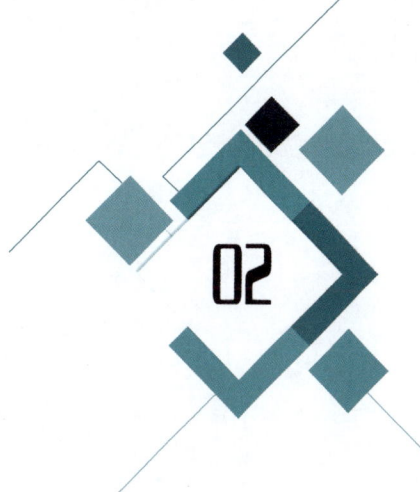

卢梭说:"社会就是书,事实就是教材。"社会环境对青年人的职业成长发挥着极大的影响和制约作用。在对"我是谁""我能干什么""我想干什么"等问题思考的基础上,还要明确"环境支持或允许我干什么"。因为,外在环境为青年人的成长提供了机遇、条件和空间,职业环境直接影响个人的职业发展,也会潜移默化影响个人的职业选择。

青年学生要将个人的职业规划与国家、与时代发展紧密结合,需要对社会政治环境、经济环境、法治环境、科技环境、文化环境等宏观因素进行分析,树立正确的职业观念,增强职业探索及环境分析意识,促进职业发展,最大限度地实现人生价值。

单元三
认识职业环境

案例导入

2023年4月21日,国家卫生健康委、中央机构编制委员会办公室、教育部、财政部、人力资源和社会保障部联合印发《关于实施大学生乡村医生专项计划的通知》,要求"十四五"期间在部分省份实施大学生乡村医生专项计划,由各省专项招聘医学专业高校毕业生免试注册为乡村医生到村卫生室服务,并加大激励和保障力度,引导大学生乡村医生服务农村、扎根农村。

文件要求,有关省份卫生健康行政部门要积极对接教育部门和医学院校,从2023年起,每年4月底前统计汇总本省乡村医生招聘需求,会同教育、财政等部门制订大学生乡村医生专项招聘计划,并通过互联网等渠道向社会发布岗位信息。各地应将大学生乡村医生作为招聘引进的医疗卫生人才,由乡镇卫生院与他们签订服务协议,明确服务期限,按规定落实相应社会保障待遇。

文件还要求,各地落实有关要求,对于到中西部地区、艰苦边远地区、老工业基地村卫生室工作的中央高校应届毕业生,服务期在3年(含)以上的,按规定享受基层就业学费补偿国家助学贷款代偿。鼓励有条件的地区将到村卫生室工作的地方高校应届毕业生纳入当地基层就业学费补偿国家助学贷款代偿资助范围。各地可按照学历、执业资格、职称、工作地点等因素在单位内部的分配中对大学生乡村医生予以倾斜,进一步提高其收入待遇和岗位吸引力。

(资料来源:光明网,2023-04-24)

请思考:
1. 你了解所学专业所处的社会环境动态吗?
2. 与你所学专业相关的国家政策有哪些?

第一节　社会环境分析

所谓社会环境分析，就是对我们所处的政治环境、经济环境、社会文化环境、科技环境、个人成长环境、就业政策、其他因素进行分析。社会环境对我们职业生涯乃至人生发展都有重大影响。通过对社会大环境的分析，可以充分了解和认清国际、国内和自己所在地区的各方面的要求及发展趋势，更好地把握和寻求各种发展机会，制定自己的职业规划。

一、社会环境基本要素

（一）政治环境

政治环境是指对企业生产经营活动具有实际与潜在影响的政治力量和对企业生产经营活动加以限制和要求的法律法规等因素。政治环境包括一个国家的社会制度，执政党的性质，政府的方针、政策、法令等。

政治环境能够影响企业的组织机制和生产经营，进而影响个人的职业发展。政治环境包括社会制度、国家政策、体制机制、国际关系以及国家对劳动就业相关的法律规定等。安全稳定的政治环境是实现中华民族伟大复兴中国梦的基本前提。坚持中国特色社会主义道路，建设富强、民主、文明、和谐、美丽的社会主义现代化强国，实现中华民族伟大复兴，是青年大学生的历史使命。大学生在职业生涯规划中，应始终坚持正确的政治方向，要有服务国家发展大局的政治意识和责任意识。

政治法律环境分析的主要参考变量：执政党性质、政治体制、经济体制、政府的管制、税法的改变、专利数量、专利法的修改、环境保护法、产业政策、投资政策、国防开支水平、政府补贴水平、反垄断法规、与重要大国关系、地区关系、民众参与政治行为、政局稳定状况等。

（二）经济环境

经济环境主要包括宏观和微观两个方面的内容。宏观经济环境主要指一个国家的人口数量及其增长趋势，国民收入、国内生产总值及其变化情况，以及这些指标能够反映出的国民经济发展水平和发展速度。微观经济环境主要指企业所在地区或所服务地区的消费者的收入水平、消费偏好、储蓄情况、就业程度等因素。

经济环境分析的主要参考变量：GDP及其增长率、经济转型、贷款的可得性、可支配收入水平、居民消费（储蓄）倾向、利率、通货膨胀率、规模经济、政府预算赤字、消费模式、失业趋势、劳动生产率水平、汇率、证券市场状况、外国经济状况、进出口因素、不同地区和消费群体间的收入差别、价格波动、货币与财政政策等。

经济的发展和科学技术的进步、劳动生产率的提高、职业演化速度的加快、就业岗位的增加，都是密切相关的因素。经济环境对于个人的职业发展具有重大的影响，经济发展越好，企业经营就会越活跃，对人才的需求就会越旺盛，求职者的就业机会和就业质量就会越好。电子通信、计算机、国际互联网和其他技术的迅猛发展，消除了企业之间和个人之间在地理上的隔离，让世界变得"更小"，创造了一个不受地理边界限制与束缚的工作环境和视野。

从整个国家范围来说，随着国家现代化进程的发展和劳动力市场的进一步健全，职业岗位科技含量增加,由传统工艺型向信息化、智能型转化,同时,随着职业内涵发展的扩大,职业岗位工作的范围和面向的服务对象也越来越广泛,由于不同类型员工所接受的教育程度不同,成长的文化背景不同,他们的知识、技能和价值观、工作动机、需求呈现明显的差异,具有不同知识、技能和素质的员工对于企业的价值不同,不同员工的薪酬形式也将不同。这就要求大学生需要以一种新的思维重新思考客观经济环境对就业的直接影响,充分发挥其主观能动性,克服客观环境的不利因素,主动适应社会需要。

我国未来的职业发展既受世界性的大趋势影响,同时也受具体国情和不同社会发展阶段等因素的影响,具有自身的特点和规律,具体表现为人员的流动将更加频繁;职业岗位的要求和劳动方式逐步由简单向复杂转化,需要跨专业的复合型人才;人与人相互之间的交往和协作的需求大大加强;工作岗位由继承型向知识创新型转化;第三产业就业渠道增多,产生大量新职业,吸纳更多社会劳动力。总体来说,我国经济实力、科技实力、国防实力、综合实力和国际地位显著提升,为大学生职业发展创造了良好的经济环境。

(三)社会文化环境

作为影响行业、职业发展的社会文化环境,通常是指在一定社会形态下的教育水平和道德规范、价值观念,以及风俗习惯等被社会所公认的各种规范。它体现了一个国家或地区的社会文明程度,是人类在创造物质财富过程中所积累的精神财富的总和。

社会文化背景对职业生涯选择的影响行为是人与环境相互作用的结果。社会文化主要包括教育水平、教育条件和社会文化设施等。社会文化反映着个人的基本信念、价值观和规范的变动,深刻地影响着人们的思想、行为和需求层次。例如,价值观念会影响人们对组织目标、组织活动以及组织存在本身的认可与否;审美观点则会影响人们对组织活动内容、活动方式以及活动成果的态度。

社会文化是影响大学生职业发展的基本因素。在良好的社会文化环境中,个人能受到良好的教育和熏陶,从而为职业发展打下更好的基础。随着文化价值观念、社会结构、社会环境的变化,新职业层出不穷,大学生的职业价值观也发生了新的改变,更多求职者不再追求职业的稳定性,而是更多追求自我价值的实现。

社会文化环境分析的主要参考变量:生育率,人口结构比例,性别比例,人口出生、死亡率,社会保障计划,人口预期寿命,人均收入,生活方式,平均可支配收入,对工作的态度,购买习惯,对道德的关切,储蓄倾向,投资倾向,平均教育状况,对退休的态度,对质量的态度,对闲暇的态度,对服务的态度,对污染的控制,对能源的节约,社会活动项目,社会责任,对职业的态度,对权威的态度,城市、城镇和农村的人口变化等。

(四)科技环境

科技环境是指企业所处的环境中科技要素及与该要素直接相关的各种社会现象的集合,包括国家科技体制、科技政策、科技水平和科技发展趋势等因素。

我国提出"加快建设创新型国家",科技创新是引领发展的第一动力。电子技术、生物工程、航天技术、海洋利用、新能源、新材料等高新技术是一批高科技人才研究、开发的结果。当代任何一个国家,要在高科技领域占据主导地位,必须拥有相当规模的杰出科学家队伍,并使科学家队伍平均年龄尽量接近"最佳年龄区"。

我国"十四五"时期对加快科技创新提出了更为明确的规划。国家不断创新和应用新知识、新技术、新工艺以及新的生产方式。互联网、大数据、云计算、人工智能、物联网等新技术浪潮奔涌，催生了一批新生产业，引领了新的产业革命。这些新技术、新产业使职业环境不断发生变化，也为大学生职业发展提供了新的空间和平台。除了要考察与企业所处领域直接相关的技术手段的发展变化，还应及时了解国家对科技开发的投资和支持重点、该领域技术发展动态和研究开发费用总额、技术转移和技术商品化速度、专利及其保护情况等。

有些行业，会随着科技的发展而逐渐退出历史舞台，从而导致一些曾经热门的职业，越来越无足轻重，甚至有可能消失。汽车未来可能不需要人来驾驶，司机这一职业可能会消失，包括驾校老师、停车执法者等职业也都可能随之消失。3D打印技术可能将颠覆制造业，用户可以购买从杯子到房子等所有产品的设计，然后就地3D打印出来，这种方式最大的革新之处在于成本将比供应链产品便宜，而且有些东西不需要专门的人来制造了，只需要有一个程序就可以做到。新能源充电桩遍布全国各地，不过，充电站也会实现自动化，不需要人来服务。而且，有的地方连驾驶都已经实现无人化了，当然也不需要人来负责加油充电等动作了。

（五）个人成长环境

对大学生而言，在确定职业发展方向和努力的目标之前，就需要了解和熟悉城市与学校的生活、学习等环境，这样才能保证正常有规律的生活，并提高学习和生活效率。同时，个人的成长环境在对个人性格的养成、兴趣的培养以及职业的选择等方面发挥着潜移默化的作用。个人成长环境主要包括以下几个方面：

1. 城市环境

城市环境，包括城市的生活环境会影响行业发展和个人生活。处于不同区域的城市的定位和发展战略是不一样的，这对大学生的影响直接表现为两个方面，即你所选择的行业和你的生活。

另外，城市的文化、品位、城市居民的素质、城市市政环境的建设等都直接影响着你的生活舒适度和满意度。这里尤其要注意公司所在的周边环境，其对人的影响也是巨大的。考虑城市环境对大学生择业影响的意义在于，你不能盲目地决定去大城市工作，而是要结合自己所在的行业和对生活的要求进行综合选择。

2. 校园文化环境

所谓校园文化，就是学校全体员工在学习、工作和生活的过程中所共同拥有的价值观、信仰、态度、作风和行为准则。

校园文化主要包括校园物质文化、校园制度文化和校园精神文化。校园物质文化，是看得见摸得着的东西，比如，学校设施就属于校园物质文化。校园制度文化作为校园文化的内在机制，包括学校的传统、仪式、规章制度等。校园精神文化是校园文化的核心内容，也是校园文化的最高层次。与校园环境相关的文化设施及文化意蕴，校园环境的优美、整洁程度，图书馆、阅览室、文化娱乐设施，宣传栏、阅报栏、科学馆、教学大楼以及学生宿舍的文明程度，学生的各种社团及其活动的文化品位等校园文化环境对学生的影响是直接的、持续的、潜移默化的，并且是非常重要且影响深远的。正规的大学生活对一个人特别是大学生的职业规划有着十分重要的作用。

3. 家庭环境

家庭是大学生人生的第一所学校，它既是生活的重要场所，也是影响大学生个人素质和职业生涯规划的重要因素。人的社会化其实从其一出生时就已经开始了,一个人在幼年时期就开始受到家庭的潜移默化的影响,使人逐渐形成一定的价值观和行为模式。

大学生进入大学后与家庭仍保持着千丝万缕的联系,家长的价值观、世界观仍对子女有一定的影响。家庭是我们的根。从小生长的家庭环境气氛、家人间的关系、父母管教态度以及亲友交往的亲疏程度等都会影响个性、需求、人际关系和好恶。因此,许多人会长期受到家庭成员的影响,不自觉地习得某些职业的知识和技能。在家庭环境中习得的价值观、行为模式、职业知识和技能等会影响一个人的职业理想和职业目标,影响其未来的职业抉择。同时,其对职业岗位的态度、工作表现等也会对人的职业生涯产生较大影响。尽管大学生都接受高等教育,但是家庭在很长时间内都会对其产生深远影响。家境的优劣也是影响职业生涯规划不可忽略的要素。家庭负担重的人,家庭责任感会使自己有着更大的就业压力,甚至会改变原来规划好的职业目标。

因此,大学生在职业生涯规划时,不可忽视家庭的影响,要把握职业生涯的每一个阶段与家庭责任之间的平衡,寻求更好的职业发展方向。同时,应当考虑家境状况,以平衡家庭责任与职业理想之间的关系。

(六)就业政策

大学生就业政策是国家为实现一定时期的路线、方针而制定的高层次人力资源配置的行动准则,体现了一定时期社会发展的需要,是大学生就业过程中应遵循的基本规范。我国大学生就业制度经历了一个不断发展和改革的过程。不同历史阶段有着不同的政策内容,政策体现着一定的导向性、调控性和约束性。

在统包统配的就业制度条件下,人才资源配置的方式同其他经济资源配置的方式都是一元化的计划控制。毕业生虽然在国家下达的分配计划内有选择个人志愿的权利,但最终必须服从国家具体制定的调配方案。在这样的政策条件下,毕业生是依附性就业。就政策特点来说,调控性和约束性极强,其导向性主要通过政治思想教育和学生自觉服从社会需要的主导择业观来实现。在今天看来,这样的政策在一定程度上忽略了学生个人的择业意愿,且使人才资源配置失当。但是,在当时的历史条件下,它有其存在的合理性,是与当时的经济体制相配套的,曾为社会经济的发展起过重要作用。

当前,在社会主义市场经济条件下,高等教育发展的特点,首先表现在毕业生就业这一环节上。现在正在运行的毕业生就业制度,是在国家就业方针、政策指导下,毕业生和用人单位双向选择的制度。虽然毕业生有自主择业的权利,但并不是说就业政策就失去了导向、调控、约束的功能。用人单位有自主用工的权利。因此,毕业生自主择业不是毕业生的一厢情愿或随心所欲。双向选择是选择与被选择的关系,选择的双方不是谁必须服从谁的关系,而是双方在相互满足对方需要基础上而达成的一种契约关系。因此,双向选择体现了毕业生就业中更本质的关系。既然是契约关系,就摆脱不了政策的导向、调控和约束。例如,用人单位的劳动用工政策、吸引人才的政策、发达地区和中心城市的进入控制政策,都对毕业生择业产生重要的制约作用。除大学生就业政策的直接影响,劳动人事制度中诸如人才流动、公务员制度等,以及社会职业结构调整的有关政策,都会对大学生择业产生直接或间接的影响。

(七)其他因素

科技发展水平和相关行业的发展趋势等都会直接影响个人的职业生涯规划。

二、科学认识社会环境

大学生的职业选择会受到社会因素、家庭因素等诸多因素的影响。例如,很多大学生在职业选择时盲目追求"热门"地区,出现"宁要东部一张床,不要西部一套房"的尴尬选择。很多大学生或者听从长辈的意见选择自己并不愿意从事的职业,或者盲目追逐所谓的"体面工作"而迷失自我。很多同学在职业选择时处理不好"短期利益"和"长期发展"的关系。只有运用科学方法,对社会环境进行科学分析,全面、清晰地了解客观现实与环境,明确职业发展的普遍路径和规律,才能做出合理的决策。

三、职业环境分析方法

(一)PEST 环境分析法

企业管理学中有一个 PEST 环境分析法,可以被借用到职业环境的分析中。PEST 是政治(Politics)、经济(Economy)、社会(Society)和科技(Technology)四个英文单词首字母的组合,这四个因素又各自包含一些子因素,以直接或间接的方式共同影响大学生的职业环境。

我国经济结构、社会结构都在发生快速的变化,各个地区之间的经济发展不平衡,不同地区的职业环境也不同,求职者在选择职业的时候,需要综合分析政治、经济等综合要素,例如,关注工作的地域因素,所在城市是否宜居、人文环境是否友善、历史底蕴是否厚重等。PEST 环境分析法可以帮助大学生更清晰地把握职业环境,做好生涯规划。

(二)PLACE 评估法

PLACE 评估法是一种用于评估个人兴趣和技能与特定职业之间匹配程度的工具。基于对个人个性和习惯的调查,以及对不同职业要求的分析,通过对比匹配程度来评估个体和特定职业的适合程度。PLACE 评估法的优点首先在于它的科学性和客观性,通过系统化的调查和分析来评估个体和职业的匹配程度,从而避免了主观因素的干扰,个体只需根据自己的一系列回答来完成评估,不需要太多专业知识和技能。此外,PLACE 评估法的结果直观易懂,可以为个体提供一个清晰的职业选择方向。

五个要素分别为:

P:职位或职务(Position),包括该职位的经常性任务、所需担负责任及工作的层次等。

L:工作地点(Location),包括地理位置、环境状况、工作地点的变化、安全性等。

A:升迁状况(Advancement),包括工作的升迁通道、升迁速度、工作稳定性、工作保障等。

C:雇用条件(Condition of Employment),包括薪水、福利、进修机会、工作时间、休假制度及特殊雇用规定等。

E:准入要求(Entry Requirement),所需的教育程度、证件、训练、经验、能力、人格特质等条件。

使用 PLACE 评估法的六个步骤如下:

(1)将正在考虑的职业填写在职业名称中。
(2)按PLACE五个要素对该职业进行客观描述。
(3)用文字表达自己对于该职业PLACE五个要素的评价。
(4)以0~5进行评分,从"完全没有吸引力"到"有绝对的吸引力",表示各要素满足个人需要的程度。
(5)算出该职业方案的总分。
(6)依次对各个职业进行分析,对评分总得分进行排序、比较,选择得分最高的一个。

(三)职业内容描述法

1. 职位名称

这是职业描述的最基本内容,包括具体的职位名称,如经理、工程师、教师等。通过这个名称,人们可以初步了解该职位的职能和职责。

2. 工作职责

职业描述中会详细列出该职位的主要工作内容和职责。这些职责是与该职位相关的日常任务和工作期望,帮助求职者了解他们将要从事的工作内容。

3. 任职要求

任职要求详细说明为了胜任这个职位,应聘者需要具备的知识、技能和经验。这包括但不限于教育背景、专业技能、工作经验等。

4. 工作环境

职业描述中有时也会涉及工作环境,比如工作地点(如办公室、户外、实验室等)以及工作的物理条件(如长时间坐着或使用电子设备)等。这对于了解工作要求和可能影响工作生活平衡等方面有一定参考价值。

5. 工作要求与压力

工作要求与压力部分会描述职位的工作压力情况,包括工作时间的长短、紧急情况下的工作要求等。这有助于求职者了解该职位的工作强度和可能的挑战。

6. 职业发展路径与机会

在一些职业描述中,还会提及该职位的职业发展路径和晋升机会。这包括内部晋升的可能性、专业培训的机会以及进一步发展的领域等。这对于求职者规划自己的职业生涯非常重要。

以上就是职业描述的主要内容。通过职业描述,人们可以全面了解一个职位的各个方面,了解自己理想职业的模式,评估自己理想职业的外部环境如何。职业生涯的发展与职业环境的变化有着密切的关系。只有对职业环境进行充分的分析,同时结合自身的评估,才能科学有效地制定个人职业发展目标、路线和实施方案,从而更加有效地规划个人的职业生涯。

环境变化怎么办?

小墨出生在普通的农村家庭,大学的专业是建筑工程技术,毕业后,成绩优异的她在一家大型建筑企业找到了一份工作,因为专业对口,小墨十分满意这份工作。工作不累,收入又可观。可是工作8年后,随着国家房地产政策的调整,房地产市场增速有所放缓,她所在的这家公司经济效益下滑,收入下降。这时,公司想将小墨转到新的地区开辟新的市场项目,小墨却想:房地产是市场刚性需求,低谷只是暂时的。她没有同意公司新的业务安排,仍在原岗位继续目前的工作,一年后,她所在的公司被另外一家大型企业收购了,接下来组织机构重新调整,小墨所在的部门被撤销了,她和其他同事都被列在了待安置名单中。她想到新的公司应聘,又觉得难以找到像现在公司这样轻松舒适的工作,她没有勇气做出重新应聘的决定,只能静静等待公司的安排。

思考并回答:

1. 职业环境的变化对个人职业发展的影响有哪些?
2. 小墨为什么没有及时进行职业规划调整?
3. 请用职业环境分析方法,帮助小墨做出职业生涯规划的调整。

第二节　组织环境分析

随着世界经济、社会文化和科学技术的发展,社会上的行业结构将发生很大的变化,未来社会对人才需求的情况也会发生重大调整。在这种情况下,大学生要想在职业世界中有所作为,首先必须对未来职业的发展变化趋势有所了解。人们常说,科学的职业规划需要做到"知己知彼",而组织环境分析是我们"知彼"的核心,你所选择的组织将与你的职业发展紧密相关。组织环境分析主要包括行业环境分析和企业环境分析。

一、行业环境分析

行业与职业不同,行业是企业的集合。从事同类产品的生产销售企业或提供类似服务的企业达到一定的数量才形成一个行业。例如,家电行业就包括生产电视机、空调、冰箱、洗衣机等不同类型具体产品的若干家企业。在同一行业内,可以从事不同的职业。例如,同在教育行业,可以有高校教师、中学教师、小学教师、幼师等不同的职业。

行业与产业的适用范围不同,产业的特点:规模性,即产业的企业数量、产品和服务的产出量达到了一定的规模;功能性,即这一产业在社会经济中承担一定的角色,而且是不可或缺的;职业化,即形成了专门从事这一产业活动的职业人员。行业也具有专门的职业人员,也承担一定社会经济功能,但是一般没有规模的限定。比如,国家机关构成了一个行业,但是不构成一个产业。

行业是企业构成的群体,它们的产品有着众多相同的属性,它们为争取同一个消费群体而展开激烈竞争。行业环境是企业生存和发展的空间,是与企业关系最为直接、密切的外部环境,直接影响着企业获得利润的多少,是企业进行战略选择的基础。对行业环境进行分析,不仅对企业有重要意义,同时也对具体的从业者了解自己所处的行业大环境很有裨益。

在分析行业环境时,需要结合社会大环境的发展趋势。随着科学技术的飞速发展,某些行业成为夕阳行业,逐渐衰落,同时涌现许多极具发展前途的朝阳行业。此外,还要注意国家政策对行业的影响,了解国家对哪些行业是支持和鼓励的,对哪些行业是限制和制约的。大学生在职业规划过程中要尽量选择发展前景更好、发展空间较大的行业。

行业环境分析可以是对目前从事或拟从事的目标行业的环境分析,其内容应包括行业分类、行业结构、行业规范及标准、行业发展前景、行业关键成功因素等方面。

(一)行业分析的意义

(1)行业环境是企业生存和发展的空间,是与企业关系最为直接、密切的外部环境,直接影响着企业获得利润的多少,是企业进行战略选择的基础。对行业环境进行分析,不仅对企业有重要意义,对具体的从业者也至关重要。

(2)行业是由许多同类企业构成的群体。如果我们只进行企业分析,我们虽然可以了解某个企业的经营和财务状况,但不能知道其他同类企业的状况,无法通过比较了解企业在行业中的位置,而这在充满高度竞争的现代经济中是非常重要的。

(3)行业分析是企业组织分析的前提,行业分析与企业分析相辅相成,一方面,不同行业的企业投资价值不同;另一方面,同一行业的不同企业投资的价值也千差万别。

(二)标准行业分类法

行业是根据生产单位所生产的商品或提供的服务不同而划分的,它表示就业者所在单位的性质。中国的行业结构主要按企事业单位和机关团体,以及个体从业人员所从事的生产或其他社会经济活动的性质来确定。

联合国经济和社会事务统计局曾制定《所有经济活动的国际标准行业分类》,按照经济活动同质性原则,把国民经济划分为以下10个门类:

①农业、畜牧狩猎业、林业和渔业。
②采矿业及土石采掘业。
③制造业。
④电、煤气和供水业。
⑤建筑业。
⑥批发和零售业、饮食和旅馆业。
⑦运输、仓储和邮电通信业。
⑧金融、保险、房地产和工商服务业。
⑨政府、社会和个人服务业。
⑩其他。

(三)其他分类方法

1. 发展前景

(1)朝阳产业。朝阳产业是指新兴产业,是具有强大生命力的、能使技术突破创新并以此带动企业发展的产业,市场前景广阔,代表未来发展的趋势,一定条件下可演变为主导产业甚至支柱产业。但是风险性依然存在,如果技术周期预计错误,就会误入技术陷阱,使投资血本无归。盈利前景看好的朝阳产业，如数字医疗、人工智能、新能源等核心产业。

(2)夕阳产业。夕阳产业是对趋向衰落的传统工业部门的一种形象称呼，指产品销售总量在持续时间内绝对下降，或增长出现有规则减速的产业，其基本特征是需求增长减速或停滞，产业收益率低于各产业的平均值，呈下降趋势，如传统媒体、传统制造业等。夕阳产业是一个相对的概念，事实上，只要在危机中顶住压力，坚持创新升级，提高自身竞争力，夕阳产业也能够焕发出生机。

2. 技术的先进程度

(1)新兴产业。新兴产业是指关系到国民经济社会发展和产业结构优化升级，具有全局性、长远性、导向性和动态性特征的产业。与传统产业相比，新兴产业具有高技术含量、高附加值、资源集约等特点，也是促使国民经济和企业发展走上创新驱动、内生增长轨道的根本途径。这些产业代表了新技术或新市场的出现，如信息技术、生物技术等，它们通常具有快速的增长率和广阔的市场前景。

(2)传统产业。传统产业也称传统行业，主要指劳动密集型、以制造加工为主的行业。传统行业涵盖了制造业、农业、服务业以及纺织、造纸、矿业、冶炼等多个领域。这些行业在工业化发展初期就已经存在，并随着历史的发展不断演变和完善。

3. 要素集约度

(1)资本密集型。资本密集型产业是指在其生产过程中资本的有机构成水平较高，需要大量的资本投入的产业。如钢铁、房地产等。

(2)技术密集型。技术密集型产业，又称知识密集型产业，是介于劳动密集型和资金密集型产业之间的一种经济类型的产业部门，属于高技术产业部门。如机器人工业、航天工业、生物技术工业。

(3)劳动密集型。劳动密集型产业是指在生产过程中，主要依靠大量劳动力，而对技术和设备的依赖程度相对较低的产业。劳动密集型产业涵盖了农业、林业、纺织、服装、玩具、皮革、家具等多个制造业领域，以及家政服务、社区服务、手工艺品制作等服务业。劳动密集型产业能够稳定带动大量就业，成为促进就业和经济发展的重要力量。

(4)资源密集型。资源密集型产业，亦称"土地密集型产业"。在生产要素的投入中依赖资源消耗，需要使用较多的土地等自然资源才能进行生产的产业，如煤炭、木材、矿产等。

(四)行业结构分析

(1)供给结构：如从厂商集中度、企业间竞争程度、市场占有率、进入壁垒大小进行分析。

(2)需求结构：如从产品差异化和多元化程度、产品需求增长率进行分析。

(3)产业链结构：如从行业内纵向一体程度进行分析。

(4)从行业结构的变化历史和发展趋势进行分析。

(五)行业规范及标准

每个行业都有自己的行业标准和规范，这些规范有可能是明示的，也有可能是潜在的；标准有可能是国家制定的，也有可能是行业内部制定的。行业的规范及标准代表了该行业的人才准入门槛以及从业人员基本守则，掌握了该行业的规范和标准，也为进入该行业铺平了道路。

(六)行业发展前景预测

从行业内部来看,行业自身的生命力如何,社会的大众需求怎样,是否有充足的资金、技术支持,这些都是大学生职业规划和择业时要考虑的重要外在因素。

在分析行业环境时,一定要结合社会大环境的发展趋势,了解行业演变过程中存在的新挑战、新机遇和新趋势,需要对行业未来发展趋势进行判断和预测。由于科学技术的飞速发展,某些行业可能出现衰退,比如,劳动密集型的低端制造业可能逐渐萎缩。同时,极具发展潜力的朝阳行业也在不断涌现和发展,比如,信息技术、文化传媒、新能源、新材料、生物制造、医疗服务等行业都呈现出较快的增长速度和较好的发展前景。同时,还要注意国家的行业政策,国家根据经济与社会发展出台的相关政策会对行业的发展前景产生直接影响。要了解国家对某一行业是支持、鼓励和引导,还是限制、控制和制约。要尽量选择那些有前景、发展空间大的行业。例如,国家提出大力推进生态文明建设,倡导绿色发展理念,加大环境保护力度,持续深入打好蓝天、碧水、净土保卫战。这使环保行业进入快速良性发展阶段,其中,环保设备生产、环保监测与治理、环保技术咨询等行业迅速发展,提供了大量的就业岗位。国家根据经济与社会发展状况出台的相关产业的鼓励扶持或限制政策会对行业的发展前景产生直接影响。如果一个行业或职业既有政府扶持,又有社会大众的需求,那么这个行业或职业的发展前景一定很好。

如果在求职的过程中,对国家的政策性问题把握不及时,对社会动态不了解,例如为了一时利益,盲目地因为工资高而进入一些污染较严重的行业就职,那将对自己的职业生涯造成不良的影响。

(七)行业关键成功因素分析

行业关键成功因素是指那些在行业中占重要地位、对企业竞争力有重大影响的条件、变量或能力等特定因素,如技术因素、营销因素、劳动者技能因素和企业管理水平因素等。关键成功因素因行业的不同而不同,甚至在同行业中,也随着行业驱动因素和竞争环境的变化而发生改变。如制造业和信息业、服务业和高科技行业的关键成功因素是不同的。

总之,行业环境是企业生存和发展的空间,是企业进行战略选择的基础。对行业环境进行分析,不仅对企业有重要意义,同时对具体的从业者了解自己所处的行业大环境很有裨益。通常意义上,薪酬待遇高一些,发展空间大一些,社会认可度高一些,是大多数人对行业的初步理解,也是我们选择这个行业的依据。选对了行业,个人在择业方面也算是成功迈出了一大步。在进行职业生涯规划和择业时,要对行业的发展情况进行具体分析,才有利于对将要从事的行业做出正确的选择。

二、企业环境分析

企业环境分析包括对影响企业经营的各种内外因素的综合分析和评价。求职者在关注工作环境、薪资报酬及福利待遇的同时,还要对以下因素进行分析,以做出适应环境的职业选择。

(一)企业发展阶段

了解企业正处于创立、成长、成熟和衰退等几个阶段的哪个阶段,根据每个阶段的特点,有针对性地考察其经营战略、组织结构、财务状况、创新能力、市场营销能力等。同时,考察、分析:企业在同行业中是处于领先地位,还是处于一个相对落后地位;企业目前的产品、服务和活动范畴是什么;企业的发展领域在哪些方面;发展前景如何;企业目前的财务状况如何;等等。在如今激烈的市场竞争中,并不是强者就能生存,而是适者才能有更好、更远的发展。适应环境及紧跟社会发展趋势的企业才能生存。

如果要判断一家企业是否是一个稳定和成熟的企业,首先要观察的是,它在过去的两到三次经济危机、行业危机中的表现如何,它是怎样度过成长期中必定会遭遇的陷阱和危机的。如果面对的是一家在几年乃至十几年的经营历程中一帆风顺、从来没有遇到过挫折和失败的企业,那么,要么它是一个命运格外呵护的"异类",要么它根本就是一个自欺欺人的泡沫。

决定企业实力的内容有很多,例如,企业在社会中的地位和声望,企业目前的产品、服务和活动范畴,企业的发展领域、竞争对手如何,企业发展前景、战略目标如何,技术力量和设施是否先进,在本行业中是否具备很强的竞争力,是发展扩张还是倒退紧缩,是否处于一个很快就会被吞并的地位,财政状况如何等。

(二)企业资源

企业的任何活动都需要借助一定的资源来进行,企业资源的拥有和利用情况决定其活动的效率和规模。企业资源包括人、财、物、技术、信息等,可分为有形资源和无形资源。例如,企业主要领导人的战略眼光及管理能力就十分重要,它是企业发展的决定性因素,大多数成功的企业都有优秀的企业家作为掌舵人。

在激烈的市场竞争中,企业文化和企业制度同样十分重要。优秀的企业注重企业精神和企业价值观建设,注重构建和谐的劳动关系,能创造出让员工感到快乐和受尊重的文化氛围。同时,还要关注企业能否通过科学的管理制度、用人制度、培训制度等,为员工搭建职业成长平台;能否提供教育培训机会,提供的条件是什么;个人待遇提升的空间有多大,是基于能力还是工作年限等,对于求职者来说,也具有重要意义。因此,求职过程要关注企业的资源状况,包括企业文化和制度,尽可能了解这些信息,分析其对自己的未来可能带来什么样的影响。

(三)企业核心能力

企业能力可分为组织能力、社会能力、产品及营销能力、生产及技术能力、市场开拓能力和管理能力等。不同的能力有不同的分析重点,如产品及营销能力主要是分析产品的发展性、收益性和竞争性,市场营销的现状及潜力等,具体评价内容有产品质量、销售增长率、市场占有率、销售利润率、产品市场潜力等;生产及技术能力主要是分析生产计划与组织能力、生产管理能力、生产技术装备水平、物资供应及工艺实施能力、技术开发能力等。通过行业和企业环境分析,初步了解自己的职业在行业和企业中的发展空间,以衡量自己的职业目标能否在该行业及企业中得以实现。

企业核心能力是指企业独有的、能使企业在市场上长期具有竞争优势的内在能力。企业要保持竞争优势,必须拥有超越竞争对手的核心能力,核心能力可以是技术,也可以是管理和业务流程,如沃尔玛建立的"无缝点对点"物流模式,海尔的"技术开发能力+质量保证能力"所构成的核心能力。分析企业核心能力首先要了解企业的核心能力是什么,现状如何;其次是企业核心能力是否能维持企业的竞争优势,企业是否具备很强的竞争力,如何培育企业的核心能力等。企业拥有核心竞争优势,才能支撑企业可持续发展。核心能力的储备状况决定了企业的经营范围,特别是企业多元化经营的广度和深度。

分析企业核心能力可以从三个方面入手:一是本企业的核心能力是什么,现状如何;二是企业核心能力是否能奠定和维持企业的竞争优势;三是如何开发和培育企业的核心能力。

(四)企业文化和企业制度

企业文化是企业在运行过程中形成的,并为全体成员普遍接受和共同奉行的价值观、信念、行为准则及具有相应特色的行为方式、物质表现的总称。企业文化分析主要是分析企业文化的现状、特点以及它对企业活动的影响。企业文化是企业战略制定与成功实施的重要条件和手段,它与企业内部物质条件共同组成了企业的内部约束力量,是企业环境分析的重要内容。企业文化是客观存在的。在一个有较长历史的企业内,人们由于面临共同的环境,通过在共同的活动中相互影响,会逐步形成某些相似的思想观念和行为模式,表现出独特的信仰、作风和行为规则。若把一个企业看作一个整体的"人",那么企业文化就反映了这个"企业人"所具有的整体修养水平和处世行为特点。

除了很好的福利、高薪酬、舒适的工作环境和出色的管理之外,优秀的企业还会创造积极的企业文化,让员工感到快乐和受尊重,从而使员工工作更有创造性。员工与企业相互配合是否良好的关键在于企业文化。因此,在求职时,什么样的企业文化氛围让你觉得最舒服,是至关重要的。

企业文化结构包括三个层次:物质文化、制度文化和精神文化。

物质文化是企业文化的表层,通过物质形态的产品形象、厂容厂貌、企业标志、员工服饰、企业环境等表现出来,通常被称为企业形象。制度文化是指具有本企业特色的各种规章制度、道德规范和行为准则的总称,它通过领导体制、规章制度、员工行为方式等反映出来。精神文化是企业文化的深层次,是存在于企业成员思想中的意识形态,包括企业经营哲学、理想信念、价值观念和管理思维方式等,通常被称为企业精神。

企业制度涉及的范围比较广,包括管理制度、用人制度、培训制度等,尽可能了解这些信息,了解企业在组织结构上的特征与发展变化趋势,分析这种安排对自己的未来可能带来什么样的影响。特别要注意企业用人制度如何,能否提供教育培训机会,提供的条件是什么;自己将来有没有可能在该企业担任更高级的职务或担负更大的责任;个人待遇提升的空间有多大,是基于能力还是工作年限;企业的标准工作时间怎样,是固定的还是可以变通的;当然也还要考虑企业提供的薪酬和福利待遇与行业内其他公司比较是如何的。

总之,通过以上分析,应理出一条清晰的线索,确定自己的职业生涯在这个企业有没有足够的发展空间,衡量自己的目标能否在该企业得以实现。

职业选择与环境

面对不断变化的职业环境和职业类别,同学们需要评估职业的社会环境以及组织环境,分析职业目标处于怎样的职业大环境,能否获得更多的环境支持。

请思考下列问题并填写表3-1。

表 3-1　　　　　　　　职业环境因素分析表

我的职业目标描述	
社会环境因素	社会环境对你职业目标的支持因素：
	外部不利环境因素：
行业环境因素	行业发展处于什么阶段：
	行业发展机遇有哪些：
企业环境因素	企业发展处于哪个阶段：
	企业文化是否与你的价值观契合：

思考并回答：

1. 你实现职业目标的有利环境因素有哪些？
2. 作为大学生，如何将个人的职业规划与国家和时代发展紧密结合？

单元四
探索工作世界

案例导入

  邓亚萍是乒乓球历史上一位伟大的女子选手,她5岁起就随父亲学打球,1988年进入国家队,先后获得18次世界冠军,在乒坛世界排名连续8年保持第一,是排名"世界第一"时间最长的女运动员,成为唯一蝉联奥运会乒乓球金牌的运动员,获得4枚奥运会金牌。20世纪80年代末到90年代末,邓亚萍几乎统领了各大赛事的单、双打冠军,媒体称这个时期是乒乓球的"邓亚萍时代"。童年时期的邓亚萍受当体育教练的父亲的影响,就已立志做一名优秀的运动员。但是她的身体条件并不符合体校的要求,体校的大门没能向她敞开。于是,年幼的邓亚萍跟父亲学起了乒乓球,在父亲严格训练下,邓亚萍用自己的努力换来了扎实的基本功,成就了后来她的屡屡夺冠。退役后的邓亚萍并没有闲着,她学习英语,出国深造。2002年,邓亚萍在国际奥委会道德委员会以及运动和环境委员会担任职务。后来,她先后担任了奥运村部副部长兼奥运村办公室副主任、国家体育总局器材管理中心副主任、共青团北京市委副书记、人民日报社副秘书长等重要职位。2016年,经河南省政府批准,由省政府委托中原资产管理有限公司出资与邓亚萍团队共同发起的邓亚萍体育产业投资基金在河南省正式成立,这是中国第一个由运动员命名的体育产业基金。

  不论是运动员生涯还是从政生涯,不论是当学生还是当商人,邓亚萍总能啃下最硬的"骨头"。曾经的奥委会主席萨马兰奇先生曾评价她:"一个自身条件并不好的女孩,能够长久称霸女子乒坛,在邓亚萍身上我看到了奥林匹克精神。"邓亚萍的职业生涯中虽然变换了不少岗位,但所有的岗位都与她的专业有着很密切的联系。由此不难看出,一个人将来可以从事的职业或者岗位可能是多元的,但不管职业如何多元化,一定离不开他所拥有的专业技能,也更离不开他所在的行业背景。

  (资料来源:刘珍杰.大学生职业发展与就业指导新编[M].上海:同济大学出版社,2022.)

  请思考:邓亚萍的职业生涯对同学们有什么启发?

第一节　专业探索

一、专业的定义

专业,主要指的是"高等和中等专业教育培养学生的各个专门领域"。它是高等学校和中等专业学校根据社会分工需要而划分的学业门类,目的是满足社会分工的需要,培养学生具备特定领域的知识和技能。

关于专业的定义主要有以下三种:

(1)学术研究或职业领域。专业主要研究某种学业或某种事业,代表了一种特定的学术研究或职业领域。例如,法学、医学、计算机科学等都是不同领域的专业。

(2)专门学问。专业也指专门的学问,是人们在某一领域内经过系统学习后所获得的知识和技能的总和。

(3)学科门类。我国大学专业共设置有14个学科门类,分别为哲学、经济学、法学、教育学、文学、历史学、理学、工学、农学、医学、管理学、军事学、艺术学、交叉学科,其中"交叉学科"门类为2021年1月新设置的第14个学科门类。

总体来说,专业是指在人类社会科学技术进步、生活生产实践中,用来描述职业生涯某一阶段、某一人群,用来谋生或长时期从事的具体业务作业规范。

二、专业的构成要素

专业的构成要素主要包括培养目标、课程体系和专业人员。培养目标即专业活动的意义表达。课程体系是社会职业需要与学科知识体系相结合的产物,是专业活动的内容和结构。课程体系的设置合理与否、质量高低、实施效果好坏直接影响人才培养目标的实现状况。专业人员主要包括教育者和受教育者,没有"人"的介入,专业活动不可能完成。

三、专业的特征

格林伍德在《专业的属性》中指出专业的特征包括:

(1)一个专业应该有一套系统的、支持其活动的理论体系,即它是有科学基础的。

(2)它已被社会广泛认可,即社会对该种专门活动是接受的和高度评价的。

(3)该种活动具有专业权威,即在这种活动内部已经建立起专业的权威,专业能力成为该领域活动的重要评价标准。

(4)职业内部有伦理守则。从事该活动已成为一种职业,而且职业内部有对其成员进行约束的、系统的、伦理上的要求,这些伦理上的要求指导着成员的行为。

(5)这一职业群体形成了专业文化。从业者有高度认同的价值观,有基本上一致的专业行为方式。

四、专业的分类

高等职业教育专业包括高职专科专业和高职本科专业,共设置 19 个专业大类、97 个专业类、991 个专业,其中高职专科专业 744 个、高职本科专业 247 个。19 个专业大类分别是农林牧渔大类、资源环境与安全大类、能源动力与材料大类、土木建筑大类、水利大类、装备制造大类、生物与化工大类、轻工纺织大类、食品药品与粮食大类、交通运输大类、电子与信息大类、医药卫生大类、财经商贸大类、旅游大类、文化艺术大类、新闻传播大类、教育与体育大类、公安与司法大类、公共管理与服务大类。

五、专业探索的重要性

专业探索是指通过学习和实践,逐步发现和确定自己感兴趣、擅长的专业领域,并深入了解该领域的知识和技能。对于个人而言,专业探索有助于明确职业发展方向,提高职业素养和竞争力,实现个人价值。对于社会而言,专业探索有助于培养高素质的人才,推动经济社会的发展。

六、专业探索的过程

专业探索是一个持续不断的过程,包括了解专业领域的现状和未来趋势、学习专业知识和技能、实践专业领域的工作和项目、积累经验和人脉等。在这个过程中,需要保持开放的心态和积极的态度,不断学习和提升自己的能力。

七、专业探索的方法

专业探索的方法有很多种,例如,通过课堂学习、实践实习、参加竞赛和项目等方式了解专业领域的知识和技能;通过与专业人士交流、参加行业会议和展览等方式了解行业现状和未来趋势;通过自我评估和职业测评等方式了解自己的兴趣、特长和适合的职业领域。

八、专业探索的挑战和应对

专业探索过程中可能会遇到各种挑战,例如,知识技能的欠缺、实践经验的不足、职业发展的迷茫等。面对这些挑战,需要保持积极的心态和解决问题的勇气,通过不断学习、实践和反思,逐步克服挑战并取得进步。

总之,专业探索是一个复杂而又充满挑战的过程,需要个人和社会的共同努力。通过专业探索,我们可以更好地认识自己、发现自己的潜力并实现自己的价值,同时也可以为社会的发展和进步做出贡献。

专业探索

系统梳理自己所学专业的相关内容,加深对专业内涵的理解和把握,掌握专业对应的职业发展方向,正视专业知识的学习,为职业发展打下坚实的专业基础。

了解自己所学的专业,从以下几方面认识专业的价值,思考未来的专业出路。

1. 专业名称
2. 培养目标
3. 核心课程
4. 教学方法
5. 知识和技能
6. 相关专业
7. 本地区产业经济结构及行业发展状况
8. 对口的职业领域和职业生涯路径
9. 近几年毕业生的就业状况
10. 学习方法

第二节　专业与职业

"我学的是建筑室内设计技术专业,但我的职业理想是成为一名记者,因为高考没有考好,被调剂到建筑室内设计技术专业。大学三年我都在学校广播站担任学生干部,在社团里面找到自己的幸福感。临近毕业了,如果想找一个新闻媒体类的工作,我该怎样做?"

"我喜欢玩游戏,不知道玩游戏能否给我毕业后的生活带来收入?我的专业是计算机,可能和游戏有一定的关系,但又好像关系不大。我该怎么办?"

"迷茫"是很多大学生,特别是毕业生常见的状态。迷茫的根本原因其实是选择的纠结:专业不喜欢,要不要转专业?继续深造还是就业?有调研显示,大学生在校期间的压力主要有四类:学业、就业、情感和经济,其中学业和就业都与专业有关。

关于专业,很多同学了解得不够清楚,就业的去向也不太明确。专业和职业的关系可以说是错综复杂,人们所在的行业,有的与他们的专业重合,有的却与他们的专业完全无关。在企业的招聘信息中,同学们也可以看到,企业的招聘需求,有的对专业有明确的要求,有的却对专业无任何要求。那么,专业和职业到底有什么关系?

一般情况下,专业是与职业相对应的。专业是专门从事某种学业或职业;职业是指参与社会分工,用专业的技能和知识创造物质或精神财富,获取合理报酬,丰富社会物质或精神生活的一项工作。大学里的专业设置与未来职业需要并不是一一对应的,大学的专业学习与将来的职业选择也是两码事。所以,在选专业时,既不能不顾将来职业生涯发展需要盲目选专业,也不能将选专业与选职业简单地画等号。

在众多专业中,有些学科专业与职业对应路径是清晰的,比如,教育学面向教育相关行业,培养出来的人才多数成为教研人员、教师等;医学主要培养医疗行业人才,想成为医生就必须有临床医学、中医学等专业学习背景。但大多数情况是,一对多或多对一,专业和职业之间相互交错着。读了某个专业并不能确定能从事某项职业,只能说读了某个专业能找某一类工作,我们的未来也不应被某个学科专业定义。例如,数学是自然科学的基础,宇宙之大,粒子之微,火箭之速,化工之巧,地球之变,生物之谜,日用之繁,无处不用数学。社会对数学人才的需求也是多方面、多层次的,毕业生从事的职业并不唯一,理论研究、数据分析、软件开发、金融保险、教师等都是数学人才可以涉足的领域。

一、专业与职业对应路径一对一

这种情况最为简单。一个专业方向对应一个职业目标,这类专业一般都存在于中职学校或高职学校。培养目标单一明确,此类专业的技术含量比较高,也比较单一。它属于学业规划中比较主动的一种态势,可以让我们先定目标,后选路线,在各种路线中选择求学成本最低的一条,这类专业和职业一般都适合于专业技术人员。

二、专业与职业对应路径一对多

人们常说的"宽口径、厚基础"就是指这类专业。它们所对应的职业目标有多个,从职业的人格特征来看,许多都对应了两种以上甚至六种人格类型的职业。比如,经济学专业,从职业人格来看,它可以对应研究型人格职业,如经济学研究也可以对应管理型人格职业,如企业管理,也可以对应艺术型人格职业,如营销策划,还可以对应事务型人格职业,如企业信息管理等。这样,我们在确定了专业方向后,还要确定适合自己发展的职业目标,职业目标一定要和自己的职业人格一致,如果你属于管理型的人格,你就要选定管理型人格的职业,如企业管理者。同时,要根据职业目标的要求来有针对性地学习和开发其他必要的知识和技能。比如,酒店管理专业,你确定自己毕业后从事酒店管理工作,那么你在学习酒店管理知识的同时,还要根据酒店管理所需要的其他知识和技能有针对性地开发和学习,如政策法规知识以及主要客源国经济、政治、历史和风土人情等知识。应该说,先定专业再定职业目标已经是一种比较被动的人生发展态势。

如今,交叉学科的发展使得专业与职业一对多的情况更加普遍。很多高校根据经济社会发展需求设置新兴交叉学科,培养满足国家社会发展需求的复合型高层次创新人才。打破传统学科之间的壁垒,将传统的工科、文科、农业、医学等与数字化、智能化技术相结合,如空间科学与技术就是在物理、化学、地球科学以及计算机、信息等专业基础上发展出来的交叉学科,研究地球、大气、太阳系以及行星范畴的科学问题,在载人航天、探月工程和火星探测等任务的开展下,我国对空间科学人才的需求大量增加。

三、专业与职业对应路径多对一

专业与职业对应路径多对一就是多种专业都可以发展到某一种职业的情形。这类职业一般属于管理型人格的职业。如新闻记者、政府公务员、营销主管、企业管理者等。这种类型也适合于先确定职业目标后确定专业方向的情形。它其实和第一种比较类似,在学业规划时处于比较主动的态势,能够比较好地找到一条求学成本较低的学业路线。

手机与职业

一部手机,经过研发—制造—销售—售后—增值服务—管理,最后来到我们的手中,中间涉及许多专业和职业,同学们能列举出多少与手机相关的专业或职业?说说它们属于哪些行业。

第三节 专业与兴趣

一、专业与兴趣的关系

兴趣是人们对某些事物所表现出来的有较强倾向性的态度和情绪,兴趣对一个人的个性形成和发展,对一个人的生活和活动产生巨大的作用。兴趣是一种无形的动力,每个人都会对他感兴趣的事物给予优先注意和积极探索,并表现出心驰神往。专业兴趣是指人们对某项职业活动相对稳定、持久的心理倾向,使人们对某一特定的专业给予优先关注和向往。

1994年诺贝尔生理学或医学奖获得者、美国药理学家吉尔曼这样说:"回想我的经历,我最想告诉孩子的是,你要做什么事情必须首先喜欢它,在做的过程中一定要感到快乐,这样的事情才值得去做。"

如果专业和兴趣相符,就会大大促进专业的学习;反之,如果专业和兴趣不符,就容易使人失去专业学习的动力。大学生应当以兴趣为基础,以专业为导向,建立符合自身成长需要的知识结构。然而在大学校园里,对专业学习不感兴趣成为困扰很多大学生的一个大问题。如何妥善处理专业和兴趣之间的关系呢?

二、专业和兴趣关系的处理

(一)发现兴趣背后的内涵

一个人对某件事情感兴趣的背后,往往隐藏着深层次的价值观和性格内涵,如对艺术感兴趣,有可能是艺术满足了他做事与众不同和希望生活更有品质的心理诉求。能力和兴趣有一定的联系,但不能将兴趣和能力混为一谈,有兴趣不一定就有能力。一个人如果对一件事情感兴趣,自然愿意投入精力,去做这件事情往往也会做得很好,这种正向反馈又会促进兴趣的产生,从而形成良性循环。但这种良性循环不一定仅靠兴趣来实现,而且有兴趣也不一定能形成这样的良性循环。比如,很多人往往是先通过将较强的责任心投入某项工作中,然后随着能力的提升,再慢慢地培养起兴趣。在很多情况下,对于选择而言,个人的出发点往往是兴趣和情感,而社会对个人的选择则往往是能力。大学专业的学习,从某种程度上可以说是个人能力的提升,如果没有办法调整专业,则只能将自己的专业学习好,然后在学有余力的情况下,利用其他途径发展兴趣。

(二)寻找专业和兴趣的结合点

人们会对感兴趣的事物给予优先注意和积极探索,并对其心驰神往。兴趣是可以培养和发展的,它的发展通常有三个阶段:感官兴趣、自觉兴趣和志趣。兴趣不只是对事物表面的关心,任何一种兴趣都是由于获得这方面的知识或参与这种活动而使人体验到情绪上的满足而产生的。

有时候,大家对某件事不感兴趣,原因往往是对这件事情没有深入的了解或者是对自己的兴趣没有真正的了解。要了解自己的兴趣,除了采用职业测评外,还可以采用非正式评估的方式进行:在生活中发现自己的兴趣点,针对自己的兴趣点,举例说明具体细节,从具体细节中总结出兴趣所指向的具体内涵,这些兴趣如何与自己的专业学习或者职业理想相结合等。要想把自己的专业学习和自己的兴趣爱好结合在一起,首先要找到二者之间的联系点,比如某个学物理专业的同学喜欢玩滑板,除了正常的滑板学习和练习外,还可以结合自己专业学习中有关力学的知识,研究一下如何更好地做好滑板动作,甚至可以研究如何改造滑板,这样就能把自己的学习和兴趣联系起来。

(三)培养专业兴趣

培养专业兴趣,需要了解这个专业的发展方向并对这个专业有充分全面的认识,这样才会逐渐形成对专业的兴趣。

首先,要做到的是"接受",通俗来讲,就是接受自己所学专业无法改变的事实,意识到必须学好这个专业。当然,"接受"也许非常困难,很多大学生容易陷入"不是我学不好,而是我对专业不感兴趣"的辩解中。事实上,生活中有很多事是不想做却必须做好的,学好专业实际上更多的是一种责任。

其次,要寻找专业学习的闪光点,将自己的兴趣和专业结合起来。例如,中国科学院院士、结构生物学家、清华大学教授施一公,在与清华大学研究生新生的座谈讲话中提到了他自己对专业的兴趣。他在上大学的时候,也没有想好,也非常迷茫,这种迷茫一直持续到博士后完成,那之后他才隐约知道自己要做什么,才下定了决心。他说:"我是在博士毕业半年之后才开始培养兴趣的,现在我的兴趣极其浓厚,可以废寝忘食没日没夜地干,觉得乐在其中。我觉得兴趣是可以培养的,不是说你天生就有,也不是说你听一个讲座突然灵机一动就对一件事感兴趣了,我觉得都不是这样的。"

最后,改变自己的学习方式,摒弃填鸭式的学习,那样对培养专业兴趣并没有什么好处,在学习中找到自己感兴趣的点并且由点及面,形成良性循环,逐渐培养出对这个专业的兴趣。荣誉感也可以成为培养专业兴趣的方式之一。每个人都在一定程度上希望受人关注,参加一些与专业相关的活动,既可以加强对专业的兴趣,又可以提高理论与实践综合运用的水平。

当个人价值与社会价值紧密结合,肩负起历史重任,将民族复兴大业作为自己的自觉追求时,努力学习专业知识的动力就会明显增强。大学生应努力培养和发挥自己的聪明才智,以便毕业后报效国家和社会,推动国家和社会事业的发展,实现"知识报国""实践报国"的志向与愿望!

李丽与黄林的选择

李丽多才多艺,领悟力高,学习能力强,思想独立,富有激情,在绘画方面有着浓厚的兴趣和天赋。她的梦想就是成为一名优秀的设计师。她精力充沛,还在校学生会担任宣传部的负责人。在高考报名的过程中,她选择学校和专业没有丝毫犹豫。大学期间,她对专业学习表现出了持久的热情和兴趣,最终成功应聘到一家世界知名企业的设计师职务。

黄林同学的父母都是工程师,但他从小就对动手操作不感兴趣。在父母的要求下,他选择了攻读工科方向的专业。进入大学后,他对自己的专业并不反感,但也没有什么兴趣,专业课程的学习成绩不好不坏。后来,他加入了学校的管理协会,通过一次组织市场营销大赛的机会接触到了销售行业。他发现自己对销售很感兴趣,并且有一定的天赋,通过调查研究,他对未来的职业规划和定位是就职于大公司的市场部,成为一名有专业技术的销售人员。专业和兴趣的冲突,让他产生了很大的困惑。后来,他通过辅修市场营销课程的方式,成功地圆了自己的市场营销梦。

思考并回答:

李丽与黄林同学分别是如何处理专业和兴趣之间的关系的?

第四节　岗位探索

生涯规划是一个长期、连续、系统的过程,会随着我们年龄的增加、阅历的提升、知识的积累显现出渐进动态路线。在这个过程中,我们不仅要进行自我探索,还要进行岗位探索,只有知己知彼,才能规划好生涯,才能在规划中做出科学、理性的抉择。

一、岗位探索概述

进入大学时,我们选择了某一专业,当我们对所学专业还在朦胧中的时候,让我们耳目一新的是在学校里学习的不同于中学的课程,专业基础课、专业技能课……这一切的学习过程都是为了培养我们某种专业能力和专业核心岗位能力,以达到某一职业岗位的要求,为今后顺利就业做准备。

(一)岗位探索的含义

岗位探索是对岗位本身和影响岗位发展的因素进行调研,形成对岗位的内涵、标准及要求的正确认识,用于科学、理性指导职业岗位定位的过程。

作为学生,对岗位进行探索是未来我们求职的第一步,对岗位的科学认知和明确把握,可以让我们在就业时更有针对性,也会在了解岗位的基础上加深对自己的了解。

(二)岗位探索的作用

1. 导向作用

通过岗位探索了解所学专业对应职业岗位及岗位群的关系,进而关注某个职业下的特定岗位;加强与社会的联系,主动去了解社会所需的职业岗位,缩短适应社会的周期,为今后岗位定向做指导。

2. 调节作用

通过岗位探索搜集岗位相关详细信息,可以对自己拟定的职业生涯规划中的专业岗位方向进行验证,对生涯规划做进一步的调整和完善,明确未来的职业方向,并根据岗位探索分析自己与岗位要求的差距,弥补不足。

3. 榜样作用

通过岗位探索,榜样的成功故事和成就能够激发其他人内心的积极动力和追求目标的欲望,他们会受到鼓舞,自觉地锤炼和提高自己。

（三）岗位探索的适用时段

1. 确定职业目标阶段

我们走进学校的大门,选择了某个专业,就已经对某个行业或某个职业有了一定的关注和指向。比如,你进入了汽车运用与维修专业,也许你对汽车维修的工作岗位已经有了关注或兴趣,有了一定的职业岗位目标,但又不完全确定,这时就要规划职业生涯,适时进行岗位探索,为职业定向打基础。

2. 即将毕业求职阶段

当我们即将完成学业,走向社会,基于专业,对某个行业的某个专业岗位产生兴趣时,就应该适时对岗位做进一步探索,有的放矢地了解该岗位的性质、内容、待遇、工作要求及发展空间,为职业选择做决定。

3. 转换职业阶段

当我们在某一行业某一岗位工作一段时间后,由于各种原因决定转换职业时,就要对下一个要应聘的职业岗位进行充分的了解和分析,以便职业转换成功。

二、岗位探索的内容

（一）岗位的描述

岗位是一个组织要求个体完成的一项或多项责任以及为此赋予个体的权力的总和。通俗地说,岗位是一个企业运作的职能部门下的一个具体的、基础的位置,是企业的最小单位。

1. 岗位的核心工作

岗位的核心工作是指该岗位要为企业、部门做哪些工作。了解岗位核心工作内容的有效方法就是调研多个从事这个岗位的人,记录这些岗位典型的工作,进行综合整理,量化核心工作内容,可以依据工作内容来判定自己能否做好以及自己是否喜欢去做。

2. 岗位的胜任条件

要完成岗位的核心工作内容就要具备一定的职业能力、态度等,也就是我们要了解这个岗位要具备什么资质。具体表现为知识(教育背景)、能力(经历、培训)、态度(道德等内在素质),当然还要结合所在的行业、企业以及领导对该岗位员工的具体要求等。

（二）岗位晋升的通道

1. 岗位的横向成长

岗位是在职能的基础上根据具体需要而分化产生的,所以在同一部门、同一职能上,一定会有多个类似的岗位。

岗位的横向成长,是指与择业就业的岗位相关的其他岗位,是就业择业岗位的拓展或者今后可能转岗的岗位。我们要了解相关的岗位是什么,可以是在同类专业岗位下的不同工种,如汽车运用与维修类岗位可从事汽车机电维修工、汽车钣金工、汽车销售顾问、机动车检测工、汽车美容工等。也可以是在一个部门里众多职能相同、工作相似的岗位,如护理类岗位可分为护理管理岗、临床护理岗、其他护理岗,其中,临床护理岗又可分为病房护理岗、门诊护理岗、急诊科护理岗、监护室护理岗、手术室护理岗、产房护理岗等岗位。

2. 岗位的纵向晋升

岗位的纵向晋升是指某一职业岗位的技术或职务的提升和延伸。一般来说，一个岗位是有其固定的、进阶式的晋升通道的。例如，中式烹调师岗位技术晋升路线为初级（国家职业资格五级）—中级（国家职业资格四级）—高级（国家职业资格三级）—技师（国家职业资格二级）—高级技师（国家职业资格一级）。护士岗位技术晋升路线为护士—护师—主管护师—副主任护师—主任护师。但具体的晋升岗位和通道要结合行业类型和企业的发展规模来确定。

（三）岗位的特定要求

1. 行业背景下的岗位要求

当我们关注或打算应聘某一个具体岗位时，就需要了解目标企业所属的行业，了解该行业的发展状况、发展态势及社会需求，然后深入调研这个行业对岗位的具体要求，这是岗位探索的基础。

2. 企业背景下的岗位要求

当你关注或已经锁定某些企业的某些岗位的时候，就要调研其企业的概况，如该企业的性质（外资、国企、私企等）、规模、经营范围、产品和市场等信息，因为同一行业不同性质、不同规模的企业对岗位的要求是不尽相同的。

3. 具体环境下的岗位要求

虽然业内对一个岗位有其通用的要求，但是，不同的企业领导者有不同的经营管理方式及个性化的企业文化，进而对岗位要求有可能与其他企业有所不同。所以，我们在锁定某一企业某一岗位的时候，要考虑企业领导者及部门的具体岗位要求。

（四）个人与岗位的差距

当你充分地了解岗位要求之后，就可以进入量化差距和缩小差距阶段了。

1. 了解自我，有的放矢

要想找到自己与目标岗位的差距，全面、准确地了解自己是前提和基础，这就需要进行自我探索，弄清楚"我是谁""我要做什么""我能做什么"，进而知道"我应该怎样做"。

2. 量化差距，积极行动

个人与岗位要求的差距是可以量化的，量化差距可以明确目标，有针对性地补充不足。例如，沟通协调能力不强，需要一定的口语表达能力等。同时，我们要制定个人与岗位差距量化表，做好个人能力补充计划。当然，立即行动是缩小个人与岗位差距的关键，没有行动，一切都是空谈。

三、岗位探索的路径

（一）从信息资料中认知

岗位探索需要广泛获取岗位相关的信息并系统分析，形成岗位探索的第一手资料。一般通过第三方获取岗位探索资料。获得途径：一是报纸、行业期刊、专业书籍、行业协会报告、社会调查报告等出版物，电视、广播、培训录像等视听资料；二是各职业招聘网站；三是校园招聘会或政府人力资源部门、职业介绍中介、职业培训部门等组织的招聘活动。

（二）在社会访谈中认同

通过对本行业相关岗位有一定成绩的工作者或资深工作者的访谈，对其工作性质、内容、工作环境、地点及岗位所需要的学历、培训、经验资质和能力做深入了解，从而加深对岗位的认识和认同。

（三）在模拟情境中感悟

在职业生涯规划指导教师或专业教师的带领下，根据目前所学专业对应的职业岗位不同的岗位要求，以岗位核心能力实训的形式，设置岗位实操情境，通过角色扮演，模拟岗位的核心工作或典型的日常事务（如幼儿教师的一天），加深对岗位的认识和感悟。

（四）在真实情境中升华

在职业岗位的真实环境中，进行岗位体验，加深岗位认知，明确岗位责任，看清自己的优劣势，发现个人与岗位要求的差距，制订达成目标的计划，促进由学生向职业人的转变。

成长的阶梯

请同学们找一个你比较感兴趣或拟确定的职业岗位，然后查找与之相关的岗位技术职称晋升的路线，完成图4-1。

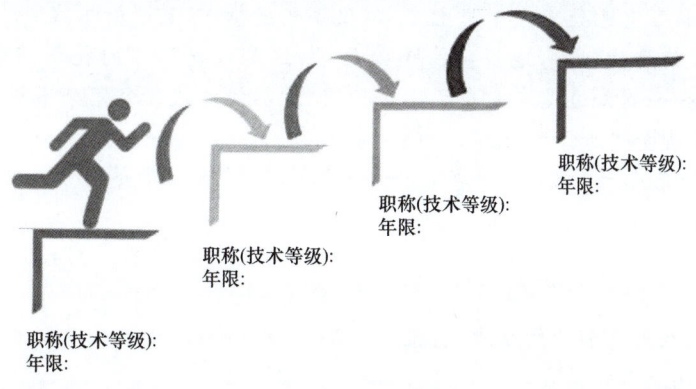

图4-1　成长的阶梯

单元五
准备职业未来

案例导入

一个上了年纪的木匠准备退休了,他告诉雇主,他不想再盖房子了,想和他的妻子过一种更加悠闲的生活,他虽然很留恋那份报酬,但他该退休了。雇主看到他的好工人要走,感到非常惋惜,就问他能不能再建一栋房子,就算是给他个人帮忙。木匠答应了。

可是,木匠的心思已经不在干活上了,不仅手艺退步,而且还偷工减料。完工后,雇主来了。他拍拍木匠的肩膀,诚恳地说:"房子归你了,这是我送给你的礼物。"木匠感到十分震惊:太丢人了呀……要知道是在为自己建房子,他干活的方式就会完全不同了。

很多人就是那个木匠。

每天,你钉一颗钉子,放一块木板,垒一面墙,但往往没有竭尽全力。终于,你吃惊地发现,不得不住在自己建的"房子"里。

(资料来源:搜狐网,2017-06-06,有改动)

请思考:

今天的你已经走在职业的路上,特别是在职前实习阶段,如何提升职业素质和培养敬业精神,把理论与实践有机结合,做到"知行合一"?

第一节 职业信息的收集

在探索工作世界的过程中,机会和经验的获得至关重要,需要搜集大量有用且质量较高的信息。随着互联网技术的发展,上网搜集信息已经成为求职过程中遇到问题最常用、最便捷的解决方法,但信息的权威性和有效性需要仔细去辨别。此外,通过学校的职业规划及就业指导课程或讲座,也能够了解职业环境对毕业生的能力需求等。但是这些途径都只是在短时间内单向接收信息,缺少分析、缺少交流、缺少体验,信息的客观性和准确度还需要科学分析和判断。要想更深入地探索工作世界,还需要通过职前实习、研读学校就业质量报告和生涯人物访谈等多种途径来进行。收集信息,夺得先机,通过各种途径收集职业环境的各类信息,从而更好地了解工作世界,了解职业的发展、需求及动态变化,做好生涯规划。

一、收集信息的分类

收集信息的方式有静态方式和动态方式。静态方式主要是通过广告、招聘信息、期刊、新闻报道等了解职业世界的情况,信息有一定的滞后性;动态方式是参加讲座、实习、生涯访谈等,信息获取相对及时。收集信息的途径,有内部途径和外部途径。内部途径主要是指参考内部刊物、年报或者通过企业内部的人员透露信息等,相对困难;外部途径主要是指网络搜索、参加招聘会等。

二、收集信息的内容

(一)最新的政策法规和相关规定

首先要了解国家、省市关于职业发展及就业创业等相关政策和法规,也需要了解目标就业地的用人政策。党的二十大报告指出:"教育、科技、人才是全面建设社会主义现代化国家的基础性、战略性支撑。""必须坚持科技是第一生产力、人才是第一资源、创新是第一动力,深入实施科教兴国战略、人才强国战略、创新驱动发展战略,开辟发展新领域新赛道,不断塑造发展新动能新优势。"近年来,我国各省市为吸引毕业生前来工作纷纷出台了人才引进的相关利好政策。

(二)人才市场供求信息

首先,要了解当年毕业生总体供求形势,即全国、本地区与自己同时毕业的学生有多少,而用人单位的需求有多少,是供不应求,还是供大于求,或者两者基本平衡,以及哪些专业人才紧俏,哪些专业人才供大于求。其次,要更多了解用人单位的基本信息,如用人单位的经营状况、人才制度、企业文化以及人职匹配度等。

(三)宏观职业信息

通过调研或采访业内人士等方式,把握经济发展规律和行业波动规律,特别是对与自己未来发展相关的行业、企业所处的社会环境、经济环境、文化环境等要有所了解,通过对整体行业背景、发展动态、市场动向、就业形势的关注,对未来行业大趋势有预判,生涯规划方向就会更明确。

三、收集信息的方法及筛选

收集信息的方法主要是全方位收集法、定向收集法和定区域收集法。

全方位收集法就是把与你的专业有关联的就业信息统统收集起来,再按照一定的标准进行整理和筛选,以备使用;定向收集法是根据自己选定的职业方向和求职的行业范围来收集相关的信息;定区域收集法是根据个人对某个或某几个地区的偏好来收集信息。

在筛选信息时,首先要掌握重点,将收集到的所有信息进行比较,初步筛选之后把重点信息标明并注意留存,一般信息则仅作为参考,要以适合自己作为出发点,每个人的情况不一定,毕业生应该选择适合自己的信息;其次,在搜集就业信息时,还需要注重信息的准确性和全面性,确保所搜集的信息真实可信,并且要广泛关注用人单位的发展历史、发展潜力、产品和服务、组织结构、工作氛围等,以便做出更明智的职业选择。同时,要注意把握时效,确保在就业信息发布的有效期限内进行搜集和使用,避免错过有效的招聘信息。信息搜索范围不能仅局限于"热门"单位和"热门"地区,因为这样,会大大降低就业的成功率。

你要如何收集信息

"工欲善其事,必先利其器。"信息收集的渠道是否丰富、方法是否正确,对毕业生分析和利用就业信息会产生重要影响,并影响其就业决策和就业行动。

思考并回答:

请谈谈收集信息的途径有哪些,你会选择什么样的方式来收集信息,为什么?

第二节 职前实习

我国教育家、思想家陶行知提出:"行是知之始,知是行之成。"这说的是实践是获取认知的途径,只有实践才能出真知。可见,通过信息收集的方式得到的工作世界的信息,可能会让同学们得到相对全面的信息,但可能无法获得某个职业更深入的信息,因此,应该真正走进社会,走上工作岗位去体验。

一、为什么要职前实习

(一)探索工作世界的大窗口

实习是连接学校和社会的最佳渠道。高校学生在真正踏入工作世界之前需要对其有一定的认知。也就是说,在真正找工作前,需要知道工作世界到底是什么样的。不了解工作世界是什么样的,就不能真正做到"学以致用,学用统一"。想要充分了解工作世界是什么样子、有什么要求,就必须在大学期间深入社会,积极参加职前实习,从知识、能力和实践等方面对工作世界进行选择、认知和准备。

(二)认知专业发展的金钥匙

很多大学生在工作一段时间后通常会有这样的困惑:"自己所学的专业知识不能充分解决工作中的各种问题。"这种困惑的出现多是因为在校学习期间,对专业和相关行业的发展情况不了解。要想更深入地认识专业和相关行业发展,需要到工作世界中去实践,不断完善和提升自己的专业技能,将理论知识运用到实际中去,利用职前实习可以及时发现短板、补齐短板。

(三)提升职业素质的有效途径

当前很多大学生存在眼高手低的问题,理论知识一大堆,实际工作能力却不足,这也导致毕业生求职与单位招聘之间出现了很大的断层。很多职业人士认为,适应能力和职业修养在职业发展中占据了越来越重要的地位。职前实习能锻炼学生的职场能力,职前实习已经成了许多大学生走进职场、融入社会前的必修课。

二、如何进行职前实习

（一）按照规划聚焦目标

在寻找一份实习工作时，应该思考这样几个问题：未来希望从事的职业是什么？未来可能进入哪些领域的企业？想从事的工作岗位是什么？基于这些问题寻找与自己未来职业相关的实习环境，这样的实习能帮助学生更好地探索职业环境，提升职业能力。

（二）调查、收集和分析信息

在确定了实习目标之后，就要做好背景调查和信息收集，可以通过网络收集、生涯人物访谈等方法了解目标企业。比如，想进入某企业实习，要了解该企业每年什么时间招聘实习生，是通过怎样的方式招聘实习生，在实习生选拔上更看重哪些能力等。

（三）尽快完成角色转换

实习时要尝试把自己当成一个真正的职场人，以职场人的标准来要求自己。在实习过程中，要遵守单位的工作纪律，深入了解工作岗位的用人要求，熟悉真实的工作环境，奠定良好的人际关系。此外，从学生到职业人的转变过程中，会遇到很多校园中从未遇到的问题，还需要培养较强的心理素质和抗压能力。

（四）真正投入到职业中去

实习中，要把自己当作"正式员工"，遵守工作规则，保质保量完成工作任务。很多刚离开校园的学生缺乏规范化的职场约束，实习过程能有效地提升情绪管理、时间管理等能力，为未来就业打下良好的基础。

（五）总结提升自我

职前实习可以磨炼意志、提升职业素质，而实习后的总结则可以促进自己提高认知水平，把实习所学与课堂专业学习有机结合，进而完善自我。在实习的过程中，可以不断深入工作世界，不断了解有关工作世界的相关信息。同学们需要经常性地对一段时间以来的收获和感悟加以总结和归纳，进一步内化为自身的能力，不断地提升自己各方面的能力，不断充实和完善自我，有效提升自身的职业素质。

"试穿"你的职业

众所周知，在买衣服的时候都要先试试才能知道衣服是不是合适，找工作也是这样的。自己现在想做的工作不一定将来会去做，也不一定真的适合自己。那么，同学们怎样才能"试穿"自己的工作呢？可以参加实习，也可以参与学校内的企业校园大赛，还可以参与项目研究等。假如现在要去一个公司进行实习，你将会怎样安排自己的实习？

下面给大家一个实习或参观需要准备内容的范例图，供大家做参考，如图5-1所示。

```
参观机构、日期：
参观项目：
参观心得：
实习机构、日期：
实习项目：
实习心得：
```

图 5-1　实习准备范例图

第三节　培养职业素质

一、职业素质概述

(一)职业素质的定义

职业素质是指职业内在的规范和要求，是在工作过程中表现出来的综合品质，包含敬业精神、职业道德、职业技能、职业行为、职业作风和职业意识等。职业素质中，敬业精神和职业道德是最重要的素质。

职业素质是人才选用的第一标准，是决定职场发展空间、上升程度的关键。职业人能否在职场中取得成绩，能否被社会和他人所认可和接纳，无一不与职业素质紧密相连。加强职业素质培养与训练，拥有良好的职业素质，才能在未来的职场中立于不败之地。

(二)职业素质的显性因素和隐性因素

1973 年，美国心理学家麦克利兰提出了著名的素质冰山模型，所谓"冰山模型"，就是将人员个体素质的整体比喻成一座冰山，根据个体素质的不同表现划分为"水面以上部分"和深藏的"水面以下部分"。其中，"水面以上部分"包括基本知识、基本技能，是外在表现，是容易了解与测量的部分，比较容易通过培训来改变和发展。而"水面以下部分"包括社会角色、特质和动机，是人内在的、难以测量的部分。它们不太容易通过外界的影响而得到改变，但对人的行为与表现起着关键性的作用。

一个人的职业素质分为显性因素和隐性因素。显性因素只占一小部分，而隐性因素占了绝大部分，大部分的隐性因素支撑着显性因素部分。因此，加强对隐性因素的激发和培养，也必将对显性因素的改变起着极大的作用。水面以上的，人们看得见的部分称为显性因素，可以通过各种学历证书、职业资格证书来证明，或者通过专业考试来验证。这部分在整个职业素质中约占 1/8。冰山的 7/8 隐藏在水面以下，这部分代表职业意识、职业道德、职业作风、职业心态等方面，是人们看不见的隐性因素。这些隐性因素具体体现为团队精神、诚信品质、竞争能力、敬业形象、责任意识等。隐性因素决定并支撑着外在的显性因素，显性因素是隐性因素的外在表现，如图 5-2 所示。

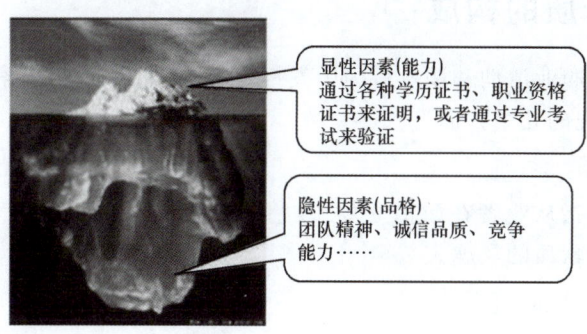

图 5-2　职业素质冰山理论

（三）素质与知识的关系

素质与知识是两个不同的概念，有着各自不同的内涵。知识是可见的，可以用语言符号表达出来；素质是不可见的，只可通过相应的能力表现出来。知识可以脱离个体，通过一定的媒介存在；而素质必须借助人的生命和活动表现出来。知识可用考试的方式检测和评价，素质只能通过人的实际行动表现出来；素质作为稳定的身心特征，会对人的全部活动或某一类活动起作用。

二、职业素质的特点

（一）职业性

职业性又称职业特质，是指人与职业行为有关的差异性、内在的个人特点。职业素质是一个人从事职业活动的基础，而职业性和个体所要从事的职业紧密相连。不同的职业，职业素质是不同的。对专业教师的素质要求，不同于对职业农民的职业素质要求；对商业服务人员的素质要求，不同于对医务人员的职业素质要求。因此，职业性是和其所从事的职业密不可分的，职业性体现了职业素质的内在要求。

（二）稳定性

个人的职业素质是在长期的执业中日积月累形成的。它一旦形成，便产生相对的稳定性。良好的职业素质的形成需要内外兼修，是在个人的努力学习、外在环境的熏陶、专门的培训中，经过个体的感悟、实践的锻炼而获得的，是较为稳定的特征，因此，职业素质一旦形成，就具有一定的稳定性。

（三）内在性

职业素质的内在性是一种较为稳定的心理品质，体现着个体对职业素质的理解，从而通过自己的行为方式表现出来。这种内在性的获得是个体在长期的实践基础上形成的。职业人员在长期的职业活动中，有意识地内化、积淀的心理品质，就是职业素质的内在性。

（四）发展性

一个人的素质是通过教育、自身社会实践和社会影响逐步形成的。新时代对个体的职业素质也提出了更高的要求，人们为了更好地适应、满足、促进社会发展的需要，也要不断地提高自己的素质，所以，素质具有发展性。

三、职业素质的构成

职业素质在人的职业活动和职业行为中发挥着重要的作用,职业素质的构成包含很多方面,现介绍直接表现的几个方面。

(一)思想政治素质

思想政治素质是指从业者在政治立场、政治态度、理想信念、价值观念等方面的素质。思想政治素质是职业素质的灵魂。

(二)职业道德素质

职业道德素质是指从业者在职业活动中表现出来的,遵守职业道德规范的状况和水平,包括道德认识、道德情感、道德意志、道德行为、道德修养、组织纪律观念等方面的素质。道德素质是职业素质的根本。

(三)科学文化素质

科学文化素质是指从业者对自然、社会和思维科学知识掌握的状况和水平。科学文化素质要求从业者有广博精深的知识。现代社会对从业人员的文化素质、知识结构的要求越来越高,对知识技能共性的要求越来越多,从业人员不仅须具备深厚扎实的基础知识,还须具有广博精深的专业知识和大容量的实用的新知识。

(四)专业技能素质

专业技能素质是指在教育者的指导下,通过学习和训练,日渐形成的专业知识、专业技能以及必要的组织管理能力等。掌握专业技能,也是开发智力、培养能力、在本职岗位做贡献的需要。俗话说"心灵手巧",事实证明,手巧也可使心灵。专业技能对学生智能发展,特别是职业活动中所需要的独立工作能力和创造力的发展,具有极大的促进作用。要使自己能在职业活动中为社会做出更大的贡献,就要掌握一定的专业技术技能。

(五)身心素质

世界卫生组织对健康的重新定义,把心理健康也划入了健康的范畴,健康不仅仅是没有疾病或虚弱,而是在身体上、心理上和社会适应方面的完好状态。身心素质是一个人成长、成才的基础素质,其内涵包括健康的身体素质和健康的心理素质。心理素质是人的素质的深层内涵,它在素质体系中处于基础地位、中心位置,是素质的核心。

(六)社会交往和适应素质

社会交往和适应素质主要是语言表达能力、社交活动能力、社会适应能力等。社会交往和适应素质是后天培养的个人能力。

四、培养职业素质的基本途径

(一)强化职业素质意识

作为职业素质培养的主体,大学生要树立职业意识,由于职业意识是对职业活动的认识、评价、情感和态度等心理成分的综合,所以,学生处于求职准备期时,实际上具有学生和职业者的双重身份,对未来将从事的职业的认识会有一定的差异性,对所选专业和未来从事的职业岗位之间未必有较全面的了解,具有一定的盲目性。所以,加强职业素质培养的同时要树立职业素质意识。要正确认识专业的性质、特点、工作的内容和方法以及应注意事项等,使自己的学习有的放矢,才能很快融入角色,与岗位"零距离"接触,早日步入正轨。要不断强化这种意识,内化于心,外化于行,形成潜意识,做到知行合一。

(二)养成良好的职业习惯

良好的职业习惯是职业发展的重要因素。教育家陈鹤琴先生说过:"习惯养得好,终生受其益,习惯养不好,终生受其累。"职业习惯包含了个人的学习习惯和行为习惯。培养良好的职业习惯的基本方法是培养职业道德,而良好的职业道德与学校对学生的道德教育是不可分割的。良好的职业素质已成为高校毕业生在市场竞争中获胜的重要因素,因此,大学生不仅要学习专业理论和专业技能,更应该注重培养良好的职业习惯。

(三)发扬团队精神

在职场中,越来越多的企业更加注重团队精神、合作能力,即善于协调关系。团队精神是目标一致、步调一致、行动统一的团结协作精神,更是攻坚克难、吃苦奉献的顽强拼搏精神。良好的工作氛围要在集体中形成,在与人交往中养成。因此,集体荣誉感和团队精神、互助合作的能力,是未来职场发展的关键环节。

(四)加强职业实践

职业实践活动是职业素质培养的关键。在校内期间多从事实践活动,在专业老师的指导下,在模拟工作环境中,运用理论知识解决实际问题,培养职业能力;也可以利用假期去参加社会实践,无论是否从事与专业相关的工作,这些活动都是培养职业素质很好的机会,认真做好每一件事,在所从事的每项工作中历练,在实践中改进自己以前的职业素质理念,使自己的职业素质得到不断的提高和升华。

五、立足技能成才

(一)树立正确的职业理想

1. 职业理想与理想职业

职业理想是指人们对未来职业和所要取得何种成就,对社会做出哪些贡献的向往和追求,包括对职业的认识、态度和职业选择;而理想职业则是实现理想的平台,它是依据职业理想结合个人的具体情况做出的选择。

职业理想建立在个人的专业知识与能力、兴趣和职业激情的基础上,三者俱备,才可以确定为自己的职业理想。能力、兴趣和市场需求的最佳组合是理想职业。

职业理想在现实生活中是不多见的,毕业生还是需要脚踏实地做出现实的选择。只要朝着职业理想去努力,同样是可以为社会做贡献和实现人生价值的。就像众多劳动楷模,他们凭着一种坚韧、一份执着,在各自的岗位上发光发热。可见,无论什么职业岗位,最终能实现自己职业理想的,就是理想的职业。

2. 正确的职业理想

(1)把生活看作一个劳动过程。当你确定依靠自己的劳动创造自己的未来时,就会使自己的职业理想建立在一个客观的、现实的基础上,就会努力创造条件,不断追求,使职业理想不断升华,人生更显光彩,学业理想是职业理想的基础。因此,同学们要刻苦学习,不断提高自身素质,做全面发展的学生,为今后实现自己的职业理想打下牢固的基础。

（2）热爱自己的祖国和家乡。这看似与职业理想关系不大，其实它是树立职业理想的基本思想条件。当从心底里建立起"热爱"，你就会把个人的职业理想与祖国的命运、父母的企盼、家乡的发展联系在一起，把个人的理想与平凡而伟大的职业联系在一起，从而获得不竭的发展动力，并实现自己的职业理想。

（3）在实践中检验、调适职业理想。职业理想的正确与否，不是以主观感觉而定，而是经过实践的反复检验，以人与职业的适宜性来判定。毕业生在从事职业活动之前，缺乏职业实践体验，难免有情绪化的冲动，使自己的职业理想发生偏差

经过实践的检验，就会重新审视自己的职业理想是否正确，正确的应当巩固，不正确的应该做出合理的调适，使自己追求的目标建立在既符合现实需要，又在长远的发展中有可能实现的基础上。判断职业理想是否正确应坚持客观标准。

（二）走技能成才之路

1. 技能人才供不应求

近年来，从中国高铁亮相巴西里约热内卢，到中国核电设备进入南非核电站，中国制造驰名全球。作为全球第二大经济体，中国对知识型、技能型、创新型劳动者大军的需求前所未有。

"工业强国都是技师技工的大国，我们要有很强的技术工人队伍""努力培养数以亿计的高素质劳动者和技术技能人才""带动中国民众尤其是近2亿青少年关注、热爱、投身技能活动"围绕技能人才队伍的发展壮大，近年来，习近平总书记在多个场合提出殷切期望。

在当前新一轮全球产业竞争中，发达国家纷纷聚焦实体经济，实施"再工业化"战略，加强对先进制造业的前瞻性布局。2015年，我国发布实施制造强国战略的首个十年行动纲领《中国制造2025》，谋求从制造大国到制造强国的转型升级。

发展是第一要务，人才是第一资源。我国目前比历史上任何时期都更需要一支拥有现代科技知识、精湛技艺技能和较强创新能力的高素质技能人才队伍。然而，我国技能人才供不应求问题依然突出。近年来，随着政策体系不断完善，培养、激励机制逐步健全，我国技能人才队伍建设取得了长足进步，但技能人才发展总体水平与经济社会发展需要相比，还有很多不适应的地方。掌握"高、精、尖"技术的高技能人才数量不足，技能人才队伍分布不均衡、人才断档问题突出，年轻高技能人才严重短缺。

2. 技能之路受到青睐

针对技能人才社会地位偏低、经济待遇较差、成长通道窄等现实问题，中央和地方出台了一系列利好政策。比如，国家出台了《关于加快发展现代职业教育的决定》《关于提高技术工人待遇的意见》《关于推行终身职业技能培训制度的意见》等文件；各地也在人才落户、职称评审、学历认定等方面，给予技能人才和专业技术人才同等的重视。

与大学生就业难形成鲜明对比的是，技能人才在就业市场上的走俏。作为全国技术能手、全国劳动模范，中车集团长春轨道客车股份有限公司首席技师李某的一项重要工作就是带徒育人。从门下学徒的心态变化，他明显察觉："没办法才来当工人的少了，真心想学技能的多了。"

3. 技能振兴大有可为

《中国制造2025》等国家战略的提出，使社会对技能人才的需求更强烈。制造业的高度

机械化需要一线岗位工人勇于思考、探索,只有工人的整体技术和职业素养得到提升,才能实现精细化、高品质生产。加快培养制造业发展急需的"大国工匠",是摆在我们面前的一项重要而紧迫的任务。

我国持续开展高技能人才培训基地建设项目、国家级技能大师工作室建设项目和技师培训项目,加大资金支持力度。一是建设国家级高技能人才培训基地,选择已建或新建的管理规范、资金使用安全、培训能力强、高技能人才培养成效显著的项目单位,继续给予支持,提升培训能力。二是建设国家级技能大师工作室,选择某类行业(领域)技能拔尖、技艺精湛并具有创新创造能力和社会影响力、在带徒传技方面经验丰富、能够承担国家级技能大师工作室日常工作的高技能人才,支持其纳入国家级技能大师工作室项目建设范围。三是实施技师培训项目,围绕国家和地方经济社会发展急需、紧缺行业的职业(工种),重点是先进制造业、战略性新兴产业、现代服务业以及支柱产业的职业(工种),大力开展技师、高级技师培养工作。

(三)培养工匠精神

1. 工匠精神的内涵

工匠精神的基本内涵包括敬业、精益、专注、创新等方面的内容。

(1)敬业。敬业是从业者基于对职业的敬畏和热爱而产生的一种全身心投入的、认认真真、尽职尽责的职业精神状态。中华民族历来有"敬业乐群""忠于职守"的传统,敬业是中国人的传统美德,也是当今社会主义核心价值观的基本要求之一。

(2)精益。精益就是精益求精,是从业者对每件产品、每道工序都凝神聚力、精益求精、追求极致的职业品质。所谓精益求精,是指已经做得很好了,还要求做得更好,"即使做一颗螺丝钉也要做到最好"。

(3)专注。专注就是内心笃定而着眼于细节的耐心、执着、坚持的精神,这是一切"大国工匠"所必须具备的精神特质。从中外实践经验来看,工匠精神意味着一种执着,即一种几十年如一日的坚持与韧性。

(4)创新。工匠精神强调执着、坚持、专注,甚至是陶醉、痴迷,但绝不等同于因循守旧、拘泥一格,其中包含着追求突破、追求革新的创新内蕴。这意味着,工匠必须把"匠心"融入生产的每个环节,既要对职业有敬畏、对质量够精准,又要富有追求突破、追求革新的创新活力。

2. 发现自身的优势

优势是才干与投入之和,是在特定方面持续地取得积极成果的能力。需要注意,优势并不许诺你要比别人强,即使在你最具优势的领域,也一定有人比你投入更多、起步更早,所以有人比你强是很正常的事情。关注自己的优势不是看速度,而是看加速度。短期之内虽然没法赶超,但是如果是自己的优势领域,你的加速度会不断增大,你就有机会在中长跑中超越他人。

没有形成自己优势的人,只有两种可能:要么是没有发现自己的才干,要么是即使发现了,也没有有效投入。很多人热衷于"发现自己的天赋",做各种测评、各种量表,他们希望发现一个"天赋"后马上势不可当。从来没有打过篮球的姚明,刚开始也不一定就能打过训练了一段时间的大学生。我们每个人都可以通过发现自己的才干,加上正确的投入,让自己的优势发挥到极致。

当理想遇到现实

　　李晋是一名高职毕业生,在学校时各方面都非常优秀,担任班长、系学生会学习部部长,获得国家一等奖学金,一直自信的他被聘用到一家大型企业的技术员岗位。报到后,领导分配他到车间与工人一样顶岗生产,李晋非常想不通:本来是要我当技术员的,怎么就去车间呢?

　　持李晋这样态度和疑惑的高职毕业生不在少数。虽然在学校时老师一再强调,高职教育培养的是高素质技术技能型专门人才,但是,走上工作岗位和即将走上工作岗位的他们,对自己未来工作环境的预期,多数都是摆脱生产一线艰苦的工作环境,坐在窗明几净的办公室里。

　　从企业现实来看,企业需要的是高能力的人才,而学历不等于能力,也正因此,很多企业都把新招聘人员安排到生产一线去顶岗,使之熟悉企业的生产流程,受企业文化熏陶,以便企业了解这些人的实际工作能力。所以,企业是根据人员能力匹配相应的职位,职业发展、提升的空间与平台取决于工作态度和能力。

　　思考并回答:
　　1.如果你是李晋,你将怎样面对自己不喜欢的工作?
　　2.为什么说全面培养自己的职业素质,是助力未来职场的必经之路?

模块三

正确选择
——我的生涯我做主

  人的一生最难做到的就是认识自己，你认识自己吗？有位哲学家说："无知的人并不是没有学问的人，而是不明了自己的人。"自我认知是一个人对自我存在的觉察，包括对自己行为和心理状态的认知。职业规划首先需要建立在自我探索的基础上，完整的自我认知包括对兴趣、性格、能力、价值观等方面的探索。通过发觉职业兴趣、培养职业性格、提升职业能力、探索职业价值观，可以制定自我职业生涯目标管理策略，选择科学的职业决策与行动方案。

单元六
探索自我

最近,力小丹感到十分困惑和迷茫,对于如何度过大学时光,她感到不知所措,虽然在大学里有同学,也认识了很多新朋友,可是依然觉得大学生活很单调,每天都重复同样的事情:上课学习、下课吃饭、课后休闲、阅读书籍。其他同学每天都很充实快乐,活动丰富,忙得不亦乐乎的。反观自己,没有目标,没有动力,不知道自己想做什么,也不知道要做什么。力小丹的困惑也是很多大学生的困惑:没有目标、机械式地学习和生活,不知道自己要做什么、能做什么;不知道自己喜欢什么,也不知道自己不喜欢什么。如果不知道自己要什么,往往到最后可能什么也得不到。

请思考:
如何有计划、有目标地生活和工作呢?大学生应该怎样了解自己,如何规划大学生活?

第一节 自我概述

俗话说,"了解别人是聪明,认识自己才是智慧"。可见,真正认识自我是不容易的,更说明在漫长的人生旅途中,正确认识自我、客观看待自己是人一生的功课,也是人类不断探寻和求索的永恒议题。

自我是个体意识发展的高级阶段,有广义与狭义之分。广义的自我,是指个体有关"我"的一切内容,包括个体的生理活动与心理活动;狭义的自我,又称自我意识,是指个体对自己心理活动的认识与体验。本书所述"自我"为狭义的自我,即"自我意识"。

一、自我的内涵

自我的内涵一般包括对自身生理状态、心理状态及自己与周围关系的认识和评价。

(一)对自身生理状态的认识和评价

对自身生理状态的认识和评价主要指对自己的身高、体重、容貌、性别等的认识,以及对生理病痛、温饱饥饿、劳累疲乏等的感受。例如,有同学会认为自己个子太矮、长相不好等,这都属于生理自我的表现。

(二)对自身心理状态的认识和评价

对自身心理状态的认识和评价主要指对自己的知识、能力、情绪、兴趣、爱好、性格、气质等的认识和体验。例如,有的同学认为自己成绩差,没有别人聪明,没有任何特长;有的同学认为自己还算聪明,但就是自控能力差,不喜欢学习,情绪易激动。这都属于心理自我的表现。

(三)对自己与周围关系的认识和评价

对自己与周围关系的认识和评价主要指对自己在群体中的地位、作用及自己与他人相互关系的认识、评价和体验,也称社会自我。例如,有的同学虽然渴望与别人交流,但心里认为大家都看不起他,于是孤单落寞;有的同学误以为自己受到全班同学的拥戴,结果却在班委公开竞选时落选。这两种情况都是社会自我出现了偏差的表现。

二、自我的结构

自我由自我认识、自我体验和自我控制构成。它们相互联系、相互制约,统一存在于个体的自我中。

(一)自我认识

自我认识表现为自我感觉、自我观察、自我分析和自我评价等形式。自我认识阐释"自己是一个什么样的人"这一问题,如"自己的体型是清瘦型的""自己是诚实可信的""自己的脾气容易急躁和冲动"等。

(二)自我体验

自我体验是自我的情感成分,主要涉及"对自己是否满意""能否悦纳自己"之类的问题,如"我很喜欢自己""我真可怜,没有人愿意和我交朋友"等。

(三)自我控制

自我控制是自我的意志成分,是对自身行为、心理活动、思想言语及与他人关系的调节与控制。自我控制是解决"如何有效地调控自己""如何改变现状,使自己成为一个理想的人"之类的问题。自我控制的形式包括自主、自立、自强、自制、自律等。

三、认识自我的方法

认识自我的方法有很多,我们可以通过橱窗分析法、测试法、比较法等方法认识自我。

(一)橱窗分析法

橱窗分析法是自我剖析的重要方法之一。心理学家把对个人的了解比作一个橱窗。为了便于理解,可以把橱窗放在一个直角坐标中加以分析。坐标的横轴正向表示别人知道,负向表示别人不知道;纵轴正向表示自己知道,负向表示自己不知道。橱窗分析法坐标图如图6-1所示。

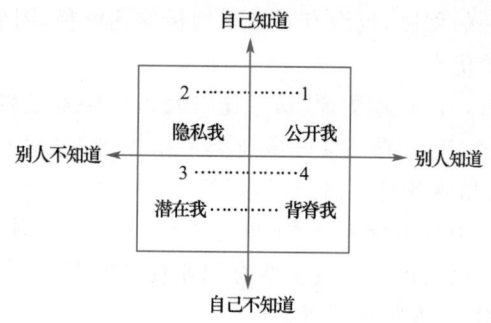

图 6-1 橱窗分析法坐标图

橱窗 1 为自己知道，别人也知道的部分，称为"公开我"，属于个人展现在外无所隐藏的部分。

橱窗 2 为自己知道，别人不知道的部分，称为"隐私我"，属于个人内在的私有秘密部分。

橱窗 3 为自己不知道，别人也不知道的部分，称为"潜在我"，是有待开发的部分。

橱窗 4 为自己不知道，别人知道的部分，称为"背脊我"，就如一个人的背部，自己看不到，别人却看得很清楚。

通过四个橱窗可知，在进行自我分析的时候，重点是了解橱窗 3 和橱窗 4 这两部分。

橱窗 3 是"潜在我"。科学家研究发现，每个人都有巨大的潜能，人类平常只发挥了极小部分的大脑功能。心理学家奥托指出，一个人一生所发挥出来的能力，只占他全部能力的 4%，也就是说一个人 96% 的能力还未开发。控制论奠基人维纳说："可以完全有把握地说，每个人，即使他是做出了辉煌成就的人，在他的一生中利用他自己的大脑潜能也不到百亿分之一。"由此可见，认识、了解"潜在我"，是自我认识的重点之一，把个人潜能开发出来，也是职场新人的头等大事。了解"潜在我"可以通过专业心理分析或心理测试等方式进行。

橱窗 4 是"背脊我"。如果自己诚恳地、真心实意地征询他人的意见和看法，就不难了解"背脊我"。我们可以采取同自己的家人、朋友、同事等交流的方式，可以借助录音、录像设备，尽量做到开诚布公。想要真正了解"背脊我"，就需要有开阔的胸怀，正确对待他人的评价，客观评价自己，做到有则改之，无则加勉，否则，就不可能获得他人真诚的忠告。

对于橱窗 2，我们可以采取撰写自传或 24 小时日记的方式来了解自我。撰写自传，可以了解自身成长的大致经历、自我计划及实施情况等；而 24 小时日记可以帮助我们通过一个工作日和一个非工作日经历的对比，使自己了解一些不同常规的侧面信息。职场新人需要对此予以重视，尽管我们还年轻，不需要什么自传，但这却是了解自我的一种有效的途径。

（二）测试法

测试法是通过回答有关问题来认识自己、了解自己。测试题目是由心理学家们经过精心研究设定的，只有如实回答，才能大概了解自己的有关情况。这是一种简便易行的自我剖析方法。随着心理科学的成熟，心理测试技术已日益完善，尤其是标准化的心理测试，测试结果也是相对比较可信的。

现今职业生涯规划中常见的心理测量工具主要分为两大类：正式测评心理量表和非正式测评工具。正式测评心理量表是基于统计技术并对大量人群施测后建立起来的，编制、实施、计分和测验分数的解释都遵循严格统一的科学程序，因而又被称为标准化测验。非正式测评工具是指评估者依据自己的主观性判断，而不是用事实和数字来加以证明的评估方法，并且在运用时不存在统一的程序,也没有对结果的标准化解释,因而具有运用灵活、方便,容易让被测试者充分放松等优点。

正式测评心理量表有:(1)兴趣测评:霍兰德自我指导探索量表(Self—Directed Search,简称 SDS)。(2)性格测评:迈尔斯—布里格斯类型指标测评(Myers—Briggs Type Indicator,简称 MBTI)。(3)价值观测评:工作价值观量表(Work Value Inventory,简称 WVI)。

非正式测评工具多采用行为分析技术(通过观察)或自我陈述分析技术(感知、态度、兴趣、经历等)。使用比较广泛的评估工具主要有职业规划分类卡、生涯彩虹图、职业价值观拍卖、结构化工作表、想象引入、人物访谈等。

此外,国内外常见的其他几种测试方法如人格测试、智力测试、能力测验、职业倾向测验等也都能从不同侧面帮助个体认识和了解自己。

(三)比较法

1. 通过与别人的比较来认识自我

只有置身于人群中间,才能认识自我。一个人对自己价值的认识,是通过与他人的能力和条件的比较获得的。在与他人比较的过程中,应注意比较的参照系和立足点。其一,跟别人比较的应该是行动后的结果,而不应该是行动前的条件;其二,跟别人比较要有标准,而且标准应该是相对标准而不应该是绝对标准,应该是可变的标准而不是不可变的标准;其三,比较的对象应该是与自己条件相类似的人。此外,大学生要努力拓宽生活范围,增加生活阅历,积极参加社会实践和社交活动,这样会有助于个人找到正确的参照系来了解自己。

2. 通过自我比较来认识自我

与过去的自己比,自己是进步了、成熟了,还是退步了、又犯错误了;与理想中的自我相比,自己还有哪些差距等。前者可以发现自己的成绩和进步,提高自尊和自信;后者可以明确努力的方向,进一步完善自我,但是要注意理想中的自我要切合自己的实际。

3. 通过分析比较他人对自己的评价来认识自我

要想了解自己,最好问问别人。从他人的态度和情感中认识自己,明确自我。一个人对自己的认识难免有偏差,因此有必要根据他人的评价、他人对自己表现出的言行态度来认识自己。正如古语所说:"以人为镜,可以明得失。"他人的评价就像一面镜子,可以真实地观测到自己在生活中的表现,了解自己的各项特质。需要注意的是,正如镜子不一定能反映事物本来面目一样,别人对你的评价,由于受多种因素的影响,不一定是完全正确的,所以不能把别人的评价和态度作为唯一的衡量标准,还要充分结合其他有关信息进行综合评价。

四、影响自我的因素

(1)家庭环境和父母教育对一个人的成长起着基础性的作用,所以有一个好的家庭生活环境对一个孩子的成长至关重要。

(2)社会价值观,一个国家和地区的文化生活方式对一个人的自我认知也起着很重要的作用,比如,成功的美国人,可能具有开拓、创新、勇于冒险的精神,而中国人一般具有勤劳、务实、低调、谦和的特性。

(3)参加工作后,工作环境、职业影响和领导的管理也会对人们的自我认知有很大的影响,领导的管理方式、企业的文化也会潜移默化地影响到你的判断和对事物新的认识。

（4）人生中不平凡的经历，或者重大挫折，必然会对个性的产生和自我认知有很大的影响。所以要树立正确的价值观，不断提高自己的抗压能力。

我的360°评价

首先对自己的优点和缺点进行评价，然后邀请家人、同学或好友、老师、社会人士对自己的优点和缺点进行评价，将结果填入表6-1中。做完本次评价后，你有什么感受？

表6-1　　　　　　　　我的360°评价情况

评价人	优点	缺点
自己		
家人		
同学或好友		
老师		
社会人士		
总结		

第二节　培养兴趣

一、认识兴趣

兴趣是基于精神需求或者物质需求而对某个事物或某项活动充满热情，想要积极探索这个事物或者从事这项活动。兴趣会激发个人的欲望，主动性较强，兴趣与人们的认识和情感相关联，它的产生一定是基于对事物和活动的认识，与此同时也产生了一定的情感。人们对于感兴趣的事物或活动给予优先的关注和积极的探索。

二、兴趣的分类

1. 根据个人的关注度和倾向性分类

根据个人的关注度和倾向性不同，兴趣可以分为有趣、乐趣和志趣三个阶段。

有趣是指最初级的兴趣水平，当有趣趋向专注和集中，并对某一客体产生特殊的爱好时，就成为乐趣。志趣是在乐趣的基础上发展起来的，是兴趣的第三个阶段和高级水平。志趣具有很高的社会价值,且与个人的远大理想和目标联系起来。一些大学生对一种事物或职业产生兴趣多数是凭个体感觉,对兴趣对象没有足够的了解和认识,且不愿付出太多的行动,这也是造成他们职业兴趣不稳定的原因之一。

2. 根据所涵盖范围分类

根据所涵盖范围的不同,兴趣可以分为专业兴趣、生活兴趣和职业兴趣三种。

专业兴趣是对一门学科、一门技能或一个专门的事情的兴趣,多数指大学所学专业的兴趣,也包括自我钻研的第二专业。大家通常所说的健身、摄影、书法等兴趣爱好即为生活兴趣,是提高生活品质,让生命多元化发展的助力器。专业兴趣和生活兴趣可以是一致的。当人的兴趣对象指向职业活动时,就形成了职业兴趣。职业兴趣是指一个人力求了解某种职业或进行某种职业活动的心理倾向,表现为对某种职业的选择性态度或积极的情绪反应。职业兴趣是影响人们工作满意度、职业稳定性和职业成就感的重要因素,同时也是对职业进行分类的重要基础。

人的兴趣很多,是不是每种兴趣都可以转化为职业兴趣?是不是每种兴趣都可以找到与之相联系的职业和专业?一个人的所有的兴趣是否又都应该或能够在自己的职业中得到满足?实际生活中,兴趣和职业往往是交织在一起的,如果注意一下,就会发现几乎所有的兴趣都可以与职业生涯有一定的关系。例如,爬山的兴趣可以演变为登山或户外运动的工作,逛商场、购物的兴趣也可以演变为采购或着装指导的工作,甚至玩电脑游戏也可以演变为游戏设计方面的工作等。

当然,由于受到兴趣的广泛性和很多现实情况的影响,并不是所有的兴趣都应该或能够在自己的职业中得到满足。兴趣也可以通过兼职、志愿活动、参加社团、业余爱好等多种方式来实现。但大量的研究表明,兴趣和工作满意度、职业稳定性和职业成就感之间存在着明显的关联,因此在选择职业的时候,有必要将兴趣作为一项重要的因素考虑进去。兴趣在人的职业选择和整个职业生涯发展中虽然不起决定作用,但做到工作和个人兴趣的适度统一是十分必要的。

三、职业兴趣与生涯发展的关系

职业兴趣在人们的职业活动中,甚至在个体整个的生涯发展过程中都产生重要的影响。

(1)职业兴趣影响人们的职业定向和职业选择。求职过程中,人们会自觉不自觉地考虑到自己对某方面的工作是否喜欢、是否感兴趣。

(2)职业兴趣能开发人的工作能力,激发人们探索和创新欲望。如果一个人对某一工作感兴趣,那么在工作中,就可能发挥他的大部分才能,并且能较长时间保持高效率而不感到疲劳,而对工作缺乏兴趣的人,那么在工作中,可能只发挥其少部分才能,也容易感到疲劳、厌倦。

(3)职业兴趣可以增强人的职业适应力,使人更快地适应职业环境和职业角色。

四、职业兴趣的类型

认识自己的兴趣,探索一个感兴趣的职业是很现实的问题,需要达到职业和人相匹配的状态。在这方面的研究成果影响较大的是美国的职业指导专家霍兰德。霍兰德于 1959 年提出了具有广泛社会影响的职业兴趣理论。他认为人的人格类型、兴趣与职业密切相关,兴趣是人们活动的巨大动力。从事具有职业兴趣的职业,可以提高人们的积极性,促使人们积极地、愉快地从事该职业,因此职业兴趣与人格之间存在很高的相关性。

霍兰德认为人格可分为实际型、研究型、艺术型、社会型、企业型和常规型六种类型,每个类型的人格都有其各自的人格倾向,可用一个六角形模型来体现,如图 6-2 所示。霍兰德对每一种人格类型的描述,都是该种特质理想的、典型的形式。而在现实当中,没有哪一种描述能一丝不差地恰好符合某一个人的情况。因此,为了比较全面地描绘个人的人格类型,通常用最强的三个人格类型的字母代码来表示一个人的人格类型,这个代码就称为"霍兰德代码"。这三个字母的顺序表示了人格特征的强弱程度的不同。

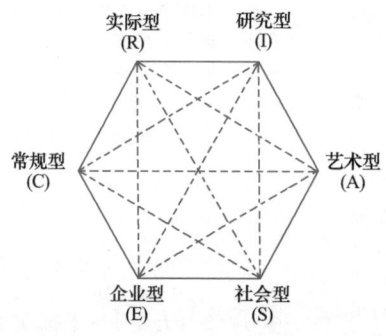

图 6-2 霍兰德六角形模型

同样,职业环境也可以分成相应的六大类,每个类型的人格都有其擅长的职业环境。人格与职业环境的匹配是形成职业满意度、职业成就感的基础,一个人如果能够在与他的人格类型相符的职业环境中工作是容易成功的。

霍兰德提出了六角形模型来解释六种职业类型之间的关系。在六角形模型中,六种类型被表示为三种关系:即相邻关系,如企业型和社会型;相隔关系,如研究型、常规型与社会型的关系;相对关系,如实际型和社会型的关系。任何两种类型之间的距离越近,其职业环境及人格特质的相似程度就越高。如企业型和社会型在六角形模型中是相邻的关系,它们的相似性也最高,这两种类型的人都比其他类型的人更喜欢与人打交道,只是他们打交道的方式不同而已。而实际型和社会型正好处于相对的位置,这就意味着其相似性最低。研究型和社会型则具有中等程度的相似性。六角形模型也可以表明六种人格特质类型之间的一致性。六角形模型可以帮助大家对人格特质类型与职业环境类型之间的适配性进行评估。例如,一个社会型人格特质占主导地位的人在一个社会型职业环境中工作会感到更舒畅,但如果让他在一个实际型的工作环境中工作,他可能感到不舒服,因为这两种类型具有不同的特点。因此,在现实生活中,人们要尽量选择与自我兴趣类型匹配的职业环境,这样可以最好地发挥个人的潜能。霍兰德同时指出,应该注意人格特质模型之间的区分性。假设对两个人进行测试,结果是他们前 3 个字母代码的顺序相同,都为 RAS,但对应的 R、A、S 的得分分别为 30、20、10 和 22、21、19,很显然这两组代码的类型是很不相同的。前一种分数组合代表的是区分性或稳定性高的模型,而后一种的区分性则不够。像这种分数接近的类型,不但要对其前 3 个字母的组合进行研究,同时也要对其他 6 个可能的组合进行研究。

霍兰德根据大量的职业咨询经验以及他所创立的"人格类型"理论编制了职业兴趣的测评工具——霍兰德职业兴趣量表,并将其作为职业选择的首选工具。霍兰德职业兴趣量表被国内外大量职业机构以及很多大学所应用,大家可以使用霍兰德职业兴趣量表来对自己的兴趣进行分类,确认自己的霍兰德代码,并通过使用霍兰德职业索引找出与自己的霍兰德代码相对应的职业,了解自己真正的职业兴趣,在职业选择时可以将其作为重要依据。霍兰德职业兴趣、关注点、职业环境与典型职业对照详见表6-2。

表6-2　　霍兰德职业兴趣、关注点、职业环境与典型职业对照表

类型	职业兴趣	关注点	职业环境	典型职业
实际型（R）	愿意使用工具从事操作性工作,动手能力强,做事手脚灵活,动作协调,偏好于具体任务,不善言辞,做事保守,较为谦虚,缺乏社交能力,通常喜欢独立做事	具体实际自然事物	喜欢使用工具、机器,需要基本操作技能的职业。对要求具备机械方面才能、体力或从事与物件、机器、工具、运动器材、植物、动物相关的职业有兴趣,并具备相应能力	技术性职业:计算机硬件工程师、摄影师、制图技术员、机械装配等 技能性职业:饭店厨师、木匠、农民、通信设备安装者和修理技术员等
研究型（I）	思想家而非实干家,抽象思维能力强,求知欲强,肯动脑,善思考,不愿动手,喜欢独立的和富有创造性的工作。知识渊博,有学识,有才能,不善于领导他人,考虑问题理性,做事喜欢精确,喜欢逻辑分析、推理和不断探索未知的领域	知识学习成就独立	喜欢智力的、抽象的、分析的、独立的定向任务,要求具备智力或分析才能,并将其用于观察、估测、衡量、形成理论、最终解决问题的职业,并具备相应的能力	医学和临床实验室的技术人员、科学研究人员、物理学家、化学家、生物学家、社会学家、教师、医生、工程师、计算机编程人员、系统分析员等
艺术型（A）	有创造力,乐于创造新颖、与众不同的成果,渴望表现自己的个性,实现自身的价值。做事理想化,追求完美,不重实际。具有一定的艺术才能和个性。善于表达、怀旧,心态较为复杂	思想情感创造表达	喜欢的职业往往要求从业者具备艺术修养、创造力、表达能力和敏锐的直觉,并且具有使用语言、行为、声音、色彩等形式进行感受、思索、表达的能力。不善于事务性工作	演员、导演、雕刻家、艺术设计师、建筑师、摄影师、小说家、诗人、剧作家、歌唱家、作曲家、乐队指挥、广告制作人、漫画家、戏剧制作人、电视节目主持人等
社会型（S）	喜欢与人交往、不断结交新的朋友、善言谈、愿意教导别人。关心社会问题,渴望发挥自己的作用。寻求广泛的人际关系,比较看重社会交往和社会道德	公正理解平等理想	喜欢能够与人打交道的工作,能够不断结交新的朋友,从事提供信息、启迪、帮助、培训、开发或治疗等事务,并具备相应能力	心理咨询师、康复治疗师、高校教师、高校辅导员、教育行政人员、病房护士、公关人员,其他各种服务性行业人员等
企业型（E）	追求权力、权威和物质财富,具有领导才能,喜欢竞争、敢冒风险、有野心、有抱负。为人务实,习惯以利益得失、权力、地位、金钱等来衡量做事的价值,做事有较强的目的性	地位成功冒险责任	喜欢要求从业者具备经营、管理、劝服、监督和领导才能,以实现机构、政治、社会及经济目标的职业,并具备相应的能力	销售人员、营销管理人员、酒店经理、人事经理、项目经理、保险经纪人、政府官员、企业领导、法官、律师等

(续表)

类型	职业兴趣	关注点	职业环境	典型职业
常规型（C）	尊重权威和规章制度，喜欢按计划办事，细心、有条理，习惯接受他人的指挥和领导，自己不谋求领导职务。喜欢关注实际和细节情况，通常较为谨慎和保守，缺乏创造性，不喜欢冒险和竞争。	准确规范有条理节俭	喜欢要求从业者注意细节、精确度、有系统、有条理，具有记录、归档能力，能根据特定要求或程序组织数据和文字信息的职业，并具备相应能力	税务代理人、会计、审计、出纳员、秘书、市政文员、记事员、助理、图书馆管理员、打字员等

五、职业兴趣的测量

为了更加科学地探索职业兴趣，很多心理专家和职业指导专家编制了职业兴趣测验。1927年，斯特朗编制了斯特朗职业兴趣调查表。库德在1939年发表了库德爱好调查表。霍兰德理论提出以后，对职业生涯辅导产生了广泛的影响。有许多被广泛使用的测评工具都以霍兰德的类型为依据，经过测评，通常会得到一个由三个字母组成的霍兰德代码，以及与这一代码相匹配的一些职业。这些测评工具都可以作为个人进行自我探索的有用工具。

（一）测评工具的选择

在选择测评工具时，要尽量去选择那些正规的、权威的测验，注意测验是否符合心理测量的基本标准，如是否具有良好的信度和效度，是否提供了参照常模，如果是自助式测评还需要有较为清晰的测评报告等。现在国内已有很多引进和自主研制的测验，而且在网上也有很多免费的测验，这就需要在测量前进行甄别、选择。

（二）施测及对结果的解释

在使用测评工具时，要看清指导语，根据施测要求进行施测。对于结果的解释，按照规范的做法，除了自助式的测评以外，通常要求由职业生涯辅导专业人员实施测评，并对测评结果进行专门的解释说明，帮助被测评的人正确理解测评的含义。要特别注意不要滥用、迷信测评工具，以免被误导。

（三）正确看待职业兴趣测验

严格地讲，职业兴趣测验的结果不能被解释为"哪种职业适合我"，只能说是根据测评的常模样本，拥有某类型兴趣特征的人通常会更多选择某些类型的职业，并且在这样的职业中感觉比较愉快、满足。由于同一种职业在不同的机构内其性质和工作内容也可能有很大不同，所以要具体情况具体分析，做兴趣测试的目的是增进对自我及工作世界的认识，拓宽其在职业前景上的思路，为未来发展提供方向性的指导，而不是限定自己。因此不要局限于测试结果所建议的职业，也不要盲目地给自己的职业类型贴标签，限制自己。

（四）职业兴趣测验的局限性

随着测量理论的发展，测量技术的不断进步，职业兴趣测验的质量得到很大提高。但被测者在做职业兴趣测验时毕竟是根据个人的认识而做出判断的，这就免不了会出现一些偏差。首先，有些人在做职业兴趣测验时会受到自己价值观、能力的影响而得到与自己实际职业兴趣相偏离的结果；有的人可能由于对自己的喜好并不清楚，或者测试时心理状态不稳定等，在做兴趣测评时很难做出准确的判断，从而导致几次测验结果不一致；还有的人受到环境和实践经历的局限而没有发挥或没有意识到自己的兴趣,这会使得测验结果出现几种职业兴趣类型的分值都相差无几的现象。基于上述局限,大学生要树立这样一种观念:做职业兴趣测验,重要的不是得出某个确定的职业结果,而是以兴趣类型作为自我探索和定位的参考依据。

六、当代大学生职业兴趣的特点

职业兴趣测验在实践中不断完善。运用职业测评,既可以了解个体职业兴趣的状况,又为个人择业提供参考,还可以通过对群体测评结果的分析而把握某个特定群体的职业兴趣特点。当代大学生职业兴趣的特点主要表现在以下几个方面:

(一)职业兴趣模糊

一些学生,特别是低年级的学生,由于陷于安逸的生活和纷繁的诱惑中,而对自己的职业生涯没有足够的认识,对职业兴趣关注较少,对自己在职业上的喜好和倾向知之甚少或模糊不清。

(二)职业兴趣范围较窄

很多学生认为自己职业兴趣点少、内容不丰富。根据个体内心体验和外在表现的明显程度,可以把职业兴趣分为显性职业兴趣和隐性职业兴趣。人的隐性兴趣的范围是很广泛的,上面所说的兴趣不广泛主要指的是显性职业兴趣。有关资料显示,很多在校学生除了自己的专业兴趣较明显外,其他的兴趣得分都很低。造成这种现象的原因主要是很多大学生思维不开阔,缺乏认识和实践,没能把自己的隐性职业兴趣上升为显性职业兴趣。

(三)职业兴趣的稳定性不够,结构不合理

人的兴趣是处在发展变化中的,但在一定时期内保持个体基本兴趣的稳定性则是个体良好的心理品质的体现,人具有较为稳定的职业兴趣才能把工作持续做下去,从而把工作做好,取得创造性成就。很多大学生职业兴趣的稳定性不够,持续时间不长,且有从众心理。在兴趣的结构上,许多大学生没有体现出层次感,有的学生各方面的兴趣程度都差不多,或重心易出现偏移,没有形成较为稳定的职业兴趣。这些对他们以后的发展都会有影响。

(四)职业兴趣效能低,职业倾向差

职业兴趣的效能是指个体兴趣推动工作或活动的力量。低效能职业兴趣很少甚至不能产生实际的效果,仅仅是一种向往,一种懒惰。大学生的很多兴趣对学习和工作没有多少益处,并且没有一定的职业倾向,无效的兴趣较多。如很多学生喜欢上网聊天、打游戏、玩扑克牌,这都是懒惰、消遣享受的心理表现。提高学生职业兴趣效能,引导其原有兴趣的职业倾向,是非常必要的。

(五)职业兴趣的发展水平较低,对兴趣对象的了解和付出较少

大学生对一种事物或职业产生兴趣多数是凭个体感觉,对兴趣对象没有足够的了解和认识,且不愿付出太多的行动,这也是造成大学生职业兴趣不稳定的原因之一。

(六)缺乏对感兴趣职业的信心

现代社会竞争激烈,高校毕业生逐渐增多,巨大的就业压力造成一些大学生择业的悲观情绪,渴求工作的心理很强,但对自己的职业兴趣顾及很少。另外,部分学校重视高就业率,忽视了学生的职业兴趣发展方向和对职业的后续发展支持,这也是影响学生对兴趣职业产生信心的方面。学生对自身能力、市场需求等的认识不足则是造成他们信心不足的主观原因。

七、培养与提升职业兴趣

(一)学习相关的知识和技能

学习相关的知识和技能是培养自己的职业兴趣的基础,可以帮助学生提高自己的职业素养和专业性,也可以帮助学生拓展自己的职业视野和思维,增加自己的职业创新性和价值。例如,学生可以通过阅读专业书籍和文章,参加专业课程和证书,学习专业软件和工具等,来学习和掌握自己所从事或想从事的职业或工作所需的知识和技能,提高自己的职业兴趣和水平。

(二)参与相关的实践和项目

参与相关的实践和项目是培养自己的职业兴趣的关键,可以帮助学生将自己的知识和技能运用到实际的职业或工作中,也可以帮助学生获得自己的职业或工作的反馈和成果,增加自己的职业效果和成就。例如,学生可以通过参加实习和兼职,加入社团和组织,参与比赛和活动,承接项目和任务等,来参与和体验自己所感兴趣和擅长的职业或工作,提高自己的职业兴趣和能力。

(三)与相关的人群和环境互动

与相关的人群和环境互动是培养自己的职业兴趣的途径,可以帮助学生接触和了解与自己感兴趣的职业或工作相关的人和事,也可以帮助学生建立和发展自己的职业或工作的关系和网络,增加自己的职业支持和资源。例如,我们可以通过加入相关的社交平台和群组,结识相关的同行和专家,参加相关的聚会和沙龙,寻求相关的老师和合作伙伴等,来与自己所感兴趣或从事的职业或工作的人群和环境互动,提高自己的职业兴趣和影响力。

兴趣岛

你获得了一次免费度假的机会,有下列6个岛屿可供你选择。认真阅读各个岛屿的介绍,按照后面的要求做出选择。不过,需要注意的是,一旦选择了一个岛屿,就要在上面生活至少半年的时间。

R岛:自然原始的岛屿。岛上保留有热带的原始植物,自然生态保持得很好,也有相当规模的动物园、植物园、水族馆。岛上居民以手工见长,自己种植花果蔬菜、修缮房屋、打造器物、制作工具。

I岛:深思冥想的岛屿。岛上人迹较少,建筑物多僻处一隅,平畴绿野,适合夜观星象。岛上有多处天文馆、科学博物馆及科学图书馆等。岛上居民喜好沉思、追求真知,喜欢和来自各地的哲学家、科学家、心理学家交流。

A岛:美丽浪漫的岛屿。岛上充满了美术馆、音乐厅,弥漫着浓厚的艺术文化气息。同时,当地的居民还保留了传统的舞蹈、音乐与绘画,许多文艺界的朋友都喜欢到这里找寻灵感。

S岛:温暖友善的岛屿。岛上居民个性温和、十分友善、乐于助人,社区自成一个密切互动的服务网络,人们互助合作、重视教育、弦歌不辍,充满人文气息。

E岛:显赫富庶的岛屿。岛上的居民热情豪爽,善于企业经营和贸易。岛上的经济高度发展,处处是高级饭店、俱乐部、高尔夫球场。来往者多是企业家、经理人、政治家、律师等。

C岛:现代、秩序井然的岛屿。岛上建筑十分现代化,是进步的都市形态,以完善的户政管理、地政管理、金融管理见长。岛民个性冷静保守,处事有条不紊,善于组织规划。

下面开始进行岛屿计划:
- 不要考虑其他因素,仅凭自己的兴趣按一、二、三的顺序挑出最想前往的3个岛屿。
- 将教室分为6个区域,分别代表上述6个岛屿。按自己第一选择的岛屿就座。

同一岛屿的人交流:自己为什么选择这个岛屿?看看大家有什么共同的兴趣爱好,归纳为关键词。

每个岛屿上的同学为一组,如果同一岛屿的人太多,可以分成两个小组。根据大家的交流给自己的小组命名并选取一个标志物(logo),在大白纸上制作一个本小组的宣传图。每个小组请一位代表用2分钟的时间展示自己小组的宣传图,并在全班分享自己小组成员共同的特点。

- 记录自己的选择和所在小组的讨论成果。

我最想前往的3个岛屿:_____
我们的岛屿名称:_____
岛屿标志物及其含义:_____
岛屿关键词:_____

这6个岛屿实际上代表着霍兰德提出的6种职业兴趣类型,通过这个活动,大家应该对这6种职业兴趣类型有所了解,并且会对兴趣类型有个初步判断。但一个人对自己职业兴趣的判断并不是件很容易的事,需要有积极认真的态度和行动及对相关理论知识的了解和认识。

第三节　发掘职业性格

一、认识性格

(一)性格的含义

性格是指表现在人对现实的态度和相应的行为方式中的比较稳定的、具有核心意义的个性心理特征,它是一种与社会关系较密切的人格特征,在性格中包含有许多社会道德含义。性格表现了人们对现实和周围世界的态度,并体现在个人的行为举止中,主要体现在对自己、对别人、对事物的态度和所采取的言行上。

(二)性格与职业生涯发展的关系

有人曾把性格比作脚,把职业比作鞋。合脚的鞋子能使你行走起来轻松自如,健步如飞;而不合脚的鞋子再漂亮也会夹脚。一生仕途坎坷的孔子,已经深刻认识到性格对事业发展有着重要的影响。性格,不仅使我们在某些情境中会出现相同的行为类型;也会使我们在某些情境中感到如鱼得水般的自在;甚至会引导我们寻求相类似的环境和工作。性格与职业类型之间的一致性影响着工作上的适应、满足与成就。性格和职业之间的相符性或适合性愈高,则事业的成功希望就愈大。不同的职业需要不同性格特点的人去做。如果能够正确认识并充分利用这种差别,根据性格选择职业,就能做到人尽其才,大大提高择业竞争力和职场成功的概率。如果能够在个人的职业生涯发展中扬长避短,就能更好地发挥自己的聪明才智和一技之长,从而将一个人的无限潜能源源不断地挖掘出来。因此,了解自己的性格特点是进行职业生涯规划的一个重要环节。

(三)关于 MBTI

MBTI 的理论源于心理学家荣格有关知觉、判断和人格态度的观点,荣格从心理结构的角度对个性进行研究,其理论又经美国的布里格斯和迈尔斯母女加工整理,加入了两个新的纬度,从而形成简明实用的"迈尔斯—布里格斯类型指标"(MBTI)。MBTI 帮助确定人的性格特征,作为有许多研究数据支持的心理测评工具,有较高的信度和效度。MBTI 被广泛运用在了解自我和发展、组织发展、团队建设、管理与领导培训、婚姻辅导、职业发展和指导、问题解决、人际关系咨询、教育与课程发展等方面。

1. MBTI 的维度解析

MBTI 的四个维度用于衡量个人类型偏好,或称作倾向。所谓偏好,是一种天生的倾向性,是一种特定的行为和思考方式。这些偏好没有好与坏的区别,却形成了人与人之间的不同。MBTI 用四个维度偏好二分法来评估一个人的类型偏好,每个维度偏好二分法均由两级组成。

下面就逐次介绍 MBTI 的四个维度:外倾(E)或内倾(I);感觉(S)或直觉(N);思考(T)或情感(F);判断(J)或知觉(P)。

(1)能量倾向。能量倾向维度详见表 6-3。

表 6-3 能量倾向维度表

能量倾向:你更喜欢将自己的注意力集中于何处?你从何处获得活力?E-I 维度	
外倾 Extroversion(E)	内倾 Introversion(I)
• 注意力和能量主要指向外部世界的人和事,从与人交往和行动中得到活力 • 关注外部环境 • 喜欢用谈话的方式进行沟通,通过谈话形成自己的意见 • 用实际操作或讨论的方式能学得最好 • 兴趣广泛 • 好与人交往,善于表达 • 先行动,后思考 • 在工作和人际关系中都很积极主动	• 注意力和能量集中于自己的内心世界,从对思想、回忆和情感的反思中得到活力 • 关注自己的内心世界 • 更愿意用书面的方式沟通,通过思考形成自己的意见 • 用思考、在头脑中"练习"的方式学最好 • 兴趣专注 • 安静而显得内向 • 先思考,后行动 • 当情境或事件对他们具有重要意义时采取主动

①外倾型。"我是一个性格开朗的人,喜欢很多人在一起聊天啊,逛街啊,所以朋友很多。我觉得这样很有意思。在自习室学习的时候,也不喜欢自己在一个空旷的大屋子里,愿意找个已经有人学习的教室。""上课的时候愿意参加讨论,遇到难题的时候,也喜欢大家在一起讨论问题,寻找解决的方法,如果大家都自己冥思苦想,我很快就会感到筋疲力尽了。""在家的时候,妈妈经常说我找东西是用嘴在找,而不是用眼睛。我常常会问:'我的眼镜哪里去了?刚才还在这里啊。怎么不见了?'哈哈,实际上,眼镜就在书桌上。"

②内倾型。"我喜欢独处给我带来的感觉:平和、安静。可以阅读,可以思考,那种感觉真的不错。当然我也有朋友在一起分享快乐的时光,感觉很不错。""上课的时候,我愿意倾听同学们在课堂上高谈阔论,但是不愿意站起来发表自己的意见,虽然有时候,觉得自己的想法比他们的新奇、有趣。当然,我发言的时候也不喜欢被别人打断。""我父母总是对我说:'你怎么不出去找朋友玩啊',他们可能担心我没有朋友,我虽然有点腼腆,但是有好几个可以交心的好朋友,可不是一般的泛泛之交哦。"

看看这两位同学的自述,会体会到他们获得能量的方式是如此的不同,同学们现在对外倾和内倾应该有了更详细的了解。

的确,外倾型的人有时候会责备自己说得太多,但是往往是在说的过程中整理自己的思维,当越来越多人参与自己的生活工作时就越有活力,做事情的时候也喜欢很多事情一起去处理,对自己往往会持怀疑态度,自己的很多方面需要别人的认可。内倾型的人说话之前会考虑再三,善于倾听别人的观点和看法,在和很多人交往以后,如参加完一个大型会议以后可能需要独处去恢复精力。那是不是在MBTI类型中显示为内倾型的人,就意味着在任何时候,任何地方都是内倾的人呢?其实不然。MBTI的每个维度只是偏好,只是程度的不同。可能某位同学是内倾型的人,但是在有些时候表现出的却是外倾型的特点,这也不难理解,就好像大部分人习惯用右手,但是左手也是很有用处的,很多时候,做事情的时候是左右手配合工作。这样的道理同样适用于我们对感觉和直觉、思考和情感、判断和知觉的理解。MBTI四个维度的两极基本上是程度上的差异,而不是有和无的关系。可能在有些维度上差异的程度较大,但是更多的时候,外倾型的特点和内倾型的特点同时存在,只是更倾向于某一种而已。

值得注意的是,MBTI所讲的"外倾和内倾"这两个维度和平时理解的"外向和内向"是有区别的。在习惯中,我们会觉得一个同学如果善于和别人打交道、能言善辩,就是外倾的人,其实不然。内倾和外倾这个维度说的是能量的朝向。内倾者并非不善于表达,只是谈话内容多是朝向内而已,内倾者不愿意与人过多地打交道,但不是说这样的人的人际交往能力就差。所以,不管是对内倾和外倾这个维度进行探索的时候,还是把对这个维度的理解运用到现实的学习和生活的时候,都要注意这个问题。

(2)接受信息。接受信息方式维度详见表6-4。

表6-4　　　　　　　　　　接受信息方式维度表

接受信息:你如何获取信息? S-N维度	
感觉 Sensing(S)	直觉 Intuition(N)
• 用自己的五官来获取信息	• 通过想象、无意识等超感觉的方式来获取信息
• 喜欢收集实实在在的、确实已出现的信息	• 喜欢看整个事件的全貌,关注事实之间的关联
• 对于周围发生的事件观察入微,特别关注现实	• 想要抓住事件的模式,特别善于看到新的可能性
• 着眼于当前的实际情况	• 富于想象力和创造力
• 具体关注真实的、实际存在的事物	• 关注数据所代表的模式和意义
• 观察敏锐,并能记住细节	• 当细节与某一模式相关时才能够记得
• 经过仔细周详的推理一步步得出结论	• 靠直觉很快得出结论
• 通过实际运用来理解抽象的思维和理论	• 希望在应用理论之前能对之进行澄清
• 相信自己的经验	• 相信自己的灵感

有一个笑话说的是感觉型的人和直觉型的人的冲突

阿大:什么时间了?

阿小:很晚了。

阿大(颇有些吃惊):我问的是"时间"!

阿小(坚持):快到该下班的时间了。

阿大(变得不耐烦了):喂!你看看我的嘴!请告诉我现在的"时间"!

阿小(同样不耐烦的):五点刚过!

阿大(气急败坏):我问的是具体时间,几分几秒?明确的答案!

阿小：你怎么这么挑剔啊！

阿大决定自己去办公室看时间……

显然，阿大是感觉型的人，而阿小是直觉型的人。大家看了这个笑话可能觉得有点夸张，但是这确实是感觉型的人和直觉型的人冲突的一个小缩影。感觉型的人忠于事实，他们需要具体、明确的信息，而不是模糊不定的答案，但是直觉型的人往往给出的是无数个花样百出的答案，而没有一个是"明确具体的"。所以如果问路的时候，恰巧遇到的是一个感觉型的人，他可能会告诉你在第三个路口往左拐，再往前走十步，你的右手侧就是你要找的文具店。但是如果遇到的是直觉型的人，他可能就会告诉你：往前，再往左。这就是两者的区别。

感觉型的人在观察世界、收集信息的时候，忠实原貌，更加重视信息的真实性和实用性，喜欢生活中可以触摸的、质感的一面，对环境中看得见、摸得着、此时此刻的部分更感兴趣，所以感觉型的人如果是处理应用性的工作，可能会得心应手；而直觉型的人富于想象力和创造力，可能会在研发工作中如鱼得水。

（3）处理问题。处理问题维度详见表6-5。

表6-5　　　　　　　　　　处理问题维度表

处理问题：你是如何做决定的？T-F 维度	
思考 Thinking(T)	情感 Feeling(F)
• 通过分析某一行动或选择的后果来做决定 • 会将自己从情境当中分离出来，对事件的正反两方面进行客观分析 • 从分析和确认实践中的错误和解决问题中获得活力 • 目标是要找到一个能应用于所有相似情境的标准或原则 • 好分析 • 运用因果推理 • 以逻辑的方式解决问题 • 寻求一个合乎真理的客观标准 • 爱讲理 • 可能显得不近人情	• 喜欢考虑对自己和他人来说什么是重要的 • 会在头脑中将自己放在情境所涉及的所有人的位置上，并试图理解别人的感受，然后在此基础上根据自己的价值判断做出决定 • 从对他人表示赞赏和支持中获得活力 • 目标是创造和谐氛围，把每一个人都当作独特的个体来对待 • 善于体贴他人、感同身受 • 受个人价值观的引导 • 衡量决定对他人产生的后果和影响 • 寻求和谐的气氛和积极的人际交往 • 富于同情心 • 可能显得心肠太软

某校放假时，辅导员一直强调开学要按时到学校报到，如果遇到什么特殊的情况，要跟辅导员打电话请假，否则会受处分。新学期注册的时候，小李还是迟到了，事先也没有跟辅导员说明情况。回来的时候，他解释说自己家有点事。看看思考型和情感型辅导员分别如何反应。

T型辅导员：小李，我注意到你迟到了一周，但是你没有按照规定请假。公正起见，给你一次口头警告处分。这种情况下不为例。对你有这样的处罚是为了保持我们学院工作的公正性。

F型辅导员：小李，我注意到你迟到了一周，但是没有和我请假。是不是我放假强调的时候你没有记清楚？虽然这次给你口头警告的处分可能会让你心里有一些不舒服，但是这也是为了让你记住这次教训。等到以后遇到类似的情况，千万不要再犯同样的错误。顺便问一下，你家里的事情解决了吗？

从这两类辅导员的反应中可以看到，虽然同样是给予小李警告处分，但是两个类型的辅导员思考的角度却有很大的区别。思考型的辅导员更强调制度，追求制度上的公平，而情感型的辅导员更多的是从对小李产生的影响出发来思考问题。虽然思考的结果是一样的，但是思考的过程还是让我们深刻地体会到思考型的人和情感型的人的区别。做决策的时候，思考型的人以事为主，情感型的人以人为主，思考型的人重在解决问题而情感型的人更关注感受,建立关系。

如果小李是思考型的人,对这样的处罚结果可能会感到有点不舒服,但是也会认同辅导员的做法,因为毕竟自己违反了学校的规定,对自己处罚也会让别的同学记住这个教训。

如果小李是情感型的人,他会知道辅导员做出这样的处罚也很不容易,自己没有按时到校,辅导员肯定会担心自己是不是出了什么事情,但是还是会觉得辅导员有点太公事公办了,毕竟自己安全返回学校,再说自己家是真的有事情。

在实际的工作环境下,情感型的人会很看重做事情的价值是不是符合自己的价值观,愿意追求心灵层面的东西,喜欢人际关系和谐的工作环境,也愿意服务于他人。而思考型的人讲求逻辑性,喜欢分析、解决问题,更愿意按照客观的标准和原则处理问题。

(4)行动方式。行动方式维度详见表6-6。

表6-6　　　　　　　　　　　行动方式维度表

行动方式:你如何与外部世界打交道? J-P 维度	
判断 Judging(J)	知觉 Perceiving(P)
• 喜欢将事情管理得井井有条,过一种有计划的、井然有序的生活 • 喜欢做出决定后继续下面的工作 • 生活通常会比较有规划、有秩序,喜欢把事情敲定下来 • 照计划和日程办事对他们来说很重要 • 从完成任务中获得能量 • 有计划的 • 喜欢组织管理自己的生活 • 有系统、有计划、按部就班 • 喜欢把事情落实、敲定 • 力图避免最后一分钟才做决定或完成任务的压力	• 喜欢以一种灵活、自发的方式生活,更愿意去体验和理解生活而不是去控制它 • 详细的计划或决定会使他们感到被束缚 • 愿意对新的信息和选择保持开放直到最后一分钟 • 足智多谋,善于调节自己,适应当前场合的需要,并从中获得能量 • 自发的 • 灵活、随意、开放 • 适应、改变方向 • 不喜欢把事情确定下来,以留有改变的可能 • 最后一分钟的压力会使他们感到活力充沛

小伟和小力,是同窗,又是老乡,所以大学一年级放寒假的时候,他们就自然而然地一起坐火车回家。回家前的头一天,小力就开始收拾行李,衣服、书籍都放到了该放到的地方,寒假准备看的书,也早从图书馆借回来放到自己的背包里。小伟则是出去打了一上午的球,下午洗完澡睡了半天的觉。第二天早上,当小力早早收拾好所有的东西站到小伟宿舍门口的时候,小伟刚刚把乱糟糟的包收拾得差不多,慌乱中还找不到自己的手机充电器。小力很是着急。等小伟收拾妥当,他们赶到火车站的时候,已经开始检票了。

小伟看看一头大汗的小力,心想:"这不是正好吗?干什么那么紧张?来那么早在火车站干什么啊?以后可不能和小力一起回家了,压力真大啊!"

小力看看满不在乎的小伟,心想:"要是路上堵车了,这不就晚了吗?为什么不能早来一点在火车站等等?那样多保险。以后可不能和小伟一起回家了,压力真大啊!"

很显然,小力是判断型的人,而小伟则是知觉型的人。看看他们的行动方式是如此的不同。

判断型的人乐于制订计划和执行计划,井井有条的生活会让他们有安全感,判断型的同学的宿舍大多收拾得整整齐齐,所有的东西都放到该放的地方,他们认为计划和秩序是重要的,如果自己的计划被打乱则会感到烦躁不安、无所适从。而知觉型的人是不喜欢计划的,他们喜欢要做的事情最好没有最后的期限,他们的注意力也容易从一件事情转移到另一件事情上,他们感兴趣的事情是创造新思路,喜欢在有挑战性的问题面前寻找灵感。他们灵活,善于抓住机会,但是在行动之前,可能会失去兴趣,缺少完成任务的动力。

上述对MBTI四个维度做了较详细的介绍,但不是说可以仅从这些单个的维度了解自己或者理解他人。人的性格是非常复杂的,各个维度之间会互相影响。所以,正确认识和理解一个人的方法是将四个维度结合起来。MBTI四个维度的两极组合形成16种人格类型。

2. 性格类型的确定

通过对内倾型(I)和外倾型(E)、感觉型(S)和直觉型(N)、思考型(T)和情感型(F)、判断型(J)和知觉型(P)性格的判定,每个人都会得到一个由四个字母组成的性格类型代码。通过性格类型代码,人们可以在MBTI性格类型表中找到对应的性格类型,详见表6-7。如ESFJ在表中对应的是主人型性格。

表6-7　　　　　　　　　MBTI性格类型表

	感觉S	感觉S	直觉N	直觉N	
外倾E	管家型	主人型	教导型	统帅型	判断J
外倾E	挑战者型	表演者型	公关型	智多星型	知觉P
内倾I	冒险家型	艺术家型	哲学家型	学者型	知觉P
内倾I	检查员型	照顾者型	博爱型	专家型	判断J
	思考T	情感F	情感F	思考T	

此外,在使用MBTI性格类型表的过程中需要注意以下几点:

①MBTI性格类型表中列出的性格类型具有一定的概括性、抽象性,不代表艺术家型的人将来一定要做艺术家,表演者型的人将来应该从事表演行业。这些词语只是对性格类型的一种描述。

②性格倾向不可能简单地通过一两个活动或游戏就可以判定,大家应重点学习性格探索的方法,大家可以通过生涯测试,对自己的性格类型进行全面、系统的评测。

③人们的性格类型很难改变,人们探索性格是要系统地把握自己的优势、劣势,扬长避短,选择最适合自己的职业发展路径。

二、性格误解与干预

在现实生活中,人们对性格有很多认识上的误区,通常认为性格外向的人可以从事销售类工作,而性格内向的人往往不应去应聘销售类岗位的工作,或者遇到相关的工作也会没有自信。也有人觉得女生比较感性,适合从事居委会、街道办事处中的社会类工作,而工程类、金融类则不适合感性的女生。事实上,没有任何一种性格是明确不能从事某一项工作的,也没有任何一个工作明确哪种性格类型的人不能胜任。改变性格很难,但是可以干预,可以规避性格的弊端。那么大学生应该如何对自己的性格进行干预?

(一)修正自我认知偏差

受外界环境的影响或受某一类极端性格的人的影响,有些人对性格可能产生错误的认知,有时会对他人缺乏信任、多疑;有时会心胸狭隘、嫉妒心强;有时会脾气古怪,待人冷漠,缺乏责任心。我们需要改变错误的认知,在大学里多参加集体活动,充分感受生活,多阅读名人传记,接触身边优秀的师长,向他们学习成功的处世之道,这都有利于我们塑造自己的性格。

(二)增强自我塑造意识

每个人在一定程度上都在以不同的形式和方式进行自我的塑造,其中就包括性格的塑造。随着我们能力的提升、思想的成熟、行为的独立,性格的发展也会逐渐从由外部控制转变为自我的调控。大学生需要及早意识到这一变化,并且促进这一变化的发展,有目标地进行自我塑造和锻炼。个人的自我塑造能够使现实态度、意志、情绪、理智等性格特征得到完善。

(三)主动关心帮助他人

以往的生活习惯或者教育环境,使得有些大学生习惯以自我为中心,不愿意主动与人交往,沉浸在自己的小世界里,喜欢独来独往。大学生要想改变这样的性格,需要尝试去主动关心并帮助他人,在帮助别人的过程中,既可以体现自身的价值,又可以得到他人的肯定,有利于大学生性格的改善。事无大小之分,从力所能及做起,尝试帮助别人,以此来改善自我的性格。

(四)保持积极心态与情绪

人们的心情会被内在的情感、思想、生理需求所影响,也会被外在的人物、事件所影响,影响心情的因素有很多,所以人们的心情会时好时坏。好心情会让人们有良好的精神状态,偶尔心情不好不至于对性格造成影响,但长时间心情不好,就会对性格有所影响。如果长期爱生气,总为一点小事而暴怒、沮丧、冲动、发火的话,就是异常情绪的性格。要保持积极乐观的生活态度,心胸开阔,遇事不怕事,用积极的心态去处理问题,否则容易导致性格的畸形发展。大学生可以通过与师长或同学聊天、听音乐、郊游、读书等方式来调节心情。

(五)提高个人知识水平

知识不仅可以创造生产力,还可以改变人的思想,更能陶冶人的情操,丰富人的阅历,让人变得更加理智,用正确的态度对待生活。大学生应加强知识的学习,养成自觉学习的习惯,培养主动学习的能力,遇到问题会通过学习来寻求答案,不断追求成熟,并将自身性格逐渐塑造得更加完善。

(六)广交友、与人和谐相处

在大学期间广交友有利于性格的形成与发展。正确鉴别并接触周围积极向上的人和事,能激发我们的正能量。培养人与人之间的互敬、互爱、互谅、互让,善意评价他人,热情帮助他人,克己奉公,助人为乐,让自己的性格得到完善。

(七)加强道德修养,树立正确的价值观

作为一个有梦想、有责任的大学生,应该在学习的基础上,修炼自己的心性,勇敢、坚忍、谦卑、坚强。践行社会主义核心价值观,以正确的态度面对现实生活,有助于人们形成良好的性格特征。

人的性格虽然有一定的稳定性,但它又是可以改变的。人们要对自己的性格有一个清晰的认识,同时要有信心和决心,相信通过干预是可以塑造良好的性格的。

很多时候,自己对自己的了解不是最全面的,"不识庐山真面目,自缘身在此山中",说的也是这个道理。自己对于自己的认识往往是有局限的,所以可以充分利用身边的资源更好地了解自己的职业性格。就如德国一句谚语所说,只有在人群之中,才能认识自己。

MBTI 性格探索

1. 同学们通过网络自行完成 MBTI 性格测评,并按照测出的 MBTI 类型分组,相同类型的同学分在一组,完成下面的训练。

(1)针对本组成员所属的 MBTI 类型,阅读 MBTI 各种性格类型的主要特征及适合职业举例表,详见表 6-8。同组同学探讨小组所属的 MBTI 类型的特点及适合的职业举例,看看哪些是与自己原来的感觉相符的,哪些是有出入的。

表 6-8　　　　　　　　MBTI 各种性格类型的主要特征及适合职业举例表

性格类型		主要特征	职业举例
内倾型(I)	ISTJ 内倾感觉思考判断	安静、严肃,通过全面性和可靠性获得成功;实际,有责任感;有逻辑性,并一步步地朝着目标前进,不易分心;喜将工作、家庭和生活都安排得井井有条,重视传统和忠诚	管理者、会计,或者其他能够利用自己的经验和对细节的关注完成任务的职业
	ISFJ 内倾感觉情感判断	安静、友好、有责任感和良知;坚定地致力于完成自己的义务,全面、勤勉、忠诚、体贴、留心和记得自己重视的人的细节;关心他人的感受,努力把工作和家庭环境营造得有序而温馨	教育者、健康护理人员,或者其他能够亲力亲为地帮助(这种帮助是协助或辅助性的)他人的职业
	INFJ 内倾直觉情感判断	寻求思想、关系、物质等之间的意义和联系,希望了解什么能够激励人,对人有很强的洞察力;有责任心,坚持自己的价值观,对于怎样更好地服务大众有清晰的远景;在实现目标的过程中有计划且果断坚定	咨询服务人员、教育者等,或者其他能够帮助他人在情感、智力或精神上发展的职业
	INTJ 内倾直觉思考判断	在实现自己的想法和达成自己的目标时有创新的想法和非凡的动力;能很快洞察到外界事物客观规律并形成长期的远景计划;一旦决定做一件事就会开始规划直到完成;多疑、独立,对于自己和他人的能力和表现要求非常高	从事科学或技术领域职业,如计算机程序员、律师,或者其他能够运用智力和技术构思、分析和完成任务的职业
	ISTP 内倾感觉思考知觉	灵活、忍耐力强,是个安静的观察者;有问题发生就会马上行动,找到实用的解决方法;分析事物运作的原理,能从大量的信息中很快地找到关键症结所在;对于原因和结果感兴趣,用逻辑的方式处理问题,重视效率	技术人员、农民、军人,或者其他能够动手操作、分析数据的职业
	ISFP 内倾感觉情感知觉	安静、友好、敏感、和善,享受当前;喜欢有自己的空间,喜欢能按照自己的时间表工作;对自己的价值观和自己觉得重要的人非常忠诚,有责任心;不喜欢争论和冲突,不会将自己的观念和价值观强加到别人身上	健康护理人员,或者其他注重友善、专注于细节的相关职业
	INFP 内倾直觉情感知觉	理想主义,对自己的价值观和自己觉得重要的人非常忠诚;希望外部的生活和自己内心的价值观是统一的;好奇心重,能很快看到事情的各种可能性,并使之成为实现想法的催化剂;乐于理解别人和帮助他们发挥潜能;适应力强,灵活,善于接受,除非有悖于自己的价值观的	作家、艺术从业者等,或者其他能够运用创造力或与价值观有关的职业
	INTP 内倾直觉思考知觉	对于自己感兴趣的任何事物都寻求合理的解释;喜欢理论性和抽象的事物,热衷于思考而非社交活动;安静、内敛、灵活、适应力强;对于自己感兴趣的领域有超凡的精力和深度解决问题的能力;多疑,有时会有点挑剔,喜欢分析	从事科学技术领域职业,或者其他能够基于专业技术、知识独立、客观分析问题的职业

(续表)

性格类型		主要特征	职业举例
外倾型（E）	ESTP 外倾感觉思考知觉	灵活,忍耐力强,实际,注重结果;觉得理论和抽象的解释非常无趣;喜欢积极地采取行动解决问题;注重当前,自然、不做作,享受和他人在一起的时刻;喜欢物质享受和时尚;学习新事物有效的方式是亲身感受和练习	市场营销人员、商人、应用技术员,或者其他能够利用行动来关注必要细节的职业
	ESFP 外倾感觉情感知觉	外向,友好,接受力强;热爱生活,喜欢和别人一起将事情做成功;在工作中讲究常识和实用性,并使工作显得有趣;灵活、自然、不做作,对于任何新的事物都能很快地适应;学习新事物有效的方式是和他人一起尝试	教育者、健康护理人员、教练、儿童保育人员,或者其他能够利用外向的天性和热情去帮助有实际需要的人的职业
	ENFP 外倾直觉情感知觉	热情洋溢,富有想象力;认为人生有很多的可能性;能很快地将事情和信息联系起来,然后很自信地根据自己的判断解决问题;总是需要得到别人的认可,也总是准备着给予他人赏识和帮助;灵活、自然、不做作,有很强的即兴发挥的能力,言语流畅	咨询服务人员、教育者、艺术从业者等,或者其他能够利用创造和交流去帮助他人成长的职业
	ENTP 外倾直觉思考知觉	反应快,睿智,有激励别人的能力,警觉性强,直言不讳;在解决新的、具有挑战性的问题时机智而有策略;善于找出理论上的可能性,然后再用战略的眼光分析;善于理解别人;不喜欢例行公事,很少会用相同的方法做相同的事情,倾向于一个接一个地发展新的爱好	从事科学、技术、管理、艺术等领域职业,或者其他能够有机会不断直面新挑战的职业
	ESTJ 外倾感觉思考判断	客观,现实,果断,一旦下决心就会马上行动;善于将项目和人组织起来把事情完成,并尽可能用最有效率的方法得到结果,注重日常的细节,有一套非常清晰的逻辑标准,有系统地遵循,并希望他人也同样遵循;在实施计划时强而有力	管理者或者其他能够运用对事实的逻辑和组织完成任务的职业
	ENFJ 外倾直觉情感判断	热心,有责任心,乐于合作;希望周边的环境温馨而和谐,并为此果断地行动;喜欢和他人一起精确并及时地完成任务;事无巨细,忠诚,能体察到他人在日常生活中的所需并尽全力给予帮助,希望自己和自己的所为能得到他人的认可和赏识	教育者、健康护理人员,或者其他能够运用个人关怀为他人提供服务的职业
	ESFJ 外倾感觉情感判断	热情,为他人着想,有责任心;非常关注他人的情感、需求和动机;善于发现他人的潜能,并希望能帮助他人,能成为个人或群体成长和进步的催化剂;忠诚,对于赞扬和批评都会积极地回应;友善,好社交,在团体中能很好地帮助他人,并有鼓舞他人的领导能力	教育者、艺术从业者,或者其他能够帮助别人在情感、智力和精神上成长的职业
	ENTJ 外倾直觉思考判断	坦诚,果断,有天生的领导力;能很快看到公司或组织程序和政策中的不合理性和低效能性,并实施有效和全面的方案来解决问题;善于做长期的计划和目标的设定,见多识广,博览群书,喜欢拓宽自己的知识面并将此分享给他人;可以强而有力地陈述自己的想法	管理者或者其他能够运用实际分析、战略计划和组织完成任务的职业

(2)填写性格优劣势分析表,详见表6-9。

表6-9　　　　　　　　　　　性格优劣势分析表

我的性格优势:

可能存在的劣势:

如下工作类型与我的性格优势更为匹配:

2.假设本班要在学校开一家校园超市,每组轮流经营一个月,请组长组织组员讨论各组员适合的岗位,并陈述应聘条件及做好分工,为超市各项工作岗位安排适合的人选。

(1)进行竞聘演讲:小组发言人公布本组组员竞聘的职务,并说明他们竞聘的理由及工作设想,并填写表6-10。

(2)各组总结不同性格与超市各岗位匹配的规律。

表6-10　　　　　　　　　学校超市运营工作岗位安排

岗位	工作职责	竞聘理由 (组员讨论撰写)	工作设想
财务	做好每月预算,合理使用经费,做好账目分析,按规定做好经费的记录	例:细心、谨慎、守规矩、讲原则等	
服务员	热情周到地为顾客提供满意的帮助,改进服务方式,提升服务质量		
活动策划	负责策划与开展各种创意宣传和促销活动,扩大超市影响,提高超市销量		
经理	制订当月工作计划,对员工进行安排与管理,对经营中出现的各种问题进行判断与处理		

第四节　提升能力

除了自己的人格特质和兴趣之外,对人生选择也同样具有影响力的就是"能力"了。一般来说,人要顺利完成一件事,应具备某种本领,而这种本领就是通常所说的能力。在职业选择当中,职业能力既能说明一个人在既定的职业方面是否能够胜任,也能说明一个人在该职业中取得成功的可能性。职业成功不仅与人的个性特点、知识技能、工作态度、人际关系等因素有关,而且与一个人的职业能力密切相关。一般来说,职业能力强的人更容易获得成功。人类历史上许多卓越的科学家如牛顿、达尔文、爱因斯坦等,都有不同于一般人的想象力与观察力,否则,人们可能难以理解,在相同的时期和类似的条件下,为什么是这些人而不是其他人取得了巨大的成果。能力水平影响一个人进行某种职业活动的速度与难易程度,并直接影响工作的成效。

一、认识能力

能力是一种心理特征,是顺利实现某种活动的条件。例如,画家所具有的色彩鉴别能力、形象记忆力等,都叫能力。这些能力是保证一位画家顺利完成绘画活动的条件。能力表现在一个人所从事的各种活动中,并在活动中得到发展。当一个人能顺利完成某种活动时,也就多少表现了他的能力。一个人能力的高低不仅会影响他在不同活动中的成绩,还会影响一个人的活动效果。人们在事件处理和任务执行中表现出来的能力不同。能力是顺利开展活动所必需的主观条件,直接影响活动效率。能力总是和人完成一定的事件联系在一起。离开了具体事件既不能表现人的能力,也不能发现人的能力。能力包括知识、技能、才干,这三者可以通过学习、练习、实践不断提升。三者之间的关系可以用"能力三核"的模型表示,如图6-3所示。

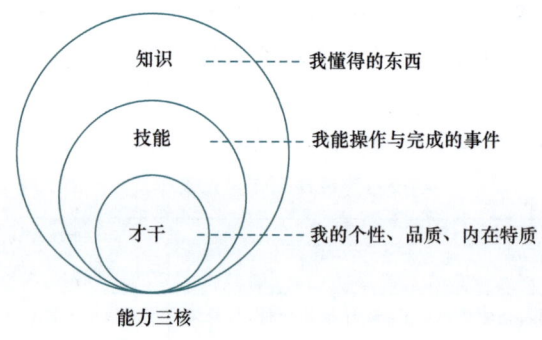

图6-3 "能力三核"模型图

(一)知识

知识是我们知道的东西、懂得的知识与了解的信息,可以通过学习、培训或搜索获得,一般用名词来表示,如计算机、土力学、结构力学。学习知识从"无知无能"到"有知无能",是通过学习某一专业知识的内容,进而获取该专业知识。一般以"广度"和"深度"作为知识的评价标准。专业知识技能需要经过有意识的、专门的培训才能掌握,但它并非只能通过正式的专业教育、学校教育才能获得,还可以通过课外培训、专业会议、讲座、研讨会、自学、在职培训等方式获得。因此,如果人们想从事本专业之外的工作而又不能够重新读一个专业的话,仍然有许多途径可以获得相关的专业知识技能。

(二)技能

技能是能独立操作和完成的事情,包括通用技能(如阅读)、专业技能(如仪器使用)、社交技能(如演讲)等。技能可迁移,也可通过刻意练习来持续提升,它与知识组合可变为职业能力。它是用人单位看重的部分,一般用动词来表示,如写作、表达、讲授、组织。固化技能,从"有知无能"到"有知有能",学习某一项技能后,可以通过转化将其应用在相关领域。人们能操作和完成的技术可以通过练习来提升,熟练程度是其评价标准。在职业规划中当需要勾画出个人的核心技能时,可迁移技能是需要被最先和最详细叙述的,因为它是你最能持续运用和依靠的技能。事实上,专业知识技能的运用都是建立在可迁移技能基础之上的。

（三）才干

才干是指个性、品质、内在的特质，有的与生俱来，有的后天习得。比如，我们说某某人做事严谨细致、某某人讲话幽默风趣等，这些都属于才干。才干有强烈的个人特色，没有评价标准，可用来帮助一个人更好地适应环境，是个人有价值的"资产"，是影响职业生涯成功与否的关键，一般用形容词或副词来表示，如耐心的、清楚的、负责的。内化才干，从"有知有能"到"无知有能"，掌握此项技能后，通过反复练习将技能内化为才干。通过实践，人们无意识使用的技能、品质和特质即为才干。自我管理技能可以从非工作生活领域迁移到工作领域，它有助于人们推销自己和自己的才能，是成功所需要的品质。很多时候人们被解雇或离职，往往是因为缺乏自我管理技能而不是因为缺乏专业知识技能。

二、了解加德纳的多元智能理论

随着社会的发展，对人才的要求越来越多元化，对智力的看法也发生了根本性改变，其中较著名的就是美国心理学家加德纳提出的多元智能理论。

加德纳认为，人类的神经系统经过 100 多万年的演变，已经形成了互不相干的多种智能。智力的内涵是多元的，它由相对独立的智能成分构成，每种智能都是一个单独的功能系统，这些系统可以相互作用，产生外显的智能行为。多元智能理论图如图 6-4 所示。

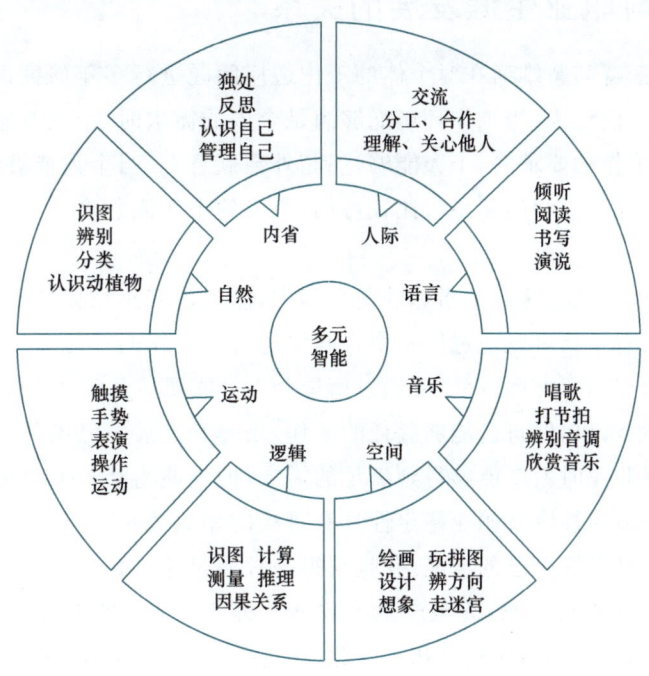

图 6-4 多元智能理论图

加德纳认为，每个人至少都有八种相对独立的智能，包括语言智能、音乐智能、空间智能、逻辑智能、运动智能、自然智能、内省智能和人际智能，这八种智能之间，不存在哪一种智能更重要、哪一种智能更优越的问题，在个体的智力结构中它们占有同等重要的地位，只是在每个人身上以不同方式、不同程度组合在一起，使得每个人具有不同的优势能力。多元智能的不同表现详见表 6-11。

表 6-11　　　　　　　　　　　多元智能的不同表现

概念	表现
人对语言的掌握和灵活运用的能力	用词语思考,用语言和词语的多种不同方式来表达复杂意义
人的感受、辨别、记忆和表达音乐的能力	对环境中的非言语声音,包括韵律和曲调、节奏、音调、音质敏感
人对色彩、形状、空间位置的正确感受和表达能力	对视觉世界有准确的感知,产生思维图像,有三维空间的思维能力,能辨别和感知空间物体之间的关系
人对逻辑关系的理解、推理、思维表达能力	用逻辑方法解决问题,有对数字和抽象模式的理解力,认识解决问题的应用推理
人的身体协调、平衡能力、灵活性和运动的力量、速度等	利用身体交流和解决问题,熟练地进行物体操作以及需要良好动作技能的活动
观察物体的各种形态,对物体进行辨认和分类,能够洞察自然和人造系统的能力	理解自然界的各种模式,如辨识植物、地貌,了解动物习性,理解气象等
个体认识、洞察和反省自身的能力	对自己的感觉和情绪敏感,了解自己的优缺点,用自己的知识来引导决策,设定目标
对他人的表情、说话、手势动作的敏感程度以及对此做出有效反应的能力	个人能觉察、体验他人的情绪情感并做出适当的反应

三、能力与职业生涯发展的关系

心理学家罗圭斯特与戴维斯在对个体的工作适应问题进行多年研究以后,提出了明尼苏达工作适应论。他们认为,当工作环境能够满足个人的需求时,个人会感到"内在满意";而当个人能够满足工作的要求时,个人能够达到"外在满意"。当个人能够同时达到内在和外在满意时,个人与环境之间的关系就比较协调,个人的工作满意度就会比较高,在该工作领域也能持久发展。

对外在满意和内在满意这两个指标的衡量当中,能力占有很重要的地位。罗圭斯特与戴维斯认为,外在满意主要可以通过衡量个人职业能力与工作的技能要求之间的配合程度来进行评估;而在内在满意方面,则主要通过衡量个人价值观与企业文化及奖惩制度之间的适配性来评估。不难看出,做自己能够胜任的工作,培养和发展自己的能力,发挥个人的潜能,常常是个人选择职业时希望能够得到满足的需求,即与能力相关的价值观,能力与个人的职业满意度、工作适应性以及职业稳定性具有直接的相关关系。当一个人的能力和工作的要求相匹配时,容易发挥自己的潜能,并且获得一种满足感。相反,当一个人去做自己力所不及的工作时,就会感到焦虑,甚至产生挫败感。而当一个人的能力超出工作要求太多时,又容易感到工作缺乏挑战,比较乏味。因此,在选择职业时,我们同样要求寻求个人能力与职业技能要求的匹配,即择世所需、择己所爱、择己所长。

在现实中,只有很少一部分工作者认为自己是"人尽其才,才尽其用"。鉴于此,大学生在选择职业时应遵循三个原则。一是能力类型与职业的吻合:不同的人有不同的能力,职业也因工作性质、内容与环境的不同而不同,对人的能力提出不同的要求。二是能力水平与职业层次的吻合:对一种职业或职业类型来说,由于所承担的责任不同,又可分为不同层次,职业的不同层次对人的能力有不同的要求,因此根据自己的能力确定了职业类型后,还要根据自己所能达到的能力水平确定相吻合的职业层次。三是发挥优势能力:每个人的各种能力的发展是不平衡的,常常是在某些方面比较突出,因此,在选择职业时,应主要考虑自己的优势能力,选择最有利于发挥自己优势能力的职业。

四、鉴别能力的平台

"能力"这个词常常会被大家误解,根源在于大家将其理解得过于复杂与深奥。对于任何人来讲,都不存在"无能"的说法。从出生开始,人们就具备基本的生存能力,在学习成长中,人们开始逐渐掌握知识并培养学习的能力以及优良的品质。可是,很多时候人们都会有一些未被发现的能力。例如,一位同学在学习、文体等方面都表现一般,但是喜欢与人沟通,组织协调能力强,特别是在班级的各项集体活动中,无论是前期的筹备、协调,还是活动中的气氛活跃方面,只要有他参与,同学们都会很积极地配合。然而面对大家这样的肯定,他自己并不觉得这是一项能力。其实人们或多或少有一些这样的未被发觉的能力。

所以,需要通过一些方法来鉴别、探索自身的能力,这样可以更加清晰地了解自我,更好地确定未来的发展方向。通常人们可以通过以下方法来鉴别自己的能力。

(一)自我的肯定

自我肯定的方式最直接、最简便。比如,我参加过羽毛球比赛,并且获得了冠军;我的英语成绩很高,我的英语水平很高;我假期在某公司做过销售员,销售额达到了万元。这都是自己实际取得的成绩和在工作中实际可以衡量的业绩,通过这些数据我们能看到自己在某一方面的技能。

大家在大学学习的是什么专业?专业课有哪些?除了专业课,还选修了哪些课程?参加过哪些培训?最近在看什么书?这些都是人们能够肯定自身所具备哪些知识的依据。我自己都会做什么?我参加过哪些社会实践?我突出的工作能力有哪些?哪些能力使我能够胜任这项工作?这些都是人们能够肯定自身所具备哪些技能的依据。

(二)别人的赞许

你可能会常听到来自他人的赞许,"你唱歌唱得真好""你创新意识特别强,每次的活动都能想出好多好点子",这些称赞直接表明了他人对你的能力与成绩的认可与赞扬。在老师眼里,你是一个什么样的学生?你的同学平常都怎样评价你?通常你给别人留下最深刻的印象会是什么?人们可以通过与他人的相处来发现自己未能意识到的自我技能。比如,你从未上台进行过演讲,你认为自己没有很强的语言表达能力或者舞台经验可以参加学院组织的演讲比赛。但是,在宿舍讨论中,同学们却一致觉得你可以参赛且对你有信心。同时,同宿舍的同学还用几个案例来告诉你,你具备很好的表达能力、展示能力。而这个过程就是你通过他人来探索自我能力的过程。

(三)通过"STAR"法来发现自己的能力

在技能探索的时候,可以回忆一下自己曾经遇到过什么样的难题,自己是怎样解决的,成功了还是失败了?通过对这些问题的回忆与总结,就能够清晰地发现自己到底拥有什么样的技能,这就是"STAR"法,主要从以下四个方面思考:

(1)你曾经面临什么问题?(Situation)

(2)你承担了什么任务、责任?(Task)

(3)你采取了什么行动来解决问题?(Action)

(4)你的行动取得了什么样的有益结果?(Result)

比如,一个同学认为自己最值得自豪的事情就是在大学临近毕业时成功举办了毕业晚会。用"STAR"法来分析可得出以下结论:

(1)S:筹备晚会前期,大家想法很多,想在晚会上表达的也很多,但是晚会时长有限,节目内容需要精心筛选。

(2)T:组织一场令大家都难忘的毕业晚会。

(3)A:先收集毕业生对于毕业晚会的想法,根据收集到的内容以及节目的类型划分出几个主题,对相似的节目进行整合,安排演员阵容。动员节目中参与度较低、表演效果欠佳的同学创编新节目或者转到后勤组。逐一审核节目,与节目负责人商量人员安排及节目内容改进的细节等工作。

(4)R:几乎所有毕业生都发挥了自己的特长,每位同学都在前期用心准备,找到晚会对应的工作岗位,明确个人工作内容,相互配合。经过前期的筛选,节目内容精致,时间把控严格。这是一场令人难忘的毕业晚会。

从"STAR"的表述中可以发现该同学成功举办晚会的很大原因是及时沟通、分工明确、整合资源等,这些就是这位同学的能力了。

(四)书写成就故事

这是非常有效的一种能力探索的方法。书写自己取得的成就,就是将自己做过的、自认为比较成功或者感觉不错的事情写下来。事情不一定是有关学习或者工作的,也可以是娱乐活动或家庭生活中所发生的事情。成就故事不一定是惊天动地的大事,或许只是一次很小的成就,如组织了一次班级的集体出游、完成了一幅十字绣、在他人需要的时候给予了帮助、跟心仪的女生表白成功等,只要故事符合以下两条标准,就可以被视为"成就故事":一是你享受做这件事时体验到的感受;二是你为完成它所带来的结果感到自豪。如果同时你还获得了他人的认可,那就更好了。

写下生活中令你有成就感的具体事件后,对其进行分析,看看你在其中使用了哪些能力(尤其是技能)。多撰写自己的成就故事,并对成就故事进行分析讨论,看一看在这些故事中是否有重复出现的技能,这就是你喜爱施展也擅长的能力。

五、获取能力的方式

能力获取的方式有很多种,尤其在当今社会,我们不再拘泥于纸质读物的学习方式,电子读物、网络学习资源等如雨后春笋般冒出,提供了高效便捷的学习途径。人们根据在大学中获取技能的平台不同,将获取能力的方式分为三类,即知识课堂、技能课堂、才干课堂。

(一)知识课堂

知识课堂即人们通常所说的课堂学习,是目前接触最多、接受知识较为广泛的一种途径,包括学校教育、业余辅导、自学相关课程、报告、讲座、研讨会、资格认证考试培训等。过去的知识学习停留在纸质、课堂教学的形式,随着互联网技术的发展,电子阅读、线上教学越来越受到大学生的喜爱,这也可能成为未来知识学习的主要途径。但是互联网知识学习需要学生具备筛选能力,能够甄别知识的可参考价值,以提高自己的学习效率。

(二)技能课堂

高校为丰富大学生的课余生活,提升学生综合素质,组织了形式多样的科技、文艺、素质拓展、志愿类活动,这些均为技能课堂。

(三)才干课堂

生活就是大讲堂。日常与舍友、同学、导师、学长的沟通交流都能提升自我的能力。在生活大讲堂中,挖掘榜样的力量、认同并辅助行动、提高自我认知、培养意志力、丰富精神生活、使观念多元化等都有助于才干和能力的提升。

绘制自己的多元智能图

八项多元智能在每个人身上显现的方式与程度各不相同。想一想,假如你要绘制属于自己的多元智能图(图6-5),这八项智能的比例有何不同?请用彩笔将它们在图中绘制出来。色块所占面积越大说明你在这项智能上越具有优势。

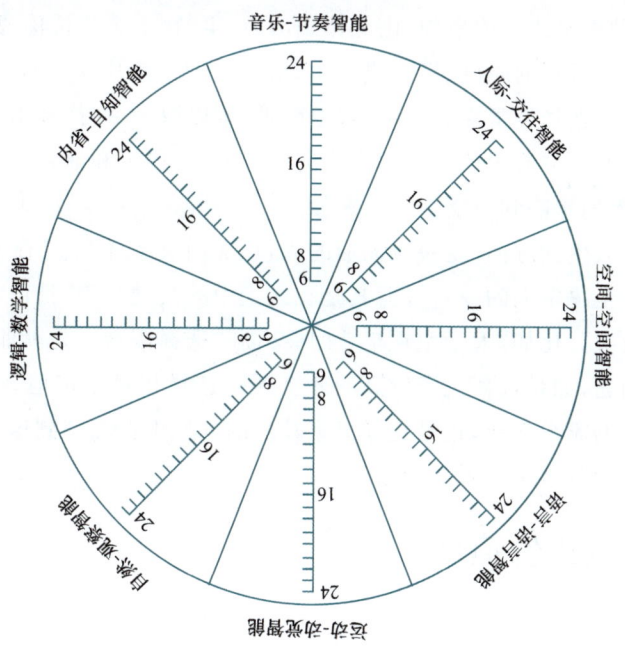

图6-5 自己的多元智能图

发现我的优势能力

1.我最擅长做的是什么?

2.我经常取得成功的领域是什么？

3.我经常获得大家认可的方面是什么？

4.我在做哪类事情的时候感觉很快乐？

能力的修炼

1.你目前具备的能力：

2.你觉得你最突出的优势能力：

3.你的优势能力给你带来的益处：

4.你比较不擅长的学科：

5.你计划如何发展与这些学科相关的能力：

你是否在这个过程中已经发现了自己的优势能力？我们要把优势能力不断地进行完善，把它发挥到极致，发展成我们的"特殊能力"。不具备的能力我们也不要默默地去放弃它，而是要去慢慢地修炼它，争取早日变成我们的能力！

第五节　探索价值观

一、认识价值观

价值观是基于人的一定的思维感官而做出的认知、理解、判断或抉择，也就是人认定事物、辨别是非的一种思维或价值取向，由此体现出人、事、物一定的价值或作用。价值观是人们在生活和工作中所看重的原则、标准或品质，指向人们一生中最重要的东西，是一套自我激励机制。人们面临选择经常左右纠结、进退两难、难以取舍，往往是由于价值观不清晰，或还没有意识到可以通过澄清价值观来解决当前的困境，有稳定和清晰价值观的人，目标会更加明确，不太受外界的影响和控制。

价值观牵引着人生的方向，是一股无形的力量，无时无刻不决定着人们前进的方向，所以价值观会影响甚至决定人的一生。尤其是在人生中的关键时刻，价值观指引人们的选择，影响人们的人生轨迹。比如，大学生在毕业时，会面临选择深造还是就业？即便是选择了就业依然会有很多问题，如是选择工资较高的外企还是选择相对稳定但薪资较少的单位？是回到离父母近一点的家乡就业，还是选择离家较远的大城市？在遇到这些选择困境时，引导我们做出最后决定的常常是个人的价值观。

二、认识职业价值观

（一）职业价值观的含义

职业价值观是指超越具体情境而在一系列与职业相关的行为和事件中进行判断和选择的标准。通俗地讲，在一系列与职业相关的行为和事件中，你的职业价值观会告诉你，你想从你的职业中获得什么，从而帮助你迅速做出选择。职业价值观会影响职业者的决策和对工作的满意度。职业价值观体现在人的理想、信念、世界观上。它是具有明确目的性、自觉性和坚定性的职业选择的态度和行为,对一个人的职业目标和择业动机起着决定性的作用。

每种职业都有其特性,不同的人对职业意义的认识有不同的评价和取向。每个人因其年龄、成长环境、教育状况、兴趣爱好的不同,对职业有着千差万别的主观评价。从社会角度来看,社会分工的发展使得不同职业在劳动的内容、难度、强度、环境和待遇上存在着差别,不同职业在人们心目中的声望、地位有着好坏高低之分。对于职业的评价形成了人们的职业价值观,并影响着人们的就业选择。职业价值观决定了人们的职业期望,影响着人们对职业方向和职业目标的选择,决定着人们就业后的工作态度和劳动绩效水平,从而决定了人们的职业发展情况。哪个职业好?哪个岗位适合自己?工作的目的是什么?这些问题都是职业价值观的具体表现。

(二)职业价值观的类型

1. 外在型职业价值观

外在型职业价值观强调在职业中获得外在奖赏(如晋升机会、金钱、尊重、地位、声望等)的重要性。一个外在型职业价值观较高的人会把在工作中获取金钱、地位等作为追求的目标。

2. 成长型职业价值观

成长型职业价值观强调在职业中获得个人能力和素养的发展。当一个人最想从工作中获取的是乐趣、内心满足、能力提升等,那这个人的成长型职业价值观往往较高。

3. 利他型职业价值观

利他型职业价值观强调在工作中可以服务他人、贡献社会。利他型职业价值观较高的人把帮助他人、为他人谋福利作为其职业目标。这是一种高层次的职业价值观。

4. 社交型职业价值观

社交型职业价值观强调在工作中可以交朋友、与别人交流,当一个人把能够在工作中交朋友等作为重要的目标时,其社交型职业价值观也往往较高。

职业价值观的类型如图 6-6 所示。

图 6-6　职业价值观类型图

（三）职业价值观的特点

1. 多种职业价值观并存

职业价值观不是单一存在的，而是多种并存的。也就是说，一个人不是只有一种职业价值观，而是同时拥有多种。一个追求能力提升的人也可能是一个追求服务他人、贡献社会的人。

2. 相对重要

职业价值观具有相对重要的特点。具体来讲，一个人虽然可能在追求能力提升的同时也追求贡献社会，但是这些追求的重要性是不同的。我们只能说，相比于追求外在奖赏等，追求能力提升对于个人来说更重要。

三、大学生的职业价值观

对于大学生而言，正确的职业价值观会直接影响其就业目标、就业行动、就业手段和就业观念。正确的职业价值观能够引导大学生不断完善自己的个人能力并不断培养自己的个人才干，适应时代的发展和职场的需求。

（一）职业理想

帮助大学生建立良好的职业价值观，可以促进大学生拥有正确的职业理想和合理的职业期望。大学生根据自己的实际情况，如个人追求、个人能力素质、岗位需求、未来发展等设定职业理想，明确职业目标，并制定科学的、具体的可实施方案。

（二）职业价值取向

正确的职业价值取向可以提高大学生自我认知和职业认知的能力，确立正确的职业价值观，职业价值取向涉及职业的社会地位、地域倾向、行业的选择、价值目标、工作条件选择等方面。正确的职业价值取向应强调自我价值和社会价值的协调与统一。

（三）职业方向

大学生正确的职业价值观可以增强其自主择业和竞争择业的意识，提升大学生的求职能力与社会适应能力。大学生的职业目标源于岗位需求，同时结合自身的兴趣、专业能力素质等选择职业方向。及早确定自己的职业方向是大学生高效提升个人能力的导航仪。

（四）职业评价

正确的职业价值观有助于大学生建立对自己和职业的正确认识和客观评价，把自己的兴趣、能力同企业的需求结合起来，形成稳定的职业态度和良好的择业动机，推动职业生涯的发展。

只有引导大学生形成适应社会发展的职业价值观，才能使他们沿着正确的发展方向实现其个人的职业理想，达到自我发展和职业发展的相互促进的目的。

四、小我与大我

青年的人生目标会有不同，职业选择也有差异，但只有把自己的小我融入祖国的大我、人民的大我之中，与时代同步伐、与人民共命运，才能更好实现人生价值、升华人生境界。离开了祖国需要、人民利益,任何孤芳自赏都会陷入越走越窄的狭小天地。新时代,加强正确的价值引领,引导人们正确认识和处理"小我"与"大我"的价值关系问题,克服"小我"与"大我"关系上的错误价值取向,自觉将个体的"小我"融入国家、人民的"大我"中,对于培育有理想、有本领、有担当的时代新人,全面建成社会主义现代化强国,实现中华民族的伟大复兴,具有重要意义。

(一)小我与大我的互利关系

从进化早期阶段开始,小我和大我就是互利的。在群居动物中,自私自利无异于自杀,比如,一只猴子,只有在乎猴群的集体目标,才能受到猴群的保护,获得最大的生存机会。我们人类也是如此,个人要心系集体,个人和集体有着共同的发展方向,这样小我与大我才都会有更好的发展。

首先,大我为小我的树立指明方向。大我为小我的实现提供机会和条件,在大我的支持和帮助下,小我更容易实现。其次,大我以小我为基础,小我的实现更能促进大我理想的实现,每一个小理想的实现都意味着在为大理想的实现做贡献。

(二)逐层融入更宏大的自我

大我的范围广阔,内容丰富,小至家庭、班级、学校,大至社会、民族、国家。我们需要不断地从实现小我开始,逐渐实现大我。

1. 小我与家庭

孩子的理想如果与家庭理想相一致,会得到父母的鼓励和支持,这样,孩子不仅能实现自己小的理想,为实现家庭大理想做贡献,更能体会到在理想奋斗中收获的点滴幸福。如果孩子的理想背离家庭理想,就会缺少家庭的支持和帮助,这样不仅孩子的理想难以实现,还会破坏亲子关系,降低幸福感。所以,家庭理想是我们共同的理想,追求自己的理想是为了更好地实现我们的共同理想。

2. 小我与班集体

班集体是我们的第二个"家庭",我们只有紧紧地融入集体当中,才会感受到班级的凝聚力,在为集体做出贡献的同时,使自己不断经受锻炼并且成长,实现个人的理想和人生价值。在追求理想的过程中,我们个人不但能得到集体的支持,感受到奋斗的快乐,而且能体验到生活的幸福。

3. 小我与组织

每个成员与组织都是同呼吸、共命运的,组织的兴衰与成败决定着个人的命运与前途,因此,组织的理想决定个人的理想,个人理想是根据组织理想并结合自身情况而设定的。个人是理想的主要践行者和责任者,在实现理想的过程中,要充分发挥个人的积极性和创造性。而组织是个人的引导者、支持者和帮助者,它为个人的奋斗目标指明方向,为个人的发展提供机会和资源,帮助个人实现理想的同时最终实现组织的理想。

4. 小我与中国梦

中国梦是十四亿人的共同梦想,它汇聚了每个人的个人梦想,但又不是所有人梦想的简单集合,它源于个人梦,又高于个人梦。中国梦是人民群众个人梦想的整合、凝聚和升华。个人梦融入了中国梦,中国梦汇聚了个人梦。中国梦把国家富强、民族振兴、人民幸福的"国家梦""民族梦""人民梦"同"个人梦"紧紧地融合在一起,承载着亿万中华儿女的热情期盼,汇聚起气势磅礴的人民力量,激励着中华儿女为实现中华民族的伟大复兴而不懈奋斗。

袁隆平有两个梦,一个是"禾下乘凉梦",梦想着杂交水稻的茎秆像高粱一样高,穗子像扫帚一样长,籽粒像花生一样大;另一个是"杂交水稻覆盖世界梦"。袁隆平的梦想就是让杂交水稻向高产进军,让所有人远离饥饿。

王有德的"治沙造林梦",梦想着让职工富起来,让沙漠绿起来。他带领林场职工,在毛乌素沙漠西南边缘建起了一道绿色屏障,有效遏制了沙漠南移西扩的步伐。他的梦想就是让大地多绿一点儿,让百姓多富一点儿,在治沙播绿中实现人生价值。

张桂梅的"山区女孩大学梦",梦想着所有贫困女孩都能够实现求学之梦,让山区的贫困女孩能够用知识改变命运。她扎根贫困地区,创办全国第一所全免费女子高中,她用爱与坚持让贫困女孩走出山区,走进大学,创造了大山里的"教育奇迹"。她的梦想就是让贫困山区的女孩改变命运,实现大学梦,进而为社会做出贡献。

只有把自己的命运、抱负和国家的繁荣、民族的兴旺联系在一起,把个人的奋斗融入集体理想的奋斗之中,把自己的前途与祖国的富强、人民的幸福和中华民族的伟大复兴紧密联系起来,才能真正实现小我与大我的统一。

五、价值观澄清法

价值观澄清法起于20世纪60年代,是美国心理学家、教育家路易斯·拉斯在对传统的价值观教育法进行研究分析的基础上,提出的一种新的价值观教育法,以拉斯、西蒙和哈明等人为代表形成学派。这个学派的早期观点认为,教师、咨询者、父母、领导者决不能企图直接劝导青年人或向他们慢慢灌输自己的价值观,因为这将会妨碍青年人正在发展的那些真正属于他们自己的价值观;价值观教育者的任务仅仅是为个体价值观的选择和确立提供一种情境或机会。

价值观澄清法的运用要具备四个要素:

(1)选择一个负载价值或道德的主题或问题,比如一个与友谊、家庭、健康、工作、爱情、闲暇时间、个体的趣味以及政治等有关的问题。问题既可以由教师、父母来选择也可以由学生来选择。

(2)教师、咨询专家、父母或组织者要把所选择主题或问题向参与学生介绍,帮助并促使参与学生理解、思考和讨论这个主题或问题。

(3)在讨论期间,教师、父母、咨询专家、组织者要保证讨论的所有观点都得到同样的尊重,讨论场所要始终充斥一种心理上的安全气氛。

(4)教师、咨询专家、父母或组织者要鼓励能与学生在考虑主题时,运用专门的"价值步骤"或"价值技能"。

这种方法灵活方便、简单,非常生动、有趣、可行。拉斯教授指出,任何一种观念、态度、兴趣或信念要真正变为一个人的价值观,必须经历以下七个步骤的过程,其中七个步骤缺一不可,它们分别是:①自由的选择;②从各种不同的途径中选择;③对各种途径的后果再做选择;④重视和珍惜所做出的选择;⑤公开表示自己的选择;⑥根据自己的选择采取行为;⑦重复根据自己的选择所采取的行动。价值观澄清七个步骤可根据以下七个问题来进行:

(1)你是否自主地选择了这项价值——也就是说,从来没有任何人和任何方面把它强加给你?

(2)它是你从众多的价值观中挑选出来的吗?

(3)它是你在思考了所做选择的结果或后果后被挑选出来的吗?

(4)你是否为你所选择的这一价值观而感到骄傲?

(5)你是否愿意公开地向其他人声明你的选择——也就是说,在别人面前公开地为它辩护?

(6)你是否能做一些与你选择的价值观有关的事情?

(7)你是否能与你的价值观保持一致的行为模式?

六、价值观影响决策

根据马斯洛的需求层次理论,人在不同的阶段,有不同的目标,职业发展的过程是目标实现、自我需要得到满足的过程。自我实现是需求的最高阶段,其中包括价值观、创造力、责任感、引领性,所以价值观在人们的生涯发展中起到极其重要的作用,超过了兴趣和能力对我们的影响。

(一)价值观影响着我们的职业抉择

学生在职业选择的过程中会受到太多因素的干扰,如大城市的诱惑、薪资待遇的差别、父母的期待与愿望等,很容易让人迷失自己的方向。只有澄清自己的价值观,想清楚自己最想要的是什么,才能在职业抉择的过程中坚守自己的理想。

(二)价值观影响人们未来的生活方向

价值观不同,对人生的未来规划也不一样。其实每一个人的选择都没有对错,只是每个人认可的生活方式不同而已。就像生活中,有的人可以为了事业抛家舍命,而有的人则认为把家庭经营好比什么都重要,每个人价值观的不同决定了每个人对事业和家庭投入度的不同。有效的职业生涯决策与一个人对自己的价值观的辨析程度有关,人们对自己的价值观越了解,职业生涯规划的过程就越容易。所以,人要不断审视和澄清自己的价值观,经常自问:我最想要什么样的生活?我的人生最不能放弃的是什么?我内心深处最在乎的是什么?什么是可以让我付出一生的心力去追求的?只有这样,职业生涯路上我们才可能更快乐地做自己。

价值观迫选问卷

请你从下列每个题目的 A 和 B 两个选项中选出你认为更重要的一个,并在表格中相应题目的 A 或 B 上画圆圈。有时候你会觉得两条都符合,或者两条都不符合,那么请你凭借直觉,快速地强迫自己做出选择。

1. A. 晋升机会较好的工作
   B. 拥有很高的地位和声望的工作
2. A. 一个很有趣的工作
   B. 大多数人仰慕和尊重的工作
3. A. 能够有直接帮助他人的机会的工作
   B. 有机会赚很多钱的工作
4. A. 有机会交朋友的工作
   B. 晋升机会较好的工作
5. A. 有机会赚很多钱的工作
   B. 能从中学到新东西、新技能的工作
6. A. 一个可以用到你的技能的工作
   B. 你学到的技能永远不会过时的工作
7. A. 对社会有价值的工作
   B. 一个可以用到你的技能的工作
8. A. 允许与许多人接触的工作
   B. 一个很有趣的工作
9. A. 大多数人仰慕和尊重的工作
   B. 能够有更多的时间参与社会公益活动的工作
10. A. 你学到的技能永远不会过时的工作
    B. 对别人的幸福有所贡献的工作
11. A. 对别人的幸福有所贡献的工作
    B. 对社会有价值的工作
12. A. 能够与更多人建立联系的工作
    B. 能够有直接帮助他人的机会的工作
13. A. 拥有很高的地位和声望的工作
    B. 能够扩大交际圈的工作
14. A. 能从中学到新东西、新技能的工作
    B. 能够与更多人建立联系的工作
15. A. 能够有更多的时间参与社会公益活动的工作
    B. 允许与许多人接触的工作
16. A. 能够扩大交际圈的工作
    B. 有机会交朋友的工作

计分方法:查出第一行圈 A 的个数,第一列圈 B 的个数,注意在实斜线上的 AB 不计算在内。把你查得的两个数分别填写在答题纸(图 6-7)右侧"外在型"后面的两个空格内,然后把它们相加,填在这一行最后一个空格内,以此类推。

					行	列	总
1^{A}B	5^{A}B	9^{A}B	13^{A}B	外在型			
2^{A}B	6^{A}B	10^{A}B	14^{A}B	成长型			
3^{A}B	7^{A}B	11^{A}B	15^{A}B	利他型			
4^{A}B	8^{A}B	12^{A}B	16^{A}B	社交型			

图 6-7　价值观迫选问卷答题纸

表格最后一列的空格中的分数分别代表这四种职业价值观的得分。在哪种职业价值观上得分最高则代表该职业价值观是对你最重要的。

单元七
职业决策与行动

小章是某大学计算机科学与技术专业的应届毕业生。他在校期间表现优秀,品学兼优,专业成绩名列前茅。毕业后,他进入一家IT企业实习,实习的具体工作和自己的专业知识有着一定的联系。由于他工作比较出色,公司决定正式录用他,但希望他从技术支持岗位转到销售岗位,因为HR说他性格比较外向,适合做销售,且公司销售岗正好有空缺。这件事让小章困惑不已。他在大学的所有努力都是为了将来能够从事计算机技术工作,现在从事的技术支持岗位也与自己的职业目标吻合。可如果转做销售,大学辛苦所学的专业知识似乎都浪费了,但不接受这个机会也挺可惜,因为这家公司的培训、薪酬、环境等各方面条件都很不错,同时也觉得销售工作是个挑战,可以去尝试。经过几天的思考,他还是拿不定主意。

小章之所以拿不定主意,首先是因为自我认识不准确。小章对自己的性格、兴趣、价值观等方面没有深入思考,想做技术工作也仅仅是因为自己所学的专业,事实上他并不清楚为什么要做技术工作,是否适合做技术工作。当面临转岗要求时,他对从事技术工作的想法也并不是很坚定,因此,缺乏对自我的了解,是小章困惑的根源。

其次是缺乏对职业的深入了解。小章对销售工作了解得不够全面,单凭简单、片面的职业信息来判断是否适合自己,或靠职业名称理解其含义,至于对职业的性质、作用、特点、工作要求及其发展趋势等信息则一无所知,这势必会影响决策的准确性,也会让他更加束手无策。

最后是缺乏科学决策的方法和技巧。小章除了对自我认识不清、对职业信息了解片面外,还有一个很重要的问题:缺乏科学决策的方法和技巧。他不知道怎么把自己的兴趣、价值观等分别与两个岗位进行合理匹配,并且比较容易受别人和环境的影响,缺乏主见,这造成他进行职业选择的时候犹豫不决。

请思考:
1. 影响职业决策的因素有哪些?
2. 怎样将兴趣、价值观与职业相匹配?

第一节　职业决策概述

马丁·路德·金曾建议:你的工作应该有长度——这是你一生都赖以变得更好的东西;你的工作应该有广度——它应该能触动很多人;你的工作还应该有高度——它应该让你为某种理想服务,并满足灵魂对正义的渴望。

职业决策的核心是设立目标,然后以目标为导向,制订计划并付诸行动。明确而坚定的目标,是事业成功的前提。职业决策是人生必经的门槛,是大学生必须面对的人生关键的一步。这是拥有一个好的职业,能够充分发挥自己的聪明才智,成就一番事业的基础。当前,很多大学生职业选择中存在随意性大、被动就业的问题。因此,大学生应该掌握一些有效的职业决策理论和方法,加强对职业决策能力的培养。

一、职业决策的含义

(一)决策

一般来讲,决策是指为达到一定的目标,从两个以上的可行方案中选择一个满意方案并付诸实施的分析判断过程。它有以下几方面特征:决策是为了实现特定目标的活动,没有目标便无从决策,目标实现则无须决策。决策的目的在于实施,不准备实施决策就没有意义。

决策与我们日常所讲的解决问题有着明显的差别:决策应该是在考证了各种可能性的基础上得到的一种令人满意的方案,属于优中选优的方案。而解决问题,方案是"积极"与"消极"并不重要,重要的是把问题解决好。决策的过程比解决问题更为复杂,它还涉及决策者的信念、兴趣、价值观等因素。

(二)职业决策

广义的职业决策,是指为确定职业所进行的提出问题、搜集资料、确定目标、拟订方案、分析评价、检查监督、最终选定等一系列认知活动。

狭义的职业决策,是指为达到一定的职业目标,从两个以上的职业方案中选择一个合理方案的分析判断过程,是决策者经过各种分析、比较、思考后,对应该做什么和应该怎么做所做的决定。可以把狭义的决策理解为广义决策过程中的一个环节,即从几个备选方案中选择一个的"确定"环节。

对于大学生来说,职业决策的核心是根据自身特点和社会需求做出合理的职业选择,即进行职业定位的过程。职业决策看似是一个"点"的选择,其实涉及全面的自我认知、科学的职业认知与体验等内容,是一个整合的过程。本单元所讨论的职业决策,是指在对自我和职业世界全面、深刻认识的基础上,从多个职业方案中选择一个的过程,是狭义的职业决策过程。

二、职业决策的类型

职业决策是一个复杂的认知过程,通过此过程,决策者组织有关自我和职业环境的信息,仔细考虑各种可供选择的职业前景,做出职业行为的公开承诺。

(一)职业决策风格"三分法"

根据职业生涯学者哈瑞恩的研究,大部分人的职业决定方式可以归纳为以下三类:

1. 理性型

理性型职业决策风格的人崇尚逻辑分析,往往在系统收集足够的自我和环境信息基础上,权衡各个选项的利弊得失,按部就班地做出最佳的决定。

2. 直觉型

直觉型职业决策风格是根据自己在特定的情景中的感受或者情绪反应,直接做出决定。这种风格的人做决定全凭感觉,比较冲动,很少能系统地收集相关信息,但他们能为自己做出的抉择负责。

3. 依赖型

依赖型职业决策风格的人常常是等待或者依赖他人为自己收集信息做出决定,比较被动和顺从,做选择时十分注重他人的意见和期望。他们以社会赞许、社会评价和社会规范作为做决定的标准。

(二)职业决策风格"五分法"

美国职业生涯专家斯科特和布鲁斯认为,决策风格是在后天的学习经验中逐渐形成的,可以将决策风格划分为五种类型。

1. 理智型

理智型的职业决策风格以周全的探求、对选择的逻辑性评估为特征。理智型的决策者具备深思熟虑、分析的特性。这类决策者会评估决策的长期效用并以事实为基础做出决策。理智型的职业决策风格是比较受到推崇的决策方式,强调综合全面地收集信息、理智地思考和冷静地分析判断,是其他决策风格的个体需要培养的一种良好的思考习惯。但理智型的职业决策风格也并不是理想的、完美的决策方式,即使采用系统的、逻辑的方式,也会出现因为害怕承担决策的后果而不能整合自己和重要他人观点的困扰。

2. 直觉型

直觉型的职业决策风格以依赖直觉和感觉为特征,比较关注内心的感受。直觉型的决策风格以自我判断为导向,在信息有限时能够快速做出决策。当发现错误时能迅速改变决策。由于以个人直觉而不是理性分析为基础,这类决策发生错误的可能性较大,因此,易造成决策的不确定性。

3. 依赖型

依赖型的职业决策风格以寻求他人的指导和建议为特征。依赖型的决策者往往不能够承担自己做决策的责任,允许他人参与决策并共同分享决策成果,会受到他人的正面评价,但也可能因为简单地模仿他人的行为导致负面的反应。依赖型的决策者需要理解生活中重要他人对自己的影响程度。

4. 回避型

回避型职业决策风格以试图回避做出决策为特征。回避型的决策风格是一种拖延、不果断的方式。面对决策问题会产生焦虑的决策者,往往因为害怕做出错误决策而采取这样的反应。往往是由于决策者不能够承担做决策的责任,而倾向于不考虑未来的方向,不去做准备,不知道自己的目标,也不思考,更不寻求帮助。这些学生需要意识到自身的决策风格及其可能造成的危害,努力调整,增强职业决策的意识和动机,才能从根本上得到帮助。

5. 自发型

自发型的职业决策风格以渴望即刻、尽快完成决策为特征。自发型的个体往往不能够容忍决策的不确定性以及由此带来的焦虑情绪,是一种具有强烈即时性,并对快速做决策的过程有兴趣的决策风格。自发型决策者常会基于一时的冲动,在缺乏深思熟虑的情况下做出决策,此类决策者通常会给人果断或过于冲动的感觉。

(三)职业决策风格"八分法"

学者丁克里奇根据人做决策的不同行为特征,把职业决策分为八种类型。

1. 延迟型

延迟型职业决策风格的人知道问题所在,但是经常迟迟不做决定,或者到最后一刻才做决定。

2. 宿命型

宿命型职业决策风格的人不愿自己做决定,把决定的权力交给别人或者命运,认为做什么选择都是一样的。

3. 顺从型

顺从型职业决策风格的人自己想做决定,但是无法坚持己见,常会屈从权威的决定。

4. 麻痹型

麻痹型职业决策风格的人害怕承担做决定的后果,也不愿意负责,选择麻痹自己来逃避做决定。

5. 直觉型

直觉型职业决策风格的人根据感觉做决定,大多数情况下只考虑自己想要的而不在乎外在的因素。

6. 冲动型

冲动型职业决策风格的人不愿意思考太多,往往基于第一想法做出决定。

7. 犹豫型

犹豫型职业决策风格的人考虑过多,在诸多选择中无法做出决定,常常处在痛苦的挣扎状态中。

8. 计划型

计划型职业决策风格的人做决定倾听自己内在的声音,也考虑外在的环境要求,以做出适当的决策。

三、职业决策的影响因素

对即将毕业的大学生来说,在职业选择时,很多人会表现出犹豫、彷徨,甚至不知所措,并可能因此引起焦虑、挫折感等心理问题。职业决策给大学生带来困扰的原因在于其影响因素复杂，往往使人"剪不断，理还乱"。简单来说，职业决策困难是指个人在面对职业决策问题时，由于内在阻力（缺乏自信、容易焦虑等）和外在阻力（就业机会的多寡、家庭和社会的压力）而产生决策上的困难。个体不确定程度越高，职业决策的困难就越大。

美国心理学家克朗伯在其职业决策的社会学习理论中指出，职业选择过程受到四类因素的影响：遗传天赋和特殊能力（内在素质、身体障碍、音乐与艺术能力）；环境条件与事件（如劳动法规、技术进步、社会变迁、家庭资源）；学习的经验（各种工具性学习、行为和认知反应、观察学习）；任务完成技能（模板设定、工作习惯、情绪反应方式）。

大学生在面临职业选择做决定的时候，往往会受到各种因素的影响，这些影响因素总体而言可以概括为个人内部因素和外部环境因素两个方面。

（一）个人内部因素

1. 信息出现偏差

信息缺乏是个人职业决策中最常见的障碍，主要表现为缺乏决策过程的信息、缺乏自我信息、缺乏职业信息或缺乏获得信息的方式等。由于对相关职业的信息缺乏，不能科学地评价该职业，从而造成决策失误。

当个人进行职业决策时所获得的信息是错误的，就会使决策缺乏可靠的依据，可能致使决策失误。有时候信息过多也会影响正确的职业决策，由于决策者所获得的信息过多，有时反而会无所适从。

2. 个人心理因素

个人心理因素包括个人的天赋、价值观、能力、情绪等方面，如抵触情绪、焦虑、缺乏自我胜任感和动机，或者缺乏决策程序和技巧的相关知识，决策经验有限和对决策能力缺乏自信等。这些因素在个人面临职业选择时，往往会产生很大的影响。有些人选择职业会从兴趣出发，有些人则会更看重收入水平、工作环境等。有些人性格上表现出意志薄弱、优柔寡断，也会影响他的职业选择，甚至错过一份好的就业机会。个人心理因素还包括决策动机不足，当前个体对未来生涯发展没有进行决策和判断的意愿，个体尚未进入决策过程，决策意识不明显。

3. 价值观问题

随着经济与社会的发展，大学生的就业观念也发生了很大变化，部分大学生容易受社会上就业观念的影响，会较多考虑物质待遇、工作环境、发展空间甚至特定城市、出国机会等诸多方面。他们对职业附着了太多的期望与要求，不符合现实情况，也没有考虑是否符合本人职业兴趣、匹配个人能力。他们没有对自己的职业价值观进行澄清，没有考虑自己的价值观是什么，自己最看重什么，而哪些是可以妥协甚至舍弃的。还有的同学在校期间认为只要自己学习好、能力强、有社会关系，找工作就很顺利了，不用进行职业规划。其实这也是一种错误的理念，对自己有了清晰的规划和明确的目标，做职业选择时才能更科学、更有效。

4. 经验与责任心不足

有些大学生在校期间把大量精力投入学习中，忽略了社会实习与实践工作，也有学生把时间花在各种学生活动中，缺乏有针对性的工作实习与社会实践。有些大学生对就业行业、职业、工作岗位缺乏必要的了解与认知，在职业选择的时候往往因为信息不对称出现理想化、不知所措甚至盲目选择的情况。有些大学生在职业选择时只考虑个人发展，缺乏担当与社会责任，不能将个人发展与国家的发展战略结合起来，最终也不利于个人的职业发展。

5. 内外部存在冲突

内外部存在冲突，如错误的职业信念和决策信念，导致个人期望和实际情况存在冲突而产生决策困难；个人意愿与外界压力，包括重要他人的意见和社会舆论的冲突导致的决策困难等。从宏观上看，社会制度、经济制度、民族习惯、历史和文化的不同，都会影响个人职业决策。

（二）外部环境因素

1. 经济环境和市场需求

经济环境和市场需求也是影响职业决策的重要因素。在经济繁荣时期，工作机会更多，职业发展更加迅速。相反，在经济不景气时期，就业市场紧缩，可能会对职业发展带来一定的阻碍。市场对各行各业的需求也在不断变化。了解市场趋势和行业前景对个人职业规划至关重要，以便做出明智的决策并抓住机会。

2. 技术创新和行业变革

技术创新和行业变革是现代职业生涯发展的重要外部因素。随着科技的进步，许多行业面临着重大的变革和更新。对于个人而言，持续学习和适应新技术的能力对职业发展至关重要。技术创新也带来了新的机会和职业选择。了解行业的变化和趋势可以使个人更好地规划自己的职业发展方向以做出职业决策。

3. 政策和法律环境

政策和法律环境对职业决策同样具有重要影响。政府政策和法律法规的变化可能为某些行业带来机遇，也可能带来挑战。比如，国家对于清洁能源行业的政策支持可能会刺激该行业的发展。个人需要关注政策和法律法规的变化，并及时做出相应的调整。

4. 家庭责任

对于许多人来说，职业决策也受到家庭责任的影响，如父母的期望和意愿经常是年轻人做职业决策的重要参考，照顾家庭成员的感受可能会限制个人的职业选择范围。

5. 其他外部因素

除了上述因素外，还有一些其他外部因素会影响职业决策，如就业机会的多少、职业结构的变迁、人口与地理环境等。

这些内外部因素共同作用，影响着个人的职业决策过程，使得个人在选择职业时不仅要考虑自己的内部因素，还要考虑外界的各种压力和机会。

四、职业决策的困惑

14世纪法国哲学家布利丹曾讲过一个哲学故事：一头驴子站在两堆数量、质量、距离相等的干草之间，由于两堆干草价值相等，客观上无法分辨优劣，于是它站在中间无法做出选择，最终活活饿死。

这个故事给我们的启示是选择不是一件容易的事。人的痛苦有时不是没有选择，而是选择太多。越优秀的人选择的机会越多，如果没有放弃的能力，就很难得到自己想要的。

职业决策是一种重大决策，它影响着人际交往、生活方式、生活质量等。在职业决策面前，个体时常会感到焦虑与不安。这有很多原因，其中大部分源于"不确定"与"难舍"。

(一) 对选择的不确定感

"生活中充满了不确定性"，世界的不确定性是本质的、常态的，而确定性是非常态的。从这个意义上理解，研究不确定状态下的决策是人类更好地了解自身所无法逃避的重要课题。1989年，美国心理学家伽列特在其早期的连续性决策过程模式基础上提出"积极不确定"的职业决策论，提倡积极地接受做决定的不确定性，以直觉、开放的心态面对职业选择。伽列特认为，做决定是一种非序列性、非系统性、非科学性的历程："做决定是一种将信息调整再调整，融入决定或行动内的历程。"他的这一理论代表了后现代的决策理论模式。

现实生活中，很多同学在面临职业决策时都会感觉到有很大压力，职业决策并不是一蹴而就的，也不是一成不变的。职业决策大部分是基于信息不对称情况下的决策，人们不可能收集到全部外界职业信息后再做决定，因此，大多数决策都有预测的成分，都有不确定性和风险。在社会变迁较慢的时候，预测的误差较小，而当今瞬息万变的社会，不确定性、诸多变量越来越难以把握。行业趋势、职业类别、工作环境、领导同事关系多会发生变化，在变化中并不确定所选择的一定比放弃的要好，所以人们担心选择失误会后悔。学者田秀兰等人研究发现，大学生的职业生涯不确定感包括了许多"对个人的不确定"与"对环境的不确定"。如果能对自己多做些分析，对环境多一些探索，则会由"不确定"向"确定"更进一步。

如果当下还没有面临职业决策的迫切性，那就要保持积极的不确定。"积极不确定"意味着它是一种计划好的开放态度，是一种值得持有的理性态度。它指出职业未确定并不是需要补救的问题，而是能够使我们对不断出现的机会秉持开放，能够利用不可预料的未来事件促进自己发展，帮助我们更好地适应不断变化的未来状况。我们要能够接受"不确定"，积极地感受"不确定"。前者要求我们容忍不确定带来的模糊性，后者要求我们保持弹性与开放，学会使用全脑思考，将自己与时移世易的客体牢牢联系在一起，随之共同发展。

(二) 对选择项目的难舍

难舍是指在两个看似相等重要的选项之间做出决策，而无论选择哪个，都会带来一定的牺牲或后果。因此，在选择面前患得患失，担心放弃的那个选择会给自己带来好处。

例如，大学毕业后是继续求学还是直接去就业？如果选择就业的话，是直接进入企业工作还是考公、考编？地域的选择往往也是一个难题，选择在小城安稳还是在大城打拼？如果同时为几个选择感到纠结，则说明这几个选择可能没有明显的高下优劣之分，因此可以稍稍舒缓患得患失的情绪。那么，什么样的决策是最佳决策呢？传统经济学认为，人是理性的，能做出对自己最有利的决策。而幸福经济学认为，能让幸福或快乐最大化的决策就是最佳决策。可见在很多时候，职业决策的好坏要凭自己的内心来评判。如果在做决策的时候多思考下自己究竟要什么，考量这些因素的"轻重"与选择方案可以满足这些因素的"概率"，"难舍"则会向"能舍"更进一步。

(三) 对决策结果要负责

自主决策，意味着要对决策的结果负责。进行职业决策是一个复杂的过程，受到许多因素的影响，因此，要有适当的心理承受能力。很多人为了逃避承担"不好的结果"的责任，把决策权交给他人或"天意"。殊不知，在逃避责任的同时，也逃离了自由，失去了感受学习、生活、成长的自由。有人说:"不得不在各种行动方案之间做出选择,是为自由而付出的代价。"因此,自由的人们"注定"要做出选择。

五、职业决策常见陷阱

决策在生活中是不可避免的,人人都需要做决策,或大或小,而过程可能是艰难的。你怎样才能知道自己做出了明智的选择?如果你被形势、情绪或错误的信息所蒙蔽了呢?当涉及职业生涯的重大决策时,审慎考虑是应该的。但即使经过千思万虑,人们仍然有可能做出糟糕的决策。

下文介绍了六种常见的决策陷阱,一旦陷入其中,很容易做出后悔莫及的职业决策。

(一)先做决定,然后为其辩护

当人们的大脑只接受那些支持自己决策的证据时,证实"偏见"就产生了。想象一下,你现在得到一个新的工作机会,你正在考虑当中,你在心中盘算:"接受这份工作对我而言是不错的职业变动,不过我想在接受之前还应该权衡利弊……"其实你已经下定决心了,你会接受新工作,任何权衡都会促使你更加相信这是一个正确的决策。在进行重大决策时,我们应该给予每一种选择以公平的机会,在得到全部信息前,不要偏向任何一方。

(二)向太多认识的人征求意见

想把自己完全搞糊涂吗?向5位以上的亲朋好友征求意见就能办到。这种做法只会带给个人5种甚至更多不同的意见。当然,他们都爱你、支持你、为你好,每个人的说法听起来也都很有说服力,但自己才是那个唯一紧要的人。征求别人意见,可以为自己决策提供参考,但是也很容易让自己的头脑成为别人思想的跑马场。另外,他们还会把自己的忧虑和偏见统统灌输给你。如果真的需要一个外部视角,应该找那些能够真正客观看待你问题的人。聘请一位顾问——一个与私人生活或当下境况没有瓜葛的人,是比较好的选择。

(三)被恐惧所操纵

一般情况下,由情绪主导的决策没有基于事实和思考的决策那样合理。当主导的情绪是恐惧时,决策的效果会更加糟糕。恐惧会让人进行非理性决策,将个体挟为人质,让个人偏安一隅,且不会为个人更远大的抱负提供支持。当恐惧来袭时,我们应能及时察觉,并勇敢面对。请记住,恐惧是我们做出正确选择的一种迹象。

(四)固执己见

不肯承认事实,《摇摆:难以抗拒的非理性诱惑》一书中提到了决策中"执信"的概念——一种固执己见、师心自用的天性。有时候这种天性是如此顽固,以至做出了完全不合理的决策,仅仅是为了支持那些自己心理、生理或情绪上所热衷的想法。例如,某人从小就希望做一名护士,也在专门学校接受了这方面的训练,打心眼儿里相信这是自己一生的事业。而如今,在从事这份工作几年以后,她感到不开心,护士工作没有带来曾经设想的那种成就感。很多人都有类似情况,但他们是如此"执信"自己以前的想法,以至无法或不愿看清事实,更谈不上做出违背那种信念的选择。

(五)非黑即白的思维方式

当面对重大的职业生涯决策,人们很容易产生"非黑即白"的心态,即只看到两种选择,中间什么都没有。这是一种限制性思维,会错失身边的许多机会。事实上,总是存在中间路线。当发觉自己总是以"要么……要么……"的模式在思考问题时,就应该跳出来说"是的,还有……"是的,我们有两种选择,还有其他的吗?

(六)只想不做

这就是所谓的"优柔寡断",也是人们经常遇到的情况。当人们花了一段时间对决策进行思考之后,就应该停下来做出最终的选择。思考花费的时间取决于个人,但注意不要陷入思考的泥潭不能自拔,以至没有采取行动就进行决策。应该给自己的决策预备设定一个时间限制,一旦时间到了,就该放手一搏。

小明的职业选择

小明是会计专业的毕业生,在择业过程中自己没有主见,询问了父母的看法。小明想去大城市打拼,但是他的父母想让他考公务员,回县城找一份安稳的工作。小明也问了身边的人,有人也说当公务员好,结果小徐选择了考公务员,并回到县城工作。任职至今,小明对工作没有热情,没有计划,失去了自驱力。这时候小明才意识到自己是一个喜欢挑战的人,而这个看似安稳的工作并不是他真正的职业理想。

思考并回答:

1. 小明在职业决策过程中受了哪些因素的影响?
2. 如果小明对自己的职业理想有尽早的认识,是不是就会避免这样的事情发生?

第二节 职业决策方法

一、基本流程

职业决策是一个复杂的过程,涉及多个步骤,以确保最终选择的职业目标与个人的期望、能力和机会相匹配。以下是职业决策的一般流程:

(一)明确要决策的问题

这是职业决策的起点,需要清晰地认识到自己面临的选择和决策的内容,需要在一定外部环境和内部环境条件下,在市场调查和研究的基础上明确要做出决策的问题。

(二)收集有关信息

通过招聘网站、行业论坛、社交媒体等平台获取大量信息,在浏览这些信息时,注意筛选和甄别,确保信息的真实性和可靠性。也可以通过研究、咨询专业人士的建议,获得与职业相关的信息,以便于更好地理解各种职业的要求和前景。

(三)拟定备选方案

决策目标确定以后,就应当根据收集到的有关信息,列出可能的职业选项,这些选项可以涵盖不同的行业和领域,从而拟定达到目标的各种备选方案。

（四）评估利弊

考虑长期和短期的利弊，对每个备选方案进行深入分析，评估目标与自身价值观、兴趣、能力等是否相符。

（五）选择方案

选择方案就是通过对各种备选方案进行总体权衡、评估利弊后，由决策者选择最符合个人情况的方案。

（六）执行方案

任何方案只有真切地得到实施后才有其实际的意义，执行方案是决策的落脚点，包括进一步的教育、培训或直接进入职场。

（七）检查已做出的决策

在实施职业目标后，应定期检查、评估自己的选择，看是否达到了预期的效果，并根据反馈进行调整。

二、常用方法

（一）职业决策平衡单

在了解了毕业去向、详细分析了各个出路后，我们如何做出决策，做出目前的最优选择呢？职业决策平衡单可以帮助大学生厘清现状，从而理性地做出决定。职业决策平衡单是心理学中常用的决策工具，经常被应用于问题解决和职业咨询中。当我们面临两难抉择时，通常无法理性地做出决定。职业决策平衡单可以帮助我们把问题简化，将重大问题的思考方向集中到四个方面，即四个考虑因素：自我物质方面的得失、他人物质方面的得失、自我精神方面的得失（自我赞许与否）和他人精神方面的得失（社会赞许与否）。

自我物质方面的得失，即选择某一个职业选项，在物质方面我能够得到或失去的东西。一般包括个人收入、健康状况、休闲时间、未来发展、晋升状况、社交范围等。

他人物质方面的得失，即选择某一个职业选项，在物质方面对他人（一般是指家人）的影响，比如说家庭收入。

自我精神方面的得失，即做出一个职业选择时，个人能够得到或者失去的精神层面的东西，比如改变生活方式、富有挑战性、实现社会价值、成就感等。

他人精神方面的得失，即做出一个职业选择时，他人（一般是指家人）在精神方面的得失，例如父亲或母亲的支持、妻子或丈夫的支持等。

接下来，根据四个考虑因素，分五步制作完成职业决策平衡单：

第一步，列出需要比较的所有职业选项，一般为2个或3个选项。

第二步，根据自己的具体情况，按照四个考虑因素组分别罗列出各组的考虑因素。

第三步，为考虑因素赋值，即给予权重分数。最重要的因素为5分，最不重要的因素为1分，分别给出分数。

第四步，设定各个选项对相应考虑因素的影响程度。从-5到+5，根据选项对考虑因素具体影响的大小而定。

第五步，加权算出总分，然后评估不同的职业选项。将选项以分数高低排列，其职业选项的优先次序即可作为个人职业决策的依据。

以小明为例：小明是某高校音乐表演专业的专科学生，进入二年级时，他对自己未来的职业选择和发展犹豫不定。他最理想的工作是去中小学当音乐教师。他想过专升本，因为本科学历有利于未来求职去公办学校，但是专升本竞争相当激烈，不知道自己能否考上；他也想过跟其他室友一样选择毕业后直接找工作，但目前专科的学历只能去培训机构当助教，而且本地几家较好的机构竞争也很激烈，对自己的职业发展不利。为此，小明决定利用职业决策平衡单，帮助自己做出选择。我们可以通过小明的职业决策平衡单看出，小明对自己的未来展望、兴趣发挥等方面非常注重，因此建议他可以在此分析的基础上做出选择。对于小明来说，这难以抉择的选择题，通过职业决策平衡单的量化分析，选起来更加清晰，详见表7-1。

表7-1　　　　　　　　　　　小明的职业决策平衡单

考虑因素		专升本			去培训机构当助教		
		得失	权重	小计	得失	权重	小计
自我物质方面得失	就业前景	1	2	2	2	2	4
	薪水	4	4	16	−2	4	−8
	对健康的影响	−2	4	−8	2	4	8
	未来展望	2	4	8	3	4	12
	家庭收入	3	4	12	−2	4	−8
自我精神方面得失	兴趣发挥	2	5	10	4	5	20
	工作对象	−2	2	−4	3	2	6
	价值观	0	5	0	0	5	0
他人物质方面得失	与家人相处时间	−2	4	−8	3	4	12
	与朋友相处时间	−3	2	−6	2	2	4
他人精神方面得失	家人支持	−2	2	−4	4	2	8
	家人的荣耀感	1	3	3	2	3	6
合计				21			64

（二）职业决策"5W"法

5W分析法是用五个"W"来思考职业决策的一种有效工具，具体来说就是要解决职业决策的五个具体问题。成功解答出这五个问题，能够帮助你获得最后的答案。这种方法包括五个核心问题，分别是：

1. 你是谁？（Who are you？）

对自己做一个深刻的反思和全面的评估，全方位地认识自己，具体包括自己的学历、专业、兴趣、爱好、动机、能力、特长、技能等。

例如：获得国家级奖学金；优秀学生干部；学业成绩年级第一；英语通过国家六级考试；辅修过第二学位；参加过省级演讲比赛，拿过名次；身体健康；等等。

2. 你想干什么？（What do you want？）

对自己职业发展偏好进行深入分析，进一步明确职业发展的方向。通常来说，每个人在不同阶段的兴趣和目标不完全一致，有时甚至是对立的。

例如：很想成为一名短视频主播，这是目前比较喜欢的职业；利用寒暑假去文化传播公司兼职；如果不能成为主播，也可以从运营开始；等等。

3. 你能干什么？（What can you do?）

对自己的能力和潜能进行全面总结。个人职业发展空间的大小主要取决于自身的潜力，如对事物的兴趣、熟悉程度，做事的意志力，临事的判断力，以及知识结构是否全面，是否有相关实习或工作经验等。

例如：学习过编导、业余学过摄影剪辑，虽然不是自己的专业，但很有成就感；当过学生干部，与同学之间相处得比较好，组织过几次有影响的大型活动；曾在朋友的公司做过主播，虽然没有大的成就，但增强了信心和勇气；等等。

4. 环境支持或允许你干什么？（What can support you?）

环境支持在客观方面包括本地的各种状态，如经济发展、企业制度、人事政策、职业空间等，人为主观方面包括与同事的关系、领导的态度等，应综合主观、客观两方面加以分析。

例如：家人支持我从事这项工作；我是学大数据技术专业的，可以从数据分析等角度为职业打基础；我实习的单位新媒体做得很好；等等。

5. 最后你将成为什么？（What you can be in the end?）

这一步是确立自己的最终职业目标。当然，对这个问题的回答是建立在前四个问题的基础之上的。列出自己想做、有能力做且最容易实现的职业选项作为目标职业。

例如：最后的选择可能有以下三种，到一个新媒体公司做主播，自己有这方面的兴趣和理想，虽然经验和能力方面不足，但有信心成为合格的主播，至于自身的不足可以通过努力逐步提高；到新媒体公司做新媒体运营，需要的综合素质更高，自己也很喜欢；考专升本，继续提高综合素养，毕业后再寻找机会做新媒体方面的工作。

（三）SWOT 分析法

所谓 SWOT 分析，即基于内外部竞争环境和竞争条件下的态势分析，将与研究对象密切相关的各种主要内部优势、劣势和外部的机会和威胁等，通过调查列举出来，并依照矩阵形式排列，然后用系统分析的思想，把各种因素相互匹配起来加以分析，从中得出一系列相应的结论，而结论通常带有一定的决策性。

SWOT 分析法广泛应用于企业战略制定中，同样也适用于个人职业决策。SWOT 四个字母分别代表优势（Strength）、劣势（Weakness）、机会（Opportunity）、威胁或挑战（Threat）。个人在利用 SWOT 分析时，首先要构建 SWOT 矩阵，分析自己的优势与劣势，考察周围职业环境的机会与威胁。SWOT 矩阵图如图 7-1 所示。

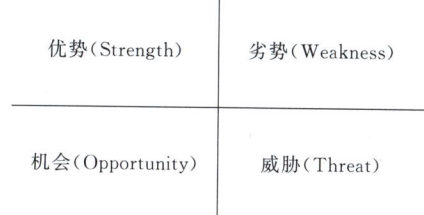

图 7-1　SWOT 矩阵图

1. 优势分析

S 代表 Strength(优势),分析自身优势,了解自己的核心竞争力。比如,你曾经做过什么,如实习、实践,担任学生干部的工作经历;你学习了什么,如你的专业内容是什么,辅修过什么,考过哪些专业技能证书;你最成功的是什么,成功背后有哪些与之相关的优秀个性或特点。

2. 劣势分析

W 代表 Weakness(弱势),分析自身劣势,了解自己不擅长什么。比如,性格弱点,如不善交际、犹豫不决、做事不专注、不持久等。人都会有弱点,关键要学会克服和改变。能力存在不足方面,如专业知识不够扎实、专业技能不熟练、缺乏工作经验等。这些可以通过实习、实践来提高。

3. 机会分析

O 代表 Opportunity(机会),对就业环境、宏观经济形势、目标职业的行业环境等外部环境,为实现职业目标提供的机会与支持进行分析。例如,就业形势不好的情况下,良好的人脉关系或社会资源可以帮你增加就业机会。

4. 威胁分析

T 代表 Threat(威胁),了解外界存在哪些不利条件,将阻碍你职业目标的实现。例如,行业发展衰弱或转型,对从业人员要求越来越高,竞争对手数量与实力的增加都会对你个人产生威胁。

(四)CASVE 循环

CASVE 循环包括五个阶段,即沟通、分析、综合、评估和执行,CASVE 就是这五个词的英文单词首字母的组合。CASVE 循环可以在整个职业生涯问题解决和决策制定过程中提供指导,如图 7-2 所示。

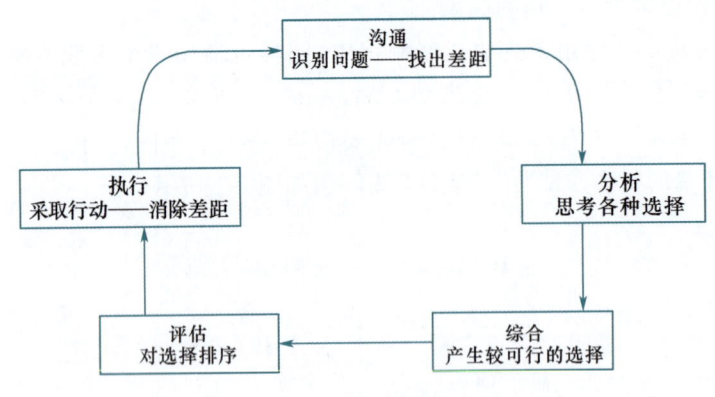

图 7-2 CASVE 循环图

1. 沟通

在这个阶段,会收到关于职业理想与现实之间存在差距的信息。这些信息可能通过内部或外部沟通途径传达给我们。内部沟通包括情绪信号,例如不满、厌烦、焦虑和失望,还有身体信号,如昏昏欲睡、头痛、胃部疾病等。外部沟通包括父母对自己的职业规划的询问,同事、朋友的职业评价,或者是杂志上关于专业正在逐渐过时的文章等。这是意识到自己需要做出选择的阶段。在这个阶段,大学生通过各种感官和思考充分接触问题,发觉存在的差距已不容忽视。

2. 分析

在这阶段,问题解决者需要花时间去思考、观察、研究,从而更充分了解差距,了解自己有效地做出反应的能力。好的职业决策者不会用冲动行事来减小在沟通阶段所体验的压力或痛苦。要解决这个问题需要了解自己的哪些方面,了解环境的哪些方面,需要做些什么才能解决问题,为什么自己会有这样的感受,家庭会怎么看待自己的选择等问题。

这是了解自己和各种选择的阶段。在这一阶段,职业生涯问题解决者通常会改善自我,不断了解职业世界和家庭需要。简单说,在分析阶段,职业决策者应尽可能了解造成在第一阶段发现的差距的原因。

分析阶段还需要把各种因素和相关知识联系起来,例如,把自我知识和职业选择联系起来,把家庭和个人生活的需要融入职业选择中。

3. 综合

综合主要是汇总和加工上一阶段提供的信息,从而制定消除差距的行动方案。其核心任务是,确定自己可以做什么来解决问题。首先,尽可能多地找到消除差距的方法,发散地思考每一种办法,甚至采用"头脑风暴"进行创造。然后,缩小有效方法的数量,通常缩减到3至5个选项,因为这是我们头脑中最有效的记忆和工作容量。

4. 评估

评估阶段将选择一个职业、工作或大学专业。它的第一步是评估每一种选择对职业决策者和他人的影响。例如,如果选择了服兵役,这一选择将会给自己、伴侣、父母等重要他人带来什么影响?每一种选择都要从对自己和对他人的代价与益处两方面进行评价,并综合物质上和精神上的因素。

第二步就是对综合阶段得出的选项进行排序。将能够最好地消除差距的选项排在第一位,次好的排在第二位,依此类推。此时,职业决策者会选出一个最佳选项,并且做出承诺去实施这一选择。

5. 执行

这是实施选择的阶段,把思考转换为行动。很多人都觉得在执行阶段制订行动计划是令人兴奋和有价值的,因为他们终于可以开始采取积极行动去解决问题了。

CASVE循环是一个不断重复的过程。在执行阶段之后,决策者又回到沟通阶段,以确定已经选取的选择是不是最好的,是否能最有效地消除理想与现实间的差距。

三、职业决策时期

职业决策过程是一个逐渐形成选择并实施选择的过程。职业决策过程可分为两个时期,共七个阶段。

(一)第一时期是"决策预期"

这一时期可分为四个基本的发展阶段。①探索:考虑不同选择方向及可能的目标。②稳定:通常代表着一种想法的稳定化。在这一阶段,想法和感觉开始变得更加有序。各种选择的优缺点开始出现。③选择:选定一个能解除目前困扰的目标。个体对选择的信心程度可能会不断地发生改变。选择也根据其明确程度和复杂性发生改变。④决策:个体做出决策以后,接下来将实施决策。

然而,在做出决策和实施决策这段时间内,个体可能体验到对决策的怀疑。如果决策受到质疑,个体可能再次回到探索、稳定和选择阶段。因而,在某个特定的时间,一个人可能处在几个不同的职业决策的各种阶段。

(二)第二时期是"实施与调整"

职业决策的第二个时期是实施与调整,由三个阶段构成:①推进:开始执行自己的选择,也是新经验的开始。②变革:调整步伐与心态,专心致志,肯定在新环境中的角色,全力以赴。③整合:最初的新鲜感消失,个体和群体彼此已经接纳对方。

课堂训练

运用SWOT分析法,对于你喜欢的职业进行内外部优劣势分析,填写表7-2,并总结自己的核心竞争力。

表7-2　　　　　　　　　　SWOT分析法

你的职业理想:	
S:优势	W:缺点
O:机会	T:威胁

第三节　职业决策步骤

一、职业决策的分解

大学生职业决策一般包括自我评估、环境分析、设定职业生涯目标、选择职业发展的路线、制定行动方案与措施、评估与反馈六个步骤。

（一）自我评估

自我评估即全面了解自己。一个有效的职业决策必须是在充分且正确认识自身条件与相关环境的基础上进行的。只有认识自己，才能对自己的职业做出正确的选择，才能选定适合自己发展的职业生涯路线，才能对自己的职业生涯目标做出最佳抉择。

对自己有全面认知，做到审视自己、认清自己、了解自己，做好包括兴趣、特长、性格、学识、技能、智商、情商、思维方式等方面的自我评估，并在此基础上，确定自己的职业方向，这能够帮助我们缩小决策范围，提高职业决策的质量，避免在那些对你而言不重要的职业，或者未来可能不复存在的职业以及与你的兴趣和技能不相符合的职业上浪费时间和精力。

确定志向可以成为追求成功的驱动力，古人云："志不立，天下无可成之事。"志向是事业成功的基本前提，没有志向，事业成功也就无从谈起。立志是人生的起跑点，反映着一个人的理想、胸怀、情趣和价值观，影响着一个人的奋斗目标及成就。因此，在进行职业决策时首先要确立志向，这是进行职业决策的关键。

（二）环境分析

在了解了自己，实现了由中学生向大学生的角色转变之后，大学生必须对所处的环境以及未来的职业状况进行详尽的了解，以帮助自己尽快确定在校期间的目标以及毕业后的去向，并进一步确定目标职业和职业生涯目标，做出科学合理的人生规划。

在进行个人的职业决策时，要分析环境条件的特点、环境的发展变化情况、自己与环境的关系、自己在这个环境中的地位、环境对自己提出的要求，以及环境对自己有利的条件与不利的条件等。只有充分了解这些环境因素，才能在复杂的环境中趋利避害，使职业决策具有实际意义。

环境因素对个人职业决策的影响非常大。个人作为社会中的一员，只有顺应外部环境的需要，熟悉外部环境，趋利避害，因势利导，最大限度地发挥个人优势，才能实现个人目标。外部环境分析包括对社会政治环境、经济环境、行业环境、职业环境、企业环境等的分析，找出自己与上述环境的关系以及环境中对自己的利弊条件等，以便相应地调整自己的目标，并适应环境的要求，制定出有效的、切实可行的职业决策。

（三）设定职业生涯目标

在认识自己、了解环境之后，我们就要对自己的职业生涯方向做出完整、清晰的规划。规划可以是长期的，但必须有中期目标和短期目标，这样才能确保整体目标的实现。职业生涯目标的设定，是职业决策的核心。一个人事业的成败，很大程度上取决于正确、适当的目标。基于自我觉醒基础上的目标的设定至关重要，"没有目标就永远不能实现目标"。

职业生涯目标的确立是建立在自我认知、环境认知的基础上，并根据所处的职业生涯阶段，将职业目标进行分解、组合的方法。职业生涯目标的设定可以是多层次的，根据不同时期的特点，分层次制定职业生涯目标是比较明智和可行的做法。职业生涯目标可以分为多项并不互相排斥的目标，包括岗位目标、能力目标、收入目标等。一个多维度的目标设定可以使我们更快地投入学习，保持前进的动力。因此，对大学生来说，有针对性地制定分年级的学业、生活和社会活动目标以及分层次的职业生涯目标显得更为重要。对职业生涯的每一个发展目标都应标记两个时间：开始执行行动方案的时间和目标实现的时间。

职业生涯目标的实现不可能一蹴而就,因此需要将目标分解实施。目标分解的方法一般有两种,即按时间分解和按性质分解,具体如图7-3所示。

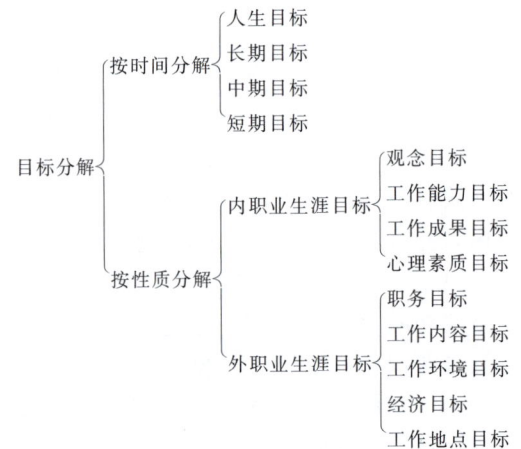

图7-3 职业生涯目标分解图

1. 按时间分解

按时间分解的具体方法是将人生目标(40年)分解为若干个长期目标(5年以上),每一个长期目标都有一个具体目标,然后再将每一个长期目标继续分解成各个中期目标(3～5年),最后,将中期目标分解为短期目标(1～2年)。通常情况下,短期目标服从和服务于中期目标,中期目标服从和服务于长期目标,长期目标服从和服务于人生目标。

2. 按性质分解

按性质分解,可将职业生涯目标分为内职业生涯目标和外职业生涯目标。

内职业生涯目标是指从事一项职业时所具备的观念、工作能力、工作成果、心理素质等因素的组合及其变化过程。这些因素不是靠别人赐予的,而是通过自己努力获得和掌握的。一旦取得,就是别人拿不走、收不回的。个人制定内职业生涯目标与外职业生涯目标是同时进行的,内职业生涯的发展是外职业生涯发展的前提,内职业生涯发展了,外职业生涯自然会得到提升。

外职业生涯目标侧重于职业过程的外在标记,包括职务目标、工作内容目标、工作环境目标、经济目标、工作地点目标等。

(四)选择职业发展路线

选择职业发展路线是指职业生涯目标确定后,进一步选择达到职业目标的具体路线。例如,作为士兵,同样是想做军官,而军官又有军事、政治、后勤军官和专业技术军官之分,作为个体想在哪一条路线发展,是在军事、政治、后勤军官路线发展,还是在专业技术军官路线发展。由于职业发展路线不一样,在职业发展中对个体的要求也不一样,因此,在职业决策中必须对职业发展路线做出选择,以使个体在素质培养、能力训练等方面沿着预先设定的方向前进。

在职业发展路线选择时一般应考虑以下三个问题:

想往哪个路线发展?

能往哪个路线发展?

可以往哪个路线发展?

单元七　职业决策与行动

对这三个问题,可以根据个体自身的性格、兴趣、能力、环境等条件进行综合分析,最后确定适合自己的最佳职业发展路线。

(五)制定行动方案与措施

在确定了职业生涯目标后,行动便成了关键的环节。没有达成目标的行动,目标就难以实现,也就谈不上事业的成功。

(六)评估与反馈

职业决策是一个动态变化过程,行动方案的超前性包含了方案实施过程中的诸多不确定因素,因此必须重视行动方案实行过程中的行动反馈和结果反馈。当目标与结果之间出现差距,我们就要对出现的差距进行分析,找出原因,重新调整自己的目标,或者修改自己的行动方案,或者改变导致自己执行不力的习惯。

在职业决策过程中,信息反馈是最后一个步骤。所谓反馈,就是沟通双方期望得到一种信息的回流。由于现实社会中不确定因素的存在,大学生的现状与原来制定的职业目标有所偏差,这就要求我们不断地反省,并对决策的目标和行动方案,做出修正或调整,从而保证最终实现职业理想。从这个意义上说,反馈调整就是一个再认识、再发现的过程。这就要求我们时时注意内外环境的变化,不断地审视自我,不断地调整自我,不断地修正策略和目标,这个过程就是评估与反馈。

不少人是经过一段时间的尝试和寻找之后,才知道自己到底适合在哪个领域哪个层面工作的。在缺乏评估与反馈的情况下,这段时间可能长达十几年,或需要经历较大的挫折才能使人猛然醒悟,厘清自己的职业瓶颈;或是通过继续学习,才能更清醒地发现自己的潜能、长处和短处。当一个人自我觉醒且目标设定正确时,评估与反馈同样可以纠正各阶段目标中出现的偏差,同时能极大地增强实现目标的信心。职业决策的评估与反馈,是职业生涯中不能回避的问题,也是保证职业生涯成功和职业目标实现的重要手段之一。

影响职业决策的因素有很多,有的变化因素是可以预测的,而有的变化因素难以预测。在此状况下,要使职业决策行之有效,就须不断地对决策进行评估与反馈。

目标与结果的差距,本质上往往体现一个人职业素质的现状与职业目标实现所需要职业素质要求的差距,这时,我们要反思产生差距的原因,明确评估与反馈的内容,以期更好地符合自身发展和社会发展的需要。

1.产生差距的原因

(1)目标过高或过低。目标过高,超出个人能力,再努力也可能没有结果,这时要适当调低自己的目标,否则会挫伤自己的自信心;目标过低,不需要花费很大的精力就可以达成,那这种目标也没有什么价值,这种情况就要及时调高自己的预期目标,使自己的能力得到充分发挥。

(2)目标与行动方案不匹配。当目标合适而行动方案与之不匹配时,也可能导致目标无法实现。如大一的学业规划目标有通过英语四级考试,但却在行动方案中没有安排足够的时间学习英语和做练习。

(3)缺乏行动力。比如,目标是考初级会计师证,行动方案中也安排了学习专业技能的具体时间,但由于其他事情耽误了学习,导致目标无法实现。这是执行过程中存在的问题,应引起特别重视。

(4)能力差距。观念陈旧往往会造成策略失误,导致行动失败,因此,要不断检查、更新自己的观念;自身的知识储备与实施方案之间存在较大的差距,则可能导致没有能力达成目标,因此,要取得职业的成功,需更加注重建立合理、科学的知识结构,通过各种途径不断拓展自己的知识领域和积累更多的相关专业知识;环境在变化,对人的能力要求也是在不断变化的,自身技能与岗位不匹配产生差距,因此,有必要不断提高个人技能。

(5)心理素质较差。很多时候,我们没有取得预期的进步,并不是规划得不够好或措施不够得当,而是心理素质不够好。一个人职业生涯的发展,也是心理素质的成长过程。因此,个体应不断加强心理素质锻炼,提高心理的适应力、承受力,树立良好的职业心态,积极地面对出现的一切困难。

2. 评估与反馈的内容

职业决策评估与反馈的内容主要包括对职业目标、职业路径、实施策略以及其他因素的评估与反馈。

(1)职业目标。涉及对当前职业目标的审视,包括是否需要重新选择职业、是否适应当前职业,以及在特定情况下如何调整职业方向。例如,如果一直不被公司器重或管理理念不相适应,可能需要考虑离开公司或寻求新的职业机会。

(2)职业路径。要求大学生关注个人职业发展路径与自我匹配度,包括教育背景、工作经验等因素对职业发展的影响。例如,如果在大学阶段发现不适应一线城市的工作与生活方式,可能会选择寻找二线及以下城市的工作机会或考取研究生以寻求新的发展方向。

(3)实施策略。实施策略评估与反馈是指根据实际情况对具体实施方法进行评估与反馈,包括考证策略、支教策略等。例如,认为自己的身体素质和毅力不适合以应征入伍的方式推动从军目标的实现,则可能改变策略,探索适合自己的方法。

(4)其他因素。其他因素评估与反馈涵盖了对个人情况的综合考量以及对突发情况的应对。例如,家庭发生重大变故,职业价值观发生转变等。

此外,职业决策的评估与反馈还包括了对个人优势和潜力的总结、针对性的发展建议,以及鼓励和激励的内容,以激发个人的潜力和信心。

3. 评估与反馈后的调整

(1)目标调整。设定一个最重要的目标,其他目标都是指向这个核心的,我们完全可以通过优先排序,重点评估那些可能达到这个核心目标的主要策略执行的效果,进而判断是否需要重新选择职业。

(2)关注最新的需求。针对变化了的内外环境,要思考假如一直无法找到我们所希望的学习机会和工作,那么将根据现实情况重新选择职业目标;如果一直无法适应或胜任我们制定的职业目标,在学习工作中得不到应有的发展,导致我们长期压抑、不愉快,我们将考虑修正和调整职业决策。

(3)路径调整。明确调整发展路径,发掘最新的趋势和影响,思考对于新的变化和需求,怎样的策略才是最有效而且最有新意的。

(4)找到突破方向。有时候,在某一点上取得突破性的进展将对整个局面产生意想不到的改变。想一想,在你的行动方案中,哪一条对于目标的达成应该有突破性的影响?达到了吗?为什么没达到?如何寻求新的突破?

(5)关注弱点。管理学中有个著名的木桶理论,是说一只水桶能盛多少水,并不取决于最长的那块木板,而是取决于最短的那块木板。因此,当出现更适合自身发展和职业发展的机会或选择,而原定发展方向缺少发展前景的时候,就要尝试调整发展方向。

二、大学期间职业决策的基础——学涯管理

(一)学业规划方面

1. 大学一年级

学涯规划要具体到三年的学习生活中,实际就是规划学业发展、个性与社会性发展、生涯发展的过程。大学一年级的行为基础与心理建设对大学三年有重要影响,而大学三年的经验对未来的职业发展影响也是巨大的。大学生的茫然、失落与不知所措,往往是缺少目标与行动力造成的。因此,在大一期间开始制定学习目标,明晰目标,厘清头绪,并制定有效的行动方案,对个人的成长和发展意义重大。

大学一年级为探索期,应当初步了解职业,尤其是自己感兴趣的职业或与自己所学专业对口的职业。具体规划包括多与老师、学长沟通交流,尤其是已经毕业的学长和大三的毕业生,做充分的生涯人物访谈,了解就业信息。大一就业压力相对较轻,可以多参加学校活动,加入社团,练习沟通技巧,学习专业知识,为未来就业做准备。另外,作为大一学生,要尽量把更多时间放到图书馆,博览群书,充实自己。更多地去思考,拉长生命的宽度,尽早告别刚进大学的手足无措、彷徨与空虚。

2. 大学二年级

大学二年级为定向期,重在了解职业,增加储备知识,提高综合素质,初步明确未来发展方向。主要是了解当前的整体就业环境和就业趋势,各行各业的现状及发展前景,自己面临的一些就业机会,深入探索自我。比如,喜欢做什么,包括职业兴趣、职业价值观等;适合做什么,包括职业性格、气质、天赋、才干、智商、情商等;擅长做什么,包括职业能力倾向,如言语表达、逻辑推理、数字运算等;能做什么,包括自己掌握的专业知识、技能和工作经验等。

通过对自我因素、环境因素的综合分析,初步确定职业发展方向。如果在对上述因素进行"分析和权衡"的基础上,能够对自己的职业兴趣、性格和能力倾向等进行深入了解并认同,则可以基本确定职业方向。但是,如果连自己也不清楚真正喜欢或适合的工作,可以适当借助职业测评工具,来进一步发现和了解自己的职业兴趣、能力倾向等职业特征和发展潜能,但应当注意的是,职业测评工具可以做参考依据,不可过多依赖。

3. 大学三年级

大学三年级为冲刺期,需要提高求职技能,搜集、整理就业信息。一般而言,由于大学生各自的志向和发展方向不同,发展的道路也是不同的,因此,针对不同的情况,大三学生应该从以下几方面努力做准备:

打算专升本的同学开始努力备考,如选择专业、学校,进行专业课复习以及政治与英语的复习等。

毕业后打算立即工作的大学生则应对之前的职业准备做总结,积极参加招聘活动,在实践中检验自己的积累和准备,利用学校提供的条件,了解用人公司资料信息,强化求职技巧、进行面试模拟训练等,尽可能地在有较为充分准备的情况下进行演练,以提高自己的综合素质,并考取与就业相关的职业资格证书等。

准备创业的同学,需要更积极地参加各种创业大赛和创业实践活动,提高创业素质,积累经验,了解创业相关政策与法律法规,明确创业方向等。

准备参军的同学,要了解国家征兵的相关要求及政策,包括对学习成绩的要求和对身体条件等的限制。

准备考公务员的同学,也应该早做准备。提前了解考试的范围、科目,确定自己的报考职位。去图书馆借阅相关书籍,进行公务员考试的复习,同时也要准备相关的面试训练。

(二)心灵成长方面

大学期间的心灵成长主要包括养成良好的生活习惯、保持心理健康、广泛培养兴趣,以及学习时间管理、学会处理人际关系等。

1. 养成良好的生活习惯

"身体是革命的本钱",事实证明,身心健康是一个人事业有成的重要基础。好身体是做好一切的起点,而良好的生活习惯是保持身体健康的首要条件,如养成健康饮食、适量运动等好的生活习惯,戒掉酗酒、抽烟、长时间上网、玩电子游戏等不良生活习惯。

2. 保持心理健康

大学生群体,一个看似轻松、事实上却承担巨大压力的群体,学业、生活、情感、就业多重大山的压迫,是大学生产生心理问题的根本原因。大学生心理健康已经渐渐成为社会关注的焦点。大学生在具备好的身体素质的同时,也应该有健康的心理。

3. 广泛培养兴趣

有一本书的作者曾经访问了几百名成功人士,询问有哪件事是他们今天已经懂得,但在年轻时却留下了遗憾的。在众多的回答中,出现最多的是:"希望在年轻时就有前辈告诉我、鼓励我去追寻自己的理想和兴趣。"古人云:"知之者不如好之者,好之者不如乐之者。"兴趣是学习的内在驱动力,能变无效为有效,化低效为高效。大学期间,应当规划如何寻找自己的兴趣点,以开阔视野,接触更多的领域。而大学正是这样一个可以让你接触并尝试众多领域的场所。因此,大学生应当充分地把握在校时间,利用学校的各种资源,通过参加学术性论坛、听讲座、做兼职、参加社团活动、参加各种比赛等不同方式,了解更多不同的领域,探索内在的兴趣。

4. 学习时间管理

对大学生来说,三年的时间是短暂而宝贵的,要学的东西又太多。因此,学会管理时间就是大学生规划时间的第一步。我们无法增加生命的长度,唯有增加生命的密度。为此,大学生要合理规划时间,在完成学业的基础上,劳逸结合,将丰富多彩的校园文化活动作为专业学习的有益补充。

5. 学会处理人际关系

人际交往有助于获得友谊,还有助于认识世界,处于青年期的大学生,思想活跃、精力充沛、兴趣广泛,对人际交往的需要较为强烈。大学是人际关系走向社会化的一个重要转折时期,大学生希望被人接受、理解的心情尤为迫切。踏入大学,就会遇到各方面的人际关系:师生之间、同学之间、同乡之间,以及个人与班级、学校之间的关系等。

面对如此多的人际关系,有的同学因为处理不当,整日郁郁寡欢,心情沮丧;有的同学因为人际关系紧张,精神压力很大,导致不同程度的心理障碍。一些同学对人际关系的追求往往带有较多的理想化色彩,无论是对同龄朋友,还是对师长,往往希望交往不带任何杂质,同时他们也常常以理想的标准要求对方,一旦发现对方某些不好的品质就深感失望;而更多的同学则由于不知如何处理复杂的人际关系,而经常被苦闷、烦恼的情绪所困扰。因此,大学生必须做好人际关系管理规划,学会调整心态,增强人际沟通能力,改善人际关系。

(三)社会实践规划方面

大学生未来职业生涯发展需要具备各方面的素质和能力,特别是实践操作的能力。大学生社会实践是在校大学生利用课余时间,步入社会进行社会接触,提高个人能力,触发创作灵感,完成学术研究,发挥自己的聪明才智以求和社会有更大的接触,对社会做出贡献的活动。实践操作能力强的大学生无疑在找工作时更有胜算。运用在大学学习到的理论知识进行社会实践活动是每个大学生必须要上的一门课程。大学生实践操作的能力来自在校期间多方面的实践锻炼,尤其是社会活动实践。

社会实践活动能促进大学生的社会化。大学生在社会实践中,有意识地担任一定的社会角色,学习相关的知识,掌握相应的劳动工作技能,从心理上、生活上做好上岗前的准备,从而缩短角色转换的时间,促进自身社会化进程的加快。社会实践活动的规律表明,人的个体价值和社会价值是统一的,任何人要想实现个人价值都不能离开社会价值而独立体现。因此,大学生必须通过社会实践这个环节把个人价值和社会价值结合起来,并通过实践活动,提高业务水平,就更能充分体现其个人价值。

课堂学习为培养能力打下基础,要形成实际工作的能力,还必须通过社会实践锻炼,在实际工作中促进观察能力、分析能力、调查研究能力、交际能力、表达能力、组织管理能力、科学研究能力的发展。大学生参加社会实践活动,能亲身感受效率观念、时间观念的作用,从而树立起现代观念。社会实践是解决理论脱离实际、知识远离生活等问题的有效途径,可以提高高校人才培养与社会实际需求的契合度,培养符合时代需求的高素质创新型人才。因此,大学生可以从以下几个方面制定大学期间的社会实践规划,提升自己的实践操作能力。

1. 参加社团活动

大学社团是高校学生中有相同兴趣、爱好的人自愿结成的课外活动组织,一般不受年级、系科限制,内容涉及各个领域,活动方式多样,是为了满足大学生心理、文化、生活、社会需要而自发筹备并经学校有关部门批准成立的具有一定目标和活动规范的群众性业余团体组织。

大学生社团是提升大学生素质、培养能力、增长知识的重要载体,社团活动是提升大学生素质的重要内容,社团活动比较活跃的高校,大学生素质拓展计划实施的成效往往也比较突出。在校大学生应该根据自身情况,选择适合自己的社团,并积极参加社团的各种活动,锻炼自己各方面的能力,积累实践经验。大学生社团包括学术研究类、文化传播类、艺术类、体育类、棋艺类等。

2. 进行勤工俭学

大学生勤工俭学是指在校大学生利用课余或假期时间,在校内或校外参加的各种有偿实践活动。与过去的勤工俭学相比,新时期的勤工助学不仅在经济上发挥着帮困助学的作用,更重要的是通过勤工俭学这样一种特殊的社会实践活动,对学生进行思想上的锤炼、知识上的补充和能力上的培养,促进学生综合素质的全面发展。目前,勤工俭学是大学生社会实践的主要形式。

3. 参加公益活动

公益活动是高校开展社会实践活动的重要途径。参加公益活动，体现了学生助人为乐的高贵品质和关心公益事业、勇于承担社会责任、为社会无私奉献的精神风貌，参加公益活动是服务型社会实践的一种。高校大学生立足于地方经济建设和社会发展，通过参加涉及科学、教育、文化艺术、体育、医疗卫生、环保、社会福利、社区服务，以及其他一切关心社会的公益活动，培养自己树立热心公益、自觉承担社会责任的观念，增强公益意识。

4. 进行社会调研

大学生开展社会调研作为高等学校实践教学的基本内容，有利于扩展教学空间、创新教学方法、提升学生的职业能力以及增强学生的社会责任感。社会调研是实现理论与实际相结合的重要途径，它有利于树立大学生正确的世界观、人生观和价值观，培养科学的思维方式，教会大学生正确做人、适应社会的本领，全面提高大学生的综合素质。同时，社会调研还具有很强的操作性，是符合当前高校实际、行之有效的社会实践形式。

5. 重视实习

大学生实习，是指高校在校大学生进入到政府机关、企事业单位和社会团体等用人单位进行教学实习、生产实习，以开展实践教学、培养学生实践能力和创新精神，包括在校内校外的训练中心、专业实训中心、专业实训基地、实习基地、实习实训基地进行的各类实习活动。

实习是大学生社会实践的一个重要环节，主要包括生产实习和毕业实习。实习期间，大学生接触生产实际，经过现场观察、调查研究、实际操作，把所学的知识运用到实践中去，能在实践中加速业务上的成熟，缩短学校教育和社会要求的差距，增强竞争力和适应能力。因此，大学生在实习前应端正态度、调整心态、做好规划、主动学习，积累社会经验、发现自身不足，才能更加了解专业，明确努力方向。

三、大学生职业决策行动方案

拿破仑说："想得好是聪明，计划得好更聪明，做得好是最聪明。"成功人士的秘诀是"行动，行动，再行动！"唯有行动才能决定你的价值。行动可以让你的梦想和目标从思想领域步入现实，不论是朝向自己心中的圣地，还是那使命的征途，或是那平凡的不朽，这一切都需要我们现在就迈出行动的步伐，一步一步踏踏实实地走。

在现实生活中，人们做事为什么经常会半途而废？往往不是因为目标难度过大，而是觉得成功离自己很远。因此，我们把大学三年的最终目标分解成一个个阶段性目标，相应地制定一个个阶段性实施方案，这样的话，只要坚持实施这些阶段性方案，完成这些阶段性目标，自己大学三年的生涯目标就一定能实现。制订行动计划应注意以下几个问题：为什么订立这个目标，如何达成目标，如何分解目标，为达成目标需要做哪些准备，有哪些需要解决的难题以及谁能帮助我实现目标。

行动方案不等于目标，而是根据目标所制定的、为了达到目标必须采取的行动措施。制定大学生生涯发展的具体行动方案，应与大学生生涯目标一致，这些行动方案必须具体，包括学业目标、生活成长目标和社会实践目标等。从时间跨度可以分为大学的整体规划行动方案(整体计划)、年度规划行动方案(年计划)、月度规划行动方案(月计划)、周规划行动方案(周计划)和日规划行动方案(日计划)，它们相对应地规定了不同实施阶段的行动计划，年度计划从宏观上规定你一年要做的事,所以,可以以总体或每月要干什么来做计划;而月计划则应以每周要干什么来计划,用四周时间来完成;周计划则以日为单位来计划,即每天要完成多少事;日计划则必须以小时来计划,从而指导自己一天之中什么时间应该干什么。

制订好计划后,再从日、周、月计划实行下去,直至实现自己的一年、二年、三年目标,使自己在毕业时能轻松踏入社会,开启真正的职业生涯。

一旦制定了行动方案,就必须严格实行,约束自己的行为,并定期评估与反馈,以确保目标得以实现。

(一)行动方案的制定

1. 大学的整体规划行动方案

大学的整体规划可以以年为单位来制定。具体可参照表7-3。

表7-3　　　　　　　　　　大学的整体规划行动方案

实施时间		学业规划			心灵成长			社会实践		
		目标	方案	评估反馈	目标	方案	评估反馈	目标	方案	评估反馈
第一学年	上学期									
	下学期									
第二学年	上学期									
	下学期									
第三学年	上学期									
	下学期									

2. 年度规划行动方案

年度规划行动方案是为了完成年度任务而制定的配套实施方案。具体可参照表7-4。

表7-4　　　　　　　　　　年度规划行动方案

实施时间	学业规划			心灵成长			社会实践		
	目标	方案	评估反馈	目标	方案	评估反馈	目标	方案	评估反馈
1月									
2月									
3月									
4月									
5月									
6月									
7月									
8月									
9月									
10月									
11月									
12月									

3. 月度规划行动方案

月度规划行动方案是指按月度目标来制订,可以以每周为单位的行动计划。具体可参照表7-5。

表 7-5　　　　　　　　　　　　月度规划行动方案

实施时间	学业规划			心灵成长			社会实践		
	目标	方案	评估反馈	目标	方案	评估反馈	目标	方案	评估反馈
1周									
2周									
3周									
4周									

4. 周规划行动方案

周规划行动方案是指按每周的目标来制订的，具体到以天为单位的行动计划。具体可参照表 7-6。

表 7-6　　　　　　　　　　　　周规划行动方案

实施时间	学业规划			心灵成长			社会实践		
	目标	方案	评估反馈	目标	方案	评估反馈	目标	方案	评估反馈
星期一									
星期二									
星期三									
星期四									
星期五									
星期六									
星期日									

5. 日规划行动方案

日规划行动方案是计划中最小的单位，它围绕每天的目标来制订，一般计划到每小时的学习安排，非常具体。具体可参照表 7-7。

表 7-7　　　　　　　　　　　　日规划行动方案

实施时间	学业规划			心灵成长			社会实践		
	目标	方案	评估反馈	目标	方案	评估反馈	目标	方案	评估反馈
6:00～8:00									
8:00～11:30									
11:30～13:00									
13:00～16:00									
16:00～17:30									
17:30～21:00									
21:00～22:00									
22:00～6:00									

无论如何就业，都需要了解出路，制定科学的行动方案，并坚决地执行下去。所谓"知易行难"，就是在确定了职业生涯目标后，行动便成了关键的环节。没有行动，目标就难以实现，也就谈不上事业的成功。在实现目标的过程中，要不断地根据实施情况修正行动方案，以便尽快实现目标。

(二)行动方案的管理策略

以下几项措施,可以帮助大学生更好地执行自己的行动方案。

1. 经常回顾计划

有些人虽制订了计划,但总是不将计划放在心上,内心仍然处于茫然状态,努力方向不明确,缺乏时间观念,遗忘目标,结果贻误职业生涯发展机会。因此,要经常回顾行动方案,必要时做出改动。

2. 灵活调整规划

如果自己的理想蓝图发生变化,职业生涯构想和行动方案也要做出相应的变动,对应的目标和策略也应改变。然而计划毕竟只是计划,往往需要和现实结合起来,实施动态管理,否则,缺乏灵活性也会导致计划落空。

3. 通过他人监督

与亲朋好友讨论自己的职业生涯构想和行动方案,并询问实现该构想的途径。向亲朋公开自己的职业决策,往往能督促自己行动。如果决策只有自己知道,在遇到困难时很容易退却。反之,如果事先将自己的设想告诉家人和朋友,先征求别人的意见和建议,再采取行动,一方面可以集中集体智慧,帮助自己设计最优的策略和方案;另一方面,可对自己进行监督、约束,增加责任心。

4. 经常评估并及时反馈

保证至少每个月检查一次自己的学习进度。过程监督十分重要,监督可以发现存在的问题,可以考察方案的落实情况,可以有针对性地提出解决方案。也可以适当地调整整体目标,使自己的目标更合理,使达到的成就水平更高。如果感到自己的生活节奏很慢,效率很低,没有实现原目标,则需要考虑自己的动机水平是否足够。

5. 持之以恒执行规划

要有毅力,在大学里,可能朋友交际会比较多,有时很多人都在娱乐,自己也有兴趣参加,如果没有自觉性,通常会使方案失效,一旦最初的目标落空,以后也容易放弃,这是需要特别注意的地方。

(三)行动方案自我监督的方法

1. 定期检查法

大学生可以定期检查自己建立的日、周、月度、年度等规划行动方案表,了解自己的规划行动方案落实情况,对思想道德素质、智育素质、体育素质、文化素质和心理素质等方面,形成综合学习、生活、思想素质等方面的综合评价值,及时查找问题,这样可以使大学生知道自己的哪些能力需要发展和提高,从而改进其学习、工作的表现和行为。

2. 归纳总结法

根据实际情况,认真进行阶段性总结,总结收获对达成目标是有帮助的。有的大学生把提高学历当作近期最主要的目标;有的大学生想参军,提高身体素质是他们近期的主要目标;有的大学生准备创业,寻找项目、整合资源、办理营业执照是他们主要的任务;有的大学生选择加入学生会,并把学生会锻炼当作大学阶段必不可少的一门实践课。大学生可以根据自己的阶段成果获得情况,对方案的实施情况进行归纳总结。大学生在每一近期目标实现后,调查、分析下一步的主(客)观环境、条件,然后依据实际情况,及时修改下一步的规划行动方案。

3. 比较分析法

每个人都有自己的方法,所以在制定行动方案时应多比、多思、多学,吸取别人科学的方法。对别人的行动方案的分析,有助于对自己的行动方案进行修改。

4. 交流借鉴法

大学生可以将自己的行动方案告诉老师或好友,在日常学习、工作交流中与同学互相提供反馈信息、互相监督、互相促进。让老师、同学、朋友对自己的缺点或错误提出意见。同时,虚心、主动、积极地征求别人对自己行动方案的看法、修改意见及反馈信息。通过日常交流和非正式的交流与借鉴,为行动方案的顺利实施清除心理上的阻碍。

5. 全方位评价反馈法

全方位评价反馈应包含领导、老师、同学、被评价者自身等主体。实施大学生行动方案全方位评价反馈要重点做好以下三个环节:

(1) 做好同学间评价。借助同学们的智慧与经验,让被评价的学生更清醒地认识到自身的优势和不足,明确努力方向。

(2) 做好自我评价。自我评价便于大学生进行自我反思,由被动接受评价转变为主动反省,总结学习、工作的得失,同时可以以情商加学习成绩作为核心创新点,使自我评价成为自我认识、自我改进、自我管理、自我完善的有效途径,使自我评价成为大学生专业发展的"助推器"。

(3) 落实评价反馈。大学生全方位评价反馈法最后能否改善现状,在很大程度上取决于评价结果的反馈。因而应通过选择合适的时间、地点和反馈途径,综合各方面的评估信息经过实际分析反馈给自己,并帮助我们评价和调整行动方案,从而增强反馈的效能。

大学期间评估修正表详见表 7-8。

表 7-8　　　　　　　　　　大学期间评估修正表

实施时间	阶段性成果	实施后的结果	评估差距	分析差距产生的影响	修正措施

四、职业生涯的成功标准

(一) 职业生涯成功的定义

职业生涯成功是指一个人在工作领域中取得的高度成就和满足感,体现在个人职业生涯所追求目标的实现。它不仅仅是指赚取大量金钱或担任高级职位,还包括个人在工作中的成长、专业技能的提升以及自我实现的程度。职业生涯成功主要取决于个人的目标、价值观、适应环境的能力和努力程度。

职业生涯成功因个人的定义而异。不同的人对职业生涯是有不同理解和目标的。对于一些人来说,成功可能意味着担任高级职位,并拥有权力和地位。对另一些人来说,成功可能意味着工作与生活的平衡,并且能够享受他们选择的职业所带来的乐趣和满足感。因此,职业生涯成功的定义因个人的目标和价值观的不同而不同。

(二)职业生涯成功的界定

总体来说,个人职业生涯成功有以下几种情况:

(1)个人的价值取向、能力、个人特质与其所选择的职业相适合,且在这一职业岗位上工作得心应手、顺心、顺利,这是一种职业生涯成功。

(2)个人有自我职业目标,无论是从刚就业就一直在某职业岗位上,还是历经坎坷,发生职业转换,最终才得以实现个人既定职业目标,也是一种职业生涯成功。

(3)在所从事的职业工作岗位上,尽心尽力、尽职尽责,做出突出成绩,使个人产生一种自我满意感、成就感,或得到组织、同事的认同,也是一种职业生涯成功。

(4)勇于创新,敢于另辟蹊径,"不要总是沿着老路走,在没有路的地方去踏出一行新的脚印"。大凡这样的人,多是有所建树、有所成就者,这也是一种职业生涯成功。

(三)职业生涯成功的类型

职业生涯成功能使人产生自我实现感,从而促进个人素质的提高和潜能的发挥。职业生涯成功与否,个人、家庭、企业、社会的判定标准都存在一定的差异。从现实来看,职业生涯成功的标准具有明显的多样性。目前,大家公认的职业生涯成功类型有以下五种:

(1)进取型——达到集团或系统的最高地位。

(2)安全型——追求认可、工作安全、受人尊敬和成为"圈内人"。

(3)自由型——在工作过程中得到最大的控制而不是被控制。

(4)攀登型——得到刺激、挑战和冒险的机会。

(5)平衡型——在工作、家庭关系和自我发展之间取得有意义的平衡,使工作不至于变得太耗精力或太乏味。

实际上,最关键的是从自己设立的职业生涯目标(包括内职业生涯目标和外职业生涯目标)是否实现来确定职业生涯的成功标准。任何脱离目标的成功都是毫无意义的。

(四)实现职业生涯成功的七个步骤

1. 强烈的愿望——我要成为什么样的人

这是成功的基本前提,反映着一个人的理想、胸怀和价值观,影响着一个人的奋斗目标及成就的大小,是职业生涯成功的关键。

2. 明确的方向——我要选择哪种职业

要想确定自己的职业方向首先要选定自己的职业,一个成功的职业生涯离不开明确的目标与方向。

3. 具体的目标——我要完成的阶段目标

通过制定阶段目标,个人可以明确自己在不同时间点的职业发展方向和目标,从而更有针对性地提升自己的能力和技能,逐步实现职业上的成功。

4. 积极的心态 — 我从中获得哪些价值

积极的心态能够让我们看到问题的机会和挑战,而不是障碍和困难。这种心态不仅有助于个人成长,还能激发凝聚力和创造力。

5. 有效的方法——建立动机与结果的桥梁

成功动机是人们为了追求成功而产生的内在驱动力量,它是个人努力、追求和坚持的核心原因。持续的努力和坚持是动机与结果的桥梁,关乎个人的学习、成长和成功。

6. 大胆地实践——心动、脑动,更要行动

大胆尝试是成功的重要因素,我们只有不断去尝试和积累,才能有所收获和成就。

7. 及时地总结——将经验教训变成财富

及时地总结经验,对于个人成长和事业发展至关重要。通过总结,个人可以反思过去的行为和决策,从中汲取教训,为未来的行动提供指导。这种习惯不仅有助于个人能力的提升,也是推动事业成功的关键因素。

过去、现在、未来

教师发给每人一张纸,如图7-4所示,让大家思考后填写,大约10分钟的时间。填写完毕,各小组分三轮进行交流,第一轮每人轮流介绍10岁时的情况,并说明为什么这样写;第二轮每人轮流介绍现在的生活,并说明理由;第三轮介绍对未来生活的展望及理由。每位同学可以在分析自己、了解他人的过程中增强自觉,相互理解、共情。

当我10岁时
我的职业理想:
理由:
问题:
我现在的生活
我的职业理想:
理由:
问题:
十年后的情形
我的职业理想:
理由:
问题:

图7-4 探索决策风格

思考并回答:

1. 描述自己以往在做重大决定时采取的方法和模式,初步觉察自己的决策风格,并了解别人的决策风格。

2. 阐述决策风格变化的原因,以及你认为如何才能更好地做出职业决策。

模块四

就业准备
——万里之路足下行

导入语

就业形势将直接影响到每名毕业生的求职历程,明确自身面临的就业形势,将有利于毕业生根据目前所面临的机遇和挑战,选择合理的职业方向,做出科学的职业生涯规划,积极面对就业市场。掌握高效的求职方法将有助于毕业生在求职过程中从容应对求职材料投递、笔试关及面试关。清楚就业流程,明确自身合法权益,将有助于毕业生有效地应对求职过程中遇到的各类问题。

单元八
了解就业形势

人力资源和社会保障部于 2024 年 7 月 11 日发布消息,宣布启动 2024 年高校毕业生等青年就业服务攻坚行动,从即日起至 12 月,对 2024 届离校未就业高校毕业生和登记失业青年集中提供政策落实、招聘对接、困难帮扶、能力提升、权益维护等不断线就业服务。

人力资源和社会保障部就业促进司有关负责人表示,各地人社部门要为未就业毕业生等青年提供求职指引和便利,集中发布致高校毕业生一封信和公共就业人才服务机构清单、就业创业服务清单、就业创业政策清单。推广未就业毕业生求职登记小程序,开放线上线下求助渠道,对未就业毕业生等青年落实实名就业服务,提供至少 1 次政策宣介、1 次职业指导、3 次岗位推介、1 次技能培训或就业见习机会。

行动要求各地实施困难帮扶专项行动,将脱贫家庭毕业生、残疾毕业生、长期失业青年和求职补贴发放对象纳入帮扶台账,推进分层分类就业帮扶,优先提供指导服务,优先推荐就业岗位,优先开展培训见习。

按照行动部署,各地将推进"职引未来"系列招聘,广泛收集有利于毕业生发挥所学所长的就业岗位,开展专业化、行业性、分区域的招聘活动。未就业毕业生较为集中的城市和用工密集的地区每周至少举办 1 次专业性招聘活动,每月至少举办 1 次综合性招聘活动。

据介绍,行动期间,各地还将强化就业权益保障,整治虚假招聘、就业歧视等违法行为,发布求职陷阱提示,加大防电信诈骗宣传力度,提升毕业生防范就业风险意识。

(资料来源:中央人民政府网,2024-07-12)

请思考:
针对 2024 年高校毕业生等青年,我国人力资源和社会保障部开展了哪些就业服务?

第一节 大学生的就业现状

党的二十大报告指出,要实施就业优先战略,强化就业优先政策,健全就业公共服务体系,加强困难群体就业兜底帮扶,消除影响平等就业的不合理限制和就业歧视,使人人都有通过勤奋劳动实现自身发展的机会。

解决好就业问题,始终是经济社会发展的一项重大任务。高校毕业生作为重点群体之一,国家将通过一系列政策支持,积极拓展政策性岗位资源,大力拓宽市场化就业渠道,做好重点群体就业帮扶,有针对性地以招聘会、公共就业服务进校园等方式,向广大毕业生提供足质足量的就业岗位。

了解当前就业形势对于高校大学生来说是非常必要的,通过对就业形势分析,展望毕业生的就业前景,能使大学生更加清楚就业竞争的激烈程度,以便提前做好心理准备,做好职业生涯规划。就业形势直接影响到毕业生整体的就业率和就业质量,就业形势也直接关系到每位毕业生的求职择业历程,有利于大学生更好地根据自身条件和当前所面临的机遇与挑战制定合理的职业目标,并制定科学的职业生涯规划,积极转变观念,实现主动就业。

一、大学生就业环境

就业环境是一种社会存在,融合政治、经济、文化等与大学生择业息息相关的外部因素。大学生在择业前要学会正确认识与分析自己所处的就业环境,权衡利弊,确定自己的就业方向和职业目标,只有这样才能在求职过程中做到从容面对、有的放矢。

(一)高等教育迈向普及化

美国教育社会学家马丁·特罗于1973年提出了"高等教育大众化三阶段论"。该理论认为,高等教育的毛入学率低于15%的属精英教育阶段,毛入学率大于15%但小于50%的为大众化阶段,毛入学率大于50%的为普及化阶段。进入21世纪后,我国每年普通高等学校数量和在校生人数都有明显增加,由数据得出中国高等教育已经从精英化迈向大众化、普及化。

1977年,我国恢复高考制度,这是中国高等教育事业发展的一个重要里程碑,由此揭开了中国高等教育改革迈向大众化阶段的序幕。1995年11月,我国开始重点建设100所左右的高等学校,打造一批重点学科点,使其达到世界一流大学的水平,这些学校通常被称为"211工程"大学。1998年5月,我国正式启动"985工程",这是我国为建设若干所世界一流大学和一批国际知名的高水平研究型大学而实施的教育计划,包含39所顶尖大学。2019年2月,中共中央、国务院印发了《中国教育现代化2035》,这是我国第一个以教育现代化为主题的中长期战略规划,是新时代推进教育现代化、建设教育强国的纲领性文件,系统勾画了我国教育现代化的战略愿景,明确了教育现代化的战略目标、战略任务和实施路径。随着高等教育普及化的全面推广,选择接受高等教育的学生将会越来越多,大学生面临的竞争也会愈加激烈,这需要大学生能够公正地参与社会竞争,实行双向选择,自主择业。

(二)大学生就业处于"买方市场"占主导

随着高等教育的迅速发展,大学生供给紧缺的时代已经过去,大学生的就业已由计划分配转变为市场选择,即由"卖方市场"转变为"买方市场"。经济学中的"卖方市场"是指供给小于需求,卖方在交易上处于有利地位的市场趋势,这里的"卖方市场"代表高校毕业生;经济学中的"买方市场"是指供给大于需求,买方在交易上处于有利地位的市场趋势,这里的"买方市场"代表用人单位。

在精英教育阶段,大学生的供给小于社会需求,高校大学生毕业实行包分配制度,并不存在就业压力。当高等教育进入大众化阶段后，大学生和用人单位逐渐形成了"双向选择、自主择业"的新机制，大学生与市场需求的关系从逐渐平衡发展到供给大于需求的局面，大学生就业压力日益严峻。

大学生就业问题的改善与经济因素密切相关，同时也离不开大学生个人就业观念的转变。因此，大学生在求职过程中，应客观分析自身的条件，找准自己的定位，正确评价自身的能力水平，切勿好高骛远，一味地追求高收入、大城市。任何一项工作都需要有人去做，用力做事只能够完成一项工作，而用心做事不仅能够出色地完成一项工作，并且能够做得持久，大学生就业最重要的是找到一个适合自己发展的平台。

（三）用人单位更注重大学生的综合素质

在传统观念中，求职者的学历越高越容易就业，而求职者文化程度的高低也一度成为用人单位遴选人才的重要参考因素。但是，随着用人单位人才观念的改变，高学历在就业市场的优势越来越低，用人单位更看重大学生实际的工作能力和综合素质，注重对大学生情商、智商、实践操作能力、综合能力等方面的考察，比较务实地来选拔适合企业需要的人才。高学历并不是衡量一个毕业生是否优秀的唯一标准，只能作为一个参考条件。例如，有些从简历上来看基础条件不错的大学生却找不到一份优质的工作，很大一部分原因在于他们自身的综合素质无法满足用人单位的考核要求。

综合素质高的大学生具有较强的适应性、勇于开拓的创新意识、卓越的综合能力，他们深受用人单位的青睐，因而会出现就业面广，选择机会多的优势。对于高校学生而言，在相同学历条件下，凸显个人综合素质更为重要。要想保证自己在就业市场中拥有较强的竞争力，就必须做好充分准备。知识要靠日积月累的积淀，实践要靠自己寻找机会，个人品格要在生活、学习中不断塑造与培养，每名学生只有平时积极努力，有意识地培养和锻炼自己，才能在求职时从容不迫。

（四）战略性新兴产业成为经济增长新引擎

战略性新兴产业是指以重大技术突破和重大发展需求为基础，对经济社会全局和长远发展具有重大引领作用，知识技术密集、物质资源消耗少、成长潜力大、综合效益好的产业，主要包括新一代信息技术产业、高端装备制造产业、新材料产业、生物产业、新能源汽车产业、新能源产业、节能环保产业、数字创意产业、相关服务业九大领域。

大学生应充分认识并不断提高自身的能力素质，综合发展潜力、兴趣、外部条件、社会需要等多方面的因素，有目的地选择适合自己的职业。

（五）大学生就业方式趋于多样化

随着高等教育人才培养模式、教育方式、培养目标等内容的改变，大学生就业方式也必然趋于多样化，特别是军队文职考试、"三支一扶"、西部计划、选聘高校毕业生到村任职、网上双选会、网上签约等新的就业形式和途径，更为大学生顺利就业，实现人生价值，服务社会提供了广阔的空间。

二、大学生就业形势

21世纪是我国产业结构调整、经济增长方式转变的关键时期，也是逐步完善市场经济体制的关键时期。近年来，随着高校毕业生数量逐年增加，大学生面临的就业压力愈演愈烈，就业形势日益严峻，大学生就业问题进入了一个新的阶段。高校毕业生人数逐年增长，导致就业市场的供给与需求矛盾不断增加。

教育部公布的数据显示,2024届高校毕业生总规模预计达到1 179万人,同比增加21万。从2021年的909万人到2022年的1 076万人,再到2023年的1 158万人,预计到2024年将达到1 179万人,这是我国高校毕业生人数突破1 000万大关的第三年。2024年企业释放应届生需求,招聘规模稳中有增。调研显示,有81%的企业有2024届应届生招聘计划,32%的企业表示招聘应届毕业生的人数将会增加,半数企业表示将会与上一届持平。部分行业招聘人数保持稳定,新兴领域就业潜力较大。新能源、电子通信、机械制造等行业仍有大量招聘需求,展现出较强行业韧性,未来将持续成为吸纳就业的有效支撑。生物工程、节能环保等新兴产业,在吸纳就业方面仍具有较大挖潜空间。

面对2024年总体就业形势的严峻挑战,不少求职者都感受到了前所未有的压力。在这一背景下,各行各业都在努力寻找应对之策,以缓解就业市场的紧张氛围。政府层面,相关部门出台了一系列政策措施,旨在促进就业市场的稳定和发展,包括鼓励企业扩大招聘规模、提供就业指导和培训服务、推动创业创新等。企业方面,许多公司也在积极调整用人策略,以适应就业形势的变化。一些企业开始更加注重人才的培养和发展,通过内部培训、晋升机制等方式,激发员工的潜力和创造力。同时,企业也在努力拓宽招聘渠道,通过线上线下相结合的方式,吸引更多的优秀人才加入。对于求职者而言,面对严峻的就业形势,更需要保持积极的心态和行动。他们可以通过提升自己的专业技能和综合素质,增强自己的竞争力;同时,也要善于利用各类就业资源和平台,积极寻找适合自己的就业机会。

(一)大学生就业面临的挑战

大学生是我国经济发展中十分重要的人力资源。近年来,我国整体就业环境并不宽松,加之大学毕业生数量逐年增加,就业形势复杂严峻,大学生就业面临的挑战不断涌现。

1. 人才供给与需求矛盾依旧凸显

近年来,我国社会经济发展保持良好,呈现高速增长态势。一方面,我国每年有大量的就业岗位需求,但大学毕业生数量逐年增长,使得市场很难有效吸收。加上人口基数大,大量新增劳动力需要就业,人才供给大于需求的格局并未改变。另一方面,随着我国产业升级所带来的迫切需求,以及原始创新能力提高的迫切要求,对高层次科技创新和研发人才的需求开始变得异常迫切,这也是"双一流"大学建设成为国家战略的根本原因。从目前来看,与一些发达国家相比,我国高等教育对高层次科技创新和研发人才的培养规模偏小的问题较为突出,已经不能完全适应当前经济社会发展的需求和"双一流"大学建设的需求。

2. 大学生就业选择出现结构性失衡

目前,我国各区域的经济发展存在不平衡,东部发达地区、省会城市、一线城市等为大学生提供了良好的生存环境和较好的发展前景,成为多数毕业生首要考虑的工作地点。由于在就业区域选择上存在偏好,并且这些地区人才竞争激烈,部分大学毕业生未能有效就业。与此相反,在中部地区,与省会城市相对较远的四线、五线城市却存在大量的岗位招不到大学生的情况,造成就业结构总体上的不平衡。

《2023届高校毕业生就业数据报告》显示,从2023届应届生就业城市分布TOP20来看,上海、北京、深圳、广州位居前四位,分别占比为11.13%、9.00%、6.93%、5.27%。从其招聘平均年薪来看,排名前四的是北京、上海、深圳、杭州,分别为18.30万、17.67万、16.86万、15.86万;南京位居第五位,为14.27万。在2023届应届生投递简历的TOP20城市中,上海、深圳、北京、广州位居前四位,分别占比为10.20％、8.38％、8.05％、7.21％。杭州、苏州、成都位居第五至第七位。

另外,不同学科专业、不同学历层次之间的就业都存在明显的差异,表现为结构性失衡,比如,重点高校、本科以上学历并且是理工科的毕业生比其他毕业生更容易找到工作,研究生的就业率明显高于本科生的就业率,管理类、纯文科、纯理科专业的就业状况不理想,工科专业就业状况普遍较好。

3. 大学生的能力素质与用人要求不匹配

近些年,全国每年有一千多万名高校大学生毕业,需要创造一千多万个新的就业岗位,就业竞争如此激烈,却常有企业苦于找不到合适的人才。大学所提供的人才在数量上是有保证的,在专业类型上也不少,但在人才质量上却无法保证用人单位的需要,人才与企业需要有脱节。

能力是影响大学生成功就业最基本、最直接的因素。除了专业能力外,用人单位还提出了明确的非专业能力要求,主要集中在表达能力、协调沟通能力、人际交往能力、组织管理能力、适应能力和实践能力等方面。用人单位招聘大学生已经从"数量型"转向"质量型",他们挑选人才时更注重业务能力和综合素质。

对应届毕业生而言,具备相关实习经历、求职目标明确、社会实践经历丰富等条件是求职成功的重要因素。多数大学生缺乏实践和动手能力,虽然大部分学校会安排毕业实习,但效果并不明显,这导致很多大学生存在空有知识而不会灵活运用的问题,一些大学生的能力素质与用人单位的要求存在较大差距,加大了学生就业的难度。

(二)促进大学生就业的应对措施

大学生就业形势严峻复杂,就业工作面临前所未有的挑战。在中央各部门、地方省委和省政府、高校、用人单位及全社会共同努力下,2024届毕业生就业局势总体稳定。面对严峻的就业形势,可以采取以下有力的措施:

(1)发挥政策引导作用,鼓励大学生赴基层和中西部地区就业。对到农村基层和城市社区公益性岗位就业的大学毕业生,给予社会保险补贴和公益性岗位补贴;对到农村基层和城市社区其他社会管理和公共服务岗位就业的大学毕业生,给予薪酬或生活补贴。

(2)主动向重点地区、重大工程、重大项目、重要领域输送大学毕业生,引导大学毕业生到高技术产业、战略性新兴产业、先进制造业和现代服务业等新兴领域就业创业,鼓励大学毕业生到国际组织实习任职。

(3)鼓励和支持大学毕业生到中小企业就业和自主创业。对企业招用非本地户籍的普通高校专科以上毕业生,各地城市应取消落户限制(直辖市按有关规定执行),为到中小企业就业的大学毕业生提供档案管理、人事代理、社会保险办理和接续等方面的服务。从事个体经营的大学毕业生,符合条件的,免收行政事业性费用并享受国家相关扶持政策。登记失业并自主创业的,若自筹资金不足,可申请5万元小额担保贷款;对合伙经营的,可按规定适当提高贷款额度。参加创业培训的,按规定给予职业培训补贴。灵活就业并符合规定的,可享受社会保险补贴。

(4)下好统筹联动"一盘棋"。建立健全高校区域布局、学科专业、层次类型动态调整机制,统筹推进各类型、各层次的人才培养模式改革,运用社会资源开展协同育人。建立健全高校毕业生就业质量年度报告制度,推动形成就业与招生计划、人才培养的联动机制。

（5）广泛应用"互联网就业"新模式,开展精准的就业对接,加强困难群体帮扶,加快建设一支职业化、专业化的就业指导工作队伍,严格落实就业签约"四不准"要求,坚决反对任何形式的就业歧视,严密防范"培训贷"、求职陷阱、传销等不法行为,切实维护大学毕业生的合法权益。

（6）高校应探索以新经济为导向的大学生后续教育体系,联合各领域的头部企业,在专升本教育、第二学士学位教育及未就业毕业生后续教育中,开展有针对性的职业技能培训和就业创业指导。

（7）提高"云端招聘"的质量和渗透率,降低摩擦性因素。通过发挥云端平台的功能和优势,企业可更多地开展"云端双选会""云端宣讲会""空中笔试""空中面试"等活动,借助视频、语音、文字乃至VR场景模拟等方式,对大学生求职者开展多维度评价,提高线上招聘的渗透率、匹配度和成功率。

三、大学生就业趋势

近年来,我国大学生的就业趋势主要表现在以下六个方面:

（一）短期、多次就业成为主流

"一次就业终身在岗",这是传统的职场标准,但随着社会的不断进步和发展,一辈子做一份工作的概率大大降低,劳动力过剩和大学生就业结构失衡的状况会引来职场的剧烈震荡。一方面,一些用人企业会优中选优,从而加快对大学生的淘汰速度;另一方面,一些大学生因为找不到理想的工作而不得不暂时性地选择就业,一有机会就立刻转职。先就业再择业成为许多大学生现实的想法,而与之相伴随的问题是员工的流动性强,这已成为企业最不确定的风险。

（二）自主创业热情有所减弱

自主创业是新时期高校毕业生就业的一种新选择,是高校毕业生流向社会的一个全新的、更高层次的就业方式。随着国家支持鼓励大学生创业的一系列政策文件相继出台,我国越来越多的高校毕业生投入创业的浪潮中。《2023大学生就业力调研报告》显示,2023届毕业生选择单位就业比例从去年的50.4%上升到57.6%,慢就业比例也从去年的15.9%上升到18.9%。与此同时,选择自由职业的比例从去年的18.6%下降到13.2%,选择在国内继续学习的比例从去年的9.3%下降到4.9%。

（三）公务员考试趋于理性

近些年,随着经济的发展,社会上的各类工作岗位日益多样,年轻人选择职业时的价值追求更加多元化,职业稳定和福利保障的吸引力大大下降。相比之下,更多的职场历练及能力提升成为高校毕业生选择职业的首要因素。在横向和纵向的对比下,大学生对公务员这一职业有了更加清醒的认识,认为只要有施展才能和实现自我价值的空间,在哪里工作都可实现自身价值,进入民营企业和考取公务员的差别将日渐淡化。

（四）互联网行业需要大量人才

在数字经济时代下,新职业、新业态蓬勃发展,不仅提供了大量就业岗位,也为更多大学生就业提供了新的职业选择,如直播带货、新媒体运营、电商运营等。新职业、新业态的工作环境轻松而有挑战,十分契合新一代大学生的追求,他们成长在互联网时代,能较快接受新事物,能够紧跟科技发展步伐,很自然就能快速融入这些新的行业里。

(五)劳动力就业的质量将得到提升

未来,我国劳动力就业的质量将会逐步得到提升。一方面,我国劳动力整体的受教育程度在不断提高,未来具有更高学历的人群将进入就业市场,整体的就业质量势必会提高。另一方面,《中华人民共和国劳动法》《中华人民共和国民法典》等相关法律的深入落实、政府对民生的重视及就业保障措施的增强,都将促使劳动力就业质量得到提升。

(六)新职业不断涌现

作为新的经济增长点,多数新赛道就业增长之势势不可当,具有强大的纳才空间。大学生应抓住就业新机遇,改变传统就业观念,拓宽就业思路,敢于挑战自我,不断提高自我的综合素质,成为适应时代要求的人才。

三位毕业生对就业的态度

临近大学毕业,辅导员组织计算机专业的学生召开毕业座谈会。会上,李某、王某、赵某三位学生发表了自己的看法。

李某说:"从地区看,北京、上海等东部发达地区人才需求量大,需求总量大于当地的生源数;中西部不少省区虽然有较大的用人需求,但面临的问题是工作和生活条件艰苦,往往招不到足够的人才,出现了'有地方没人去,有人没地方去'的现象;在一些西部经济不发达的地区,当前就业岗位相当有限,难以吸纳本地毕业生。我想去大城市,可是担心竞争太激烈,去西部吧,又觉得太吃苦了,想想我的未来,真是发愁啊!"

王某说:"从院校类别看,教育部直属高校毕业生就业情况较好,就业率较高,部分高校次之,地方院校较差。我们学院只是普通的本科院校,找工作肯定难。"

赵某说:"从专业看,对一些紧缺专业的毕业生,如通信、电子、医药等专业的毕业生需求旺盛,毕业生供不应求;而对一些专业的毕业生,如哲学、社会学、经济学等专业的毕业生需求较少,我学的是计算机专业,感觉自己未来就业不会太难。"

思考并回答:

1. 李某、王某、赵某三位毕业生对就业形势的分析是否有道理?就你所知,还有哪些可以补充?

2. 三位毕业生针对就业的态度是怎样的?是否可取?请结合当前就业形势和自身实际,客观分析自身的处境。

第二节　影响大学生就业的因素

如今,我们生活在一个充满竞争和压力的时代,随着科技的不断发展和社会变革的不断深入,我们必须要不断地学习新知识和适应变化,只有这样,我们才能在激烈的市场竞争中立于不败之地。影响大学生就业的因素既有大学生自身主观因素,也有社会环境、用人单位、学校等方面的客观因素,这些主观和客观因素是影响大学生就业的主要因素。

一、大学生自身主观因素

(一) 缺少规划，行动盲从

有些大学生对职业生涯缺乏明确的思考和规划。经过几年的大学学习，虽然具备了一定的学识和知识，但与社会需求的人才标准还相去甚远。因此，当他们初入职场时，对自身没有一个正确的定位，不确定自己的职业方向和发展目标，对前途感到迷茫、彷徨、不知所措，盲目找份工作维持生计，或者频繁更换工作，没有科学的职业发展规划。

(二) 现实与理想不同步

有些大学生一直处于校园环境中，极少接触社会，对目前的就业形势及岗位需求了解不足，自认为有文凭、有知识、有能力，在就业时就能到一、二线城市工作，并且从事的工作环境舒适、收入水平高，反而不愿意选择中小型企业以及工作条件艰苦、地处偏僻的工作岗位，但往往这种地域的工作岗位更有利于青年学生锻炼成长，有利于磨炼人的意志品质。当然，也有一部分毕业生自我评估偏低，工作岗位与自身学历和能力水平不匹配，致使自己在工作中不适应，工作动力不足。

(三) 过分强调专业对口

有些大学生狭隘地认为自己将来从事的职业一定要与所学专业对口，因此在求职时只考虑专业对口与否，专业不对口不选择，因此择业受到限制，就业遭遇失败；即使找到一份与专业不对口的工作，也总认为工作不理想，因此表现出心浮气躁、工作不踏实、缺少激情的不良状态。

大学生在就业时可以选择先就业再择业，要将目光放得长远些，不要一味追求专业对口与否，给自己人为地制造求职障碍。高校毕业生只有在工作中不断提升，掌握更多的实践知识，才能将理论知识与实践知识有效结合，也才能在未来的工作中取得更大的进步。

(四) 不愿从事艰苦岗位工作

大学生往往过高地估计自己的实力，总觉得自己读了大学，毕业时就一定能找到一份满意的工作，因此，求职标准过高。初入职场，工作环境艰苦、收入水平低是难免的，但面对枯燥、繁重的工作，一些毕业生就很快想"跳槽"，不能安心做本职工作，总觉得还有更好的工作岗位在等着自己，时时刻刻准备换工作。大学生一定要对自己有一个正确的判断，不要好高骛远，避免对择业过于理想化。

二、社会环境因素

当前，我国经济发展进入一个新常态，社会对高校毕业生的需求处于稳定的阶段，但高校毕业生供给增长的速度与经济增长速度不匹配，劳动力市场在短时间内难以吸纳全部高校毕业生就业。从宏观角度来看，在供大于求的情况下，就业问题只有通过大幅度增加岗位来解决。而就业岗位的增长幅度与经济增长的幅度密切相关。当经济快速、健康增长时，就业岗位相应增加；反之，岗位就会减少。改革开放以来，我国国民经济快速发展，为社会提供了大量的就业机会。然而，由于产业结构发展的不平衡和经济结构的变动，劳动力的供给结构与经济结构不相适应，导致高校毕业生就业难的问题。

此外，我国地域广阔、人口分布不均，各地区经济发展不均衡，人才需求显现出一定的地区差异。特别是中西部地区,很难对大学生产生吸引力。尽管自国家实施西部大开发、中部崛起战略以来,这种情况有所好转,但是人才供求矛盾仍然存在。

三、用人单位因素

(一)过分关注文凭

不少用人单位认为,学历水平越高的求职者工作能力越强。选人唯名校化,唯学历化,造成真正有能力但学历水平一般的人很难受到重用,但在实际工作中,个人工作能力与毕业院校及学历水平不构成正相关性。

(二)过分关注生源地域

不少用人单位希望求职者熟悉当地方言及风俗习惯,甚至有一定的人际关系网,选人、用人时优先考虑本地求职者。这些观念不利于大学生的公平竞争。

(三)过分看重工作经验

不少用人企业将工作经验作为入职的门槛,没有工作经验的求职者将不会被录用,往往忽视求职者内在的潜力和可塑性。事实上,很多人在不具备工作经验的情况下,凭借一定的专业知识,经过实践锻炼仍然可以出色地胜任工作。对于过分看重工作经验的企业,求职者如果经验不足是最大的劣势。

四、学校因素

目前,我国部分高校中也存在一些影响因素,造成大学生就业困难。比如,教学过程中注重基础知识传授,忽视实践技能提升;就业指导体系不完备,就业政策传达不及时,就业保障措施不到位;一些专业设置难以适应市场的需求,很多学校不顾自身"软件""硬件"是否允许,设置了大量投资少、见效快的"热门"专业,导致专业结构进一步失衡,这些因素也进一步造成了大学生的就业困难。

调查与畅想

调查一下你所认识的、已经毕业的学长或学姐目前都从事什么工作。他们认为目前的就业趋势是什么。结合自己所学的专业,畅想一下你毕业后的就业形势会是什么样的。

第三节 我国目前的就业政策

一、毕业生就业的基本政策

就业政策是指国家和各级地方政府及各类院校为促进毕业生就业而制定的一系列政策、方针、规定的总和。就业政策具有导向作用,它可以引导毕业生走上正确的择业道路,少走弯路,提高就业成功率。

2024年5月17日,人力资源社会保障部、教育部和财政部联合印发《关于做好高校毕业生等青年就业创业工作的通知》(以下简称《通知》)。《通知》指出,高校毕业生等青年的就业关系民生福祉、社会稳定和高质量发展。各地要以习近平新时代中国特色社会主义思想为指导,落实党的二十大精神,强化就业优先导向,把促进青年特别是高校毕业生就业工作摆在更加突出的位置,综合施策,多措并举,着力促进高校毕业生等青年就业创业,确保就业局势总体稳定。有关工作通知如下:

(一)整合优化吸纳就业补贴和扩岗补助政策

合并实施一次性吸纳就业补贴和一次性扩岗补助政策,对招用毕业年度及离校两年内未就业高校毕业生及16~24岁登记失业青年,签订劳动合同,并按规定为其足额缴纳3个月以上的失业、工伤、职工养老保险费的企业,可按每招用1人不超过1 500元的标准发放一次性扩岗补助。所需资金从失业保险基金支出,上年度失业保险基金滚存结余备付期限不足1年的省份,从就业补助资金支出。政策执行至2025年12月31日。

(二)延续实施国有企业增人增资政策

激励国有企业发挥示范带动作用,对按照工资效益联动机制确定的工资总额难以满足扩大高校毕业生招聘需求的国有企业,经履行出资人职责机构或其他企业主管部门同意,统筹考虑企业招聘高校毕业生人数、自然减员情况和现有职工工资水平等因素,可给予一次性增人增资,核增部分据实计入工资总额并作为下一年度工资总额预算基数。政策执行至2025年12月31日。

(三)实施先进制造业青年就业行动

开展先进制造业职业体验活动,组织高校毕业生等青年参观企业园区、车间厂房,感受工作氛围,增强职业认知。指定人社服务专员归集适合高校毕业生等青年的就业岗位,依托就业信息资源库和招聘平台,加强数据比对,促进高效匹配,并打包办理支持企业吸纳就业和助力人才发展系列政策。建立先进制造业企业集群职称评审"绿色通道",赋予相关企业高层次人才举荐权,推动具备条件的先进制造业企业试点开展高级职称自主评审。

(四)鼓励引导基层一线就业

实施"三支一扶"计划,统筹推动其他基层服务项目实施,鼓励有条件的地方结合实际适当扩大招募规模。结合实施乡村振兴战略,适应基层治理模式创新需要,挖掘医疗卫生、养老服务、社会工作、司法辅助、科研助理等基层就业机会。对到基层就业的高校毕业生,按规定落实学费补偿、国家助学贷款代偿、高定工资、提前转正定级等政策,畅通职业发展通道。

(五)支持自主创业和灵活就业

强化青年创业支持,构建创业信息发布、政策咨询、流程办理、孵化服务等全周期服务机制,推进创业服务集成办理。对符合条件的高校毕业生创业项目,按规定给予一次性创业补贴。落实灵活就业社保补贴政策,扩大新就业形态就业人员职业伤害保障试点,保障青年灵活就业合法权益。

(六)大规模组织招聘对接服务

组织公共就业服务进校园,开展政策宣传、校园招聘、指导培训等活动。人社厅局长要结对帮扶就业压力大的高校,定向送资源、送岗位、送服务。组织开展"10+N"公共就业服务活动,将高校毕业生等青年群体作为服务重点,普遍设立招聘专区。加密招聘频次,高校毕业生集中的地市每周至少举办一次专业性招聘、每月至少举办一次综合性招聘。强化数字赋能,推进线上线下一体服务,探索岗位发布、组织对接、面试洽谈等"一站式"在线服务,便利青年求职应聘。

(七)强化青年求职能力训练和学徒培训

要加强高校毕业生等青年职业指导和求职能力训练,组织青年求职能力实训营,注重理论与实践相结合,开展模拟面试、简历诊断、职业规划等互动教学,组织企业参观、行业调研、岗位锻炼等体验活动。组织青年和毕业年度学生参加新型学徒培训,提高技能水平,按规定对承担学徒培训任务的企业和学校给予学徒培训补贴。

(八)实施百万就业见习岗位募集计划

支持企业、政府投资项目、事业单位开展就业见习,更多开发科研类、技术类、管理类、社会服务类见习岗位。2024年起,每年募集不少于100万个就业见习岗位,按规定给予就业见习补贴。对见习期未满与见习人员签订劳动合同的,各地可给予剩余期限见习补贴,政策执行至2025年12月31日。

(九)实施就业困难青年专项帮扶行动

强化未就业高校毕业生实名帮扶,建立实名台账,普遍提供至少1次政策宣介、1次职业指导、3次岗位推荐及1次培训或见习机会。强化困难高校毕业生结对帮扶,加强与农业农村、残联部门信息共享,及时将脱贫家庭毕业生、残疾毕业生、长期失业青年、求职补贴发放对象纳入帮扶台账,制定专项计划,开展"一对一"结对帮扶,针对性提供高质量岗位信息。

(十)高效办成高校毕业生就业一件事

统筹就业与人才政策服务事项,公开办理流程,明确办理时限,加快办理进度,推进档案接收、补贴申领、社保缴纳、落户手续等政策服务"一件事打包办"。有条件的地区可给予高校毕业生等青年人才公寓等支持,为青年就业提供便利。指导各级公共就业人才服务机构普遍设立青年就业服务窗口,有条件的地区要依托零工市场(零工驿站)、家门口就业服务站等现有资源建设一批青年就业驿站,为高校毕业生等青年就业提供一站式服务。

(十一)加强就业权益维护

加强人力资源市场监管,依法查处虚假招聘、违规收费、"黑中介"等违法违规行为,规范人力资源市场秩序。加大就业权益知识普及,在招聘会现场、服务大厅和相关网站发布防范求职陷阱的专门提示、典型案例、维权警示和投诉渠道,增强高校毕业生等青年风险防范意识和权益保护意识。加强公共就业服务活动和各类校园招聘活动参与企业资质及岗位审核,避免不合理招聘信息。

二、毕业生就业的特殊政策

(一)定向毕业生的就业政策

定向毕业生(以下简称定向生)在招生时就已经确定了就业方向。因此,原则上,定向生要到当年国家计划规定的定向地区或单位工作。

定向生如遇家迁、升学、留校、参军或原定向单位破产等特殊情况,可申请办理定向改派。定向生要出具下列相关材料:个人的改派申请;关于上述某种情况的证明材料(户口迁移证明、录取通知书、破产证明等);原定向地区(单位)主管部门出具的退函;所到地区(单位)毕业生就业主管部门的意见;与新的接收单位签署的就业协议书。将上述材料汇总后报给学校就业指导中心,经学校初审后,报送省高校毕业生就业指导中心审查获批后,才允许改变就业去向。

定向生因家迁需要改变就业去向的,必须向学校和省高校毕业生就业指导中心提供原家庭居住地和现家庭居住地户籍管理部门迁出和迁入的证明材料,并提供现家庭居住地居民户口簿。

(二)应届毕业生报考国家公务员的政策

国家行政机关、其他国家机关和参照国家公务员制度管理的事业单位从应届毕业生中录用国家公务员(工作人员),一律实行考试考核、择优录用的办法。招考单位根据考生总成绩高低顺序和体检、考察结果,择优拟定录取人选,报省人力资源和社会保障部门审批。对于新录用的国家公务员,试用期为1年。试用期满合格的,予以正式任职;不合格的,取消录用资格。

(三)应届毕业生报考研究生的政策

参加考研的毕业生在与用人单位签订就业协议书前,原则上应向用人单位报告本人已参加或准备参加研究生考试,在征得用人单位同意后,可以在就业协议书上注明"如果毕业生考取研究生,本协议无效"。如果用人单位不同意此项,那么毕业生原则上不应签署此协议。如果已经考取研究生的毕业生在当初签协议时有意隐瞒考研情况,而本人又要求读研的,则按违约处理。毕业生离校前需要出具原签约单位同意读研的退函。

(四)应届毕业生自费出国留学的政策

符合国家规定申请自费出国留学的应届毕业生,不参加就业,也不再缴纳教育培养费。应届毕业生凭国外大学录取通知书,在学校规定时间内提出申请,经教务处和就业指导中心审核同意后,不列入就业计划。集中派遣时未获批准出境的,学校可将其档案、户籍关系转至生源地,由应届毕业生继续办理出国手续或自谋职业。

(五)患病毕业生和残疾毕业生的就业政策

毕业生离校前应进行健康检查,因病不能工作的,应回家休养。其中,在一年以内治愈的(经学校指定医院证明能坚持正常工作的),可随下一届毕业生就业;一年后仍未治愈或无用人单位接收的,户籍关系转至生源地,按社会待业人员办理。

毕业生报到后,如果单位在3个月内发现毕业生因健康问题不能坚持正常工作,经县级以上医院检查确属在校期间的旧病复发,报主管部门批准后,可将毕业生退回学校,按照有关规定处理;若属新生疾病,按在职人员病假期间的有关规定处理,不得把上岗后发生疾病的毕业生退回学校。对患有精神疾病(需要县级以上医院证明)的毕业生,见习期内复发的,用人单位可将其退回学校,由学校退回家庭所在地。

对残疾毕业生的就业,应按《关于做好高等院校招收残疾青年和毕业分配工作的通知》

进行处理,即学校录取的残疾考生,毕业后应按其所学专业,由学校帮助推荐就业,确有困难的,按有关规定由生源所在地民政部门负责安置。

(六)第二学士学位毕业生的就业政策

国家规定,在校攻读第二学士学位,修业期满,获得第二学士学位后,原则上按第二学士学位推荐就业。这和普通高校招收的本科生的就业基本一致,即一是服从国家需要,二是坚持学以致用。在职人员攻读第二学士学位,修业期满,不论是否获得第二学士学位,均回原单位工作。已获得第二学士学位的毕业生工作后的起点工资与研究生班毕业生工资待遇相同;未获得第二学士学位者,仍按本科生对待。

(七)委托培养、联合办学毕业生的就业政策

委托培养学生(委培生)是指用人单位(或地区)委托高校培养的学生。委培生要按委托协议派遣,确因委培单位关、停、并、转不能接收的,应由委培单位主管部门出具证明,经市毕业生就业主管部门审核同意,就地就近安排就业,跨市安排就业的要报省级毕业生就业主管部门审批。

学校与地方联合办学培养的毕业生,原则上回联办地区就业,如因特殊情况确需改变就业去向的,须由联办地区毕业生就业主管部门同意,报省毕业生就业主管部门审核批准后方可改变就业去向。

(八)技工院校毕业生的就业政策

人力资源和社会保障部于2021年发布了《技工教育"十四五"规划》,明确要深化就业创业服务。按照《技工教育"十四五"规划》,"十四五"期间,技工院校在校生规模将保持在360万人以上,毕业生就业率保持在97%以上;到2025年,面向企业职工和就业重点群体开展职业培训2 000万人次以上,累计培养培训高技能人才200万人以上。技工院校将发展成为开展学制教育和职业培训、服务技能人才成长的重要平台、现代职业教育体系的重要组成,以及构建技能型社会建设的重要依托。

《技工教育"十四五"规划》明确,"十四五"期间,我国将持续提升技工院校毕业生待遇,推动落实毕业生享受就业创业、参军入伍等相关政策,中级工班、高级工班、预备技师(技师)班毕业生分别按照中专、大专、本科学历落实职称评审、事业单位公开招聘等有关政策。

《技工教育"十四五"规划》还提出,规范各项基础管理工作,调整改版技工院校毕业证书,为毕业生各项政策待遇落实提供支持。2022年5月10日,人力资源和社会保障部办公厅发布《关于启用新版技工院校毕业证书的通知》,决定于2022年9月1日起,在全国技工院校正式启用新版(2022年版)毕业证书。届时,毕业生的学习专业、培养层次(中级工班、高级工班、预备技师(技师)班)、学习形式(全日制或者非全日制)等信息都将在新版毕业证书中得到体现。

(九)毕业生二次择业的政策

毕业生二次择业是指截至毕业生集中派遣时,仍未落实接收单位的毕业生,要派回生源省、市、区参加二次就业,原则上由省、市、区推荐就业。在规定时间内落实工作的,毕业生就业主管部门可以为其办理二次派遣手续。

退一步海阔天空

张某是黑龙江某职业技术学院学生,读大学时他励志毕业后要留在一线大城市工作,但他在专升本考试失利、参加国家公务员考试未通过之后,选择回到了自己的家乡,在县城找到了一份工作。工作一段时间后,由于他专业技术熟练、为人谦虚、做事勤快,没多久,领导就让他在很多事情上挑起了大梁。他感慨:"退一步海阔天空,现在我感受到了海阔天空,但并没有感到退一步。"

思考并回答:

分析张某所说"退一步海阔天空,现在我感受到了海阔天空,但并没有感到退一步"隐含的意义是什么。

单元九
就业心理与就业观

案例导入

毕业生张某来自云南省罗平县,直到毕业前还未落实工作单位。他的朋友去参加国家药品监督管理局的供需见面会时,顺便将他的应聘材料带了过去。在供需见面会上,有一家制药厂愿意录用张某,一方面因为专业对口,另一方面因为工作地点在张某的家乡。然而,在张某的择业计划中,单位地点必须在昆明市,至于到昆明市的什么单位工作及具体做什么工作都无关紧要。在这种心态下,张某自然难以如愿就业。

张某的择业过程具有一定的代表性。不少毕业生过于向往经济发达地区,尤其是沿海地区的中心城市或者家乡所在地的省会城市。他们只看到了这些地区经济发达、环境优越的一面,却忽视了人才济济、竞争激烈的一面。择业期望值居高不下的结果就是,他们在就业过程中不断受挫。

(资料来源:乔晶策,王刚,袁永彦.大学生就业指导[M].镇江:江苏大学出版社,2022.有改写)

请思考:

分析毕业生张某直到毕业前还未落实工作单位的主要原因是什么?

第一节 保持良好的就业心理

一、就业心理的定义

就业心理是大学生在选择职业时所表现出来的各种心理状态和心理特征的总和,是就业过程中兴趣、动机、情感、注意力和意志力等各种具体形式所表现出来的倾向性和能动性。

二、大学生就业心理倾向

大学生在就业过程中常常表现出稳定自信的心理状态,同时还表现出复杂波动的思想情绪,主要体现如下:

(一)就业心理呈现多元化趋势

大学生就业心理不仅受到社会、学校、家庭、个人等多方面因素影响,而且,随着社会人才需求规格多样化,高校专业人才目标的培养体系趋向多元化,大学生就业心理也出现了多元化的趋势,冷静、稳定、焦虑、消极等多种心理并存。随着高校毕业生的就业选择越来越多。一方面就业心理素质表现相对稳定,另一方面心理倾向又具有波动性。例如,很多毕业生更看重个人发展空间和企业文化,认为工作不只是简单的获取薪酬,重要的是满足兴趣与实现人生意义。但同时,就业期望值又过高,不愿意选择边远地区或到基层就业。

(二)缺乏良好的就业心理认知

很多毕业生不能根据就业形势、社会职业状况、用人单位信息等进行客观准确的自我观察、自我剖析和自我定位,并以此做出就业决策。多数大学生与社会接触不多,大学阶段更多是校园生活,与社会现实存在一定距离。大学生活结束,很多毕业生不能及时进行角色调整,遇到理想和现实、就业与择业、观望与竞争等方面的一些困惑和问题,心理便会出现矛盾与不平衡,甚至不愿意去面对复杂的社会现实,不能主动接受社会的选择,不善于调节情绪,难以保持良好的心理状态。

(三)心理期望值偏高

很多大学生就业心理期望值偏高,但缺乏行动力与核心竞争力,认为自己大学毕业,已经是社会的栋梁,感觉自己能够到一个非常优质的平台去实现自己的价值,没有做好长期艰苦奋斗以适应现实的心理准备。但是当他们转变为现实的求职者,真正步入工作岗位之后,才发现自己的能力与现实要求存在明显的差距,学历并不代表核心竞争力,突然变得不自信了。

三、常见的大学生就业心理偏差

大多数毕业生能够正确判断就业形势,积极调整就业心理,但也有部分大学生对自我认识不足、对社会定位不准,在忙碌的择业、就业过程中出现了一些心理偏差,主要表现如下:

(一)焦虑心理

大学毕业生在求职过程中,焦虑心理是普遍存在的。毕业生既希望谋求到理想的职业,又担心自己的失误会遗失工作机会,并对未来的职业发展感到忧虑,因此,在就业过程中存在一定焦虑心理,造成精神紧张、烦躁不安、意志消沉,行为上也表现出反应迟钝、无所适从。过度焦虑会导致心理和情绪失衡,影响求职主观能动性的发挥。

克服焦虑心理,就需要打破事事求稳、求顺的想法,增强竞争意识。求职过程本身就是一种竞争,而有竞争难免会有失败和风险,正视风险和挫折,焦虑心理就能得到相应的缓解。此外,毕业生还应改变自己择业心切、急于求成的思想,要客观地分析自身的优势和不足,合理地设计求职目标,不盲目与他人攀比,更不要有从众心理,这样才能有效缓解焦虑。

(二)消极心理

近年来"慢就业"现象明显,"结构性"就业难现象日渐显著。随着我国高等教育逐步进入"普及化",大学生就业承受的外在压力也相应增多。有的学生在就业受挫后不能正确调整心态,表现为情绪低落、消极等待。还有的学生总觉得还没有遇到最满意的单位,对现有就业岗位挑三拣四,处于消极观望的拖延状态。有的抱着"车到山前必有路"的心理,对求职抱有消极态度,放弃努力,严重时甚至对外界的环境漠然置之,对一切都无所谓,导致消极抑郁心理状态产生。

对于消极抑郁心理,毕业生首先要深刻领会国家就业政策,正视现实和自身,降低自己择业的期望值。做好就业后期望值与现实有差距的心理准备,树立吃苦精神,到基层去,到真正能发挥自己才能的地方去;提高自身素质,培养多种能力,正确对待现实中的用人单位和岗位。

(三)自负心理

网上流行语"钱多、活少、离家近"成了一些毕业生理想的就业追求。很多毕业生向往大城市的高薪水、高职位、高收入,即使找不到合适的就业岗位,也不愿意降低就业期望值。这些就业意向和追求无可厚非,但在一定程度上也反映出一些毕业生缺乏客观的自我分析和自我评价。他们认为自己大学毕业,有专业技能,理所当然能够得到理想的职位,总想一步到位找到理想的工作,好高骛远,对自己的评价过高。这种自负心理对就业的负面影响很大,常常错失就业良机。

克服自负心理的关键是正确评价自我。首先要进行社会比较,即将自己与社会上其他人做比较,通过与老师、家长、同学的交流得到客观评价;其次要进行自我反省,明确自己的专业发展方向是什么,自己的优势和劣势是什么,自己最适合做什么工作等;最后根据自己的需要选择科学的测试工具,如能力测试、人格测试、兴趣测试等,对自己的能力倾向、兴趣和性格做一个客观评估,以帮助自己科学认识和评价自我。

(四)自卑心理

自卑心理在大学生就业过程中也极为常见,这种心理表现为对自己的评价过低,不能正确评价自己的优缺点。部分大学生由于在求职过程中受挫,对自身能力产生了怀疑。还有的毕业生因为来自非重点高校,或所学专业较冷门,或自身性格内向,不善于表达,于是对自己的职业前途持消极、自卑的态度。这种心理会影响大学生发挥自身优势,难以实现高质量就业。要消除就业自卑心理,首先,要找到问题的源头,学会正确地评价自己,纠正过低的自我评价。其次,正确看待自己的缺点和不足,努力提升自身能力,通过积极的心理暗示,增强就业自信。

常言道,"东边不亮西边亮""失之东隅,收之桑榆"。在求职时,客观评价自己的实力,选择匹配的企业和岗位,成功率就会高很多。每个人都有自己特定的气质、性格、兴趣、爱好、能力和特长,这些因素决定了适合自身的职业和发展方向的不同。全面了解自己的特点是选择职业的重要前提,作为一名求职者,只有在"知己"的基础上才能扬长避短,从而做出适合自己的求职决策。

(五)攀比心理

大学生在求职过程中,很容易出现攀比的心理。每个人在求职季都很关注其他同学的求职进展。比如,某同学接到某个公司的面试通知了,某同学去知名度高、效益好的单位了,某同学去大城市了……被这些消息不断地冲击着,又缺少坚定的目标,一些同学便容易形成过度攀比的心理。将同学的就业信息作为自己求职的标准,在择业心理上有"我不能比别人差""我不能不如人"的想法,不从实际出发,不考虑择业时的各种综合因素,容易延误了时机,陷入被动。

"尺有所短,寸有所长",每个人都有自己的优势和不足,要有清醒的自我认知,要了解自己适合怎样的工作,怎样的环境最能发挥自己的潜能。如果不顾个人的现实条件,盲目攀比,太突出个人的愿望而不考虑工作所需,就业中可能会感到更加迷茫和失落。所以,大学毕业生应当做好自我定位,及早做好职业生涯规划,脚踏实地地去实现自己的人生目标。

(六) 偏执心理

就业过程中的偏执心理主要表现为追求公平的偏执、高择业标准的偏执、对专业对口的偏执等。在就业过程中,有的学生将自己就业的一切问题归结于就业市场不公平;有的学生不能及时调整就业目标,甚至宁愿不就业也不做改变;有的学生不顾社会需要,无视专业的适应性,只要不能从事与本专业对口的工作就不签约,这样的偏执心理必然会减少就业的机会。

克服偏执心理最根本的办法就是接受客观现实,调整就业期望值。在择业时要看得长远一些,学会规划长期的职业生涯,在当前获得一个理想职业的时机还不成熟的情况下,可采取"先就业后择业"的办法。

(七) 功利心理

很多毕业生就业时只关注工作待遇、收入等现实利益,宁愿放弃理想、放弃专业,只要是有面子、受追捧的职业,不管是不是符合自己的专长和兴趣,都想去争取,缺乏长远发展的眼光,因此可能失去了更有发展空间的工作。在就业问题上要克服功利心理,首先,要了解自己的优势和劣势,科学规划职业生涯,通过实践了解职业发展路径。其次,通过顶岗实习和职业体验,对自己的能力、性格、特长等有准确的认识,使职业与自身情况相匹配,根据自己的客观实际情况,以务实态度选择最适合自己的职业。

(八) 从众心理

一些大学生不能客观地分析社会的需要,对自己的竞争能力缺乏信心,在就业时产生了随波逐流的从众心理,他们在求职时毫无主见,只能跟着别人的脚步走。大学生就业从众心理主要表现在以下四个方面:

(1) 就业信息的获取。一些大学生习惯于从同学或学校等单一渠道获取就业信息,不会主动收集就业信息,从而导致就业视野受局限,使就业选择的空间变窄。单一就业渠道的就业信息有限,这会使得大学生很难真正找到适合自己的工作。

(2) 就业地点的选定。一些大学生毕业后愿意到一些发达城市、一线城市工作,他们认为,这些城市就业机会相对较多,能够很快找到合适的工作。其实,忽略自身的特点和就业需求而选择去一线城市工作,往往会因适应不了生活节奏而自暴自弃。一些大学生在就业地点上只选择学校所在城市或家乡,这也很容易导致就业的不理想。

(3) 就业期望的设定。一些大学生就业期望设定太高,期待着一毕业就能找到一份待遇、岗位、环境等都不错的工作,而当现实与期望产生冲突的时候,大学生往往高不成低不就,在面试过程中到处碰壁。

(4) 就业岗位的选择。在选择就业岗位的时候,一些大学生常常会以本专业往届生的就业数据作为参考,这种做法很容易限制就业岗位的选择,即使有其他合适的岗位,他们也很难找到,或者即使找到了,也不太愿意去应聘。

大学生在求职时应该多一些思考,而不是盲目地跟着别人走。一份好工作需要花更多的时间去关注和思考,只有根据自己的兴趣、性格特点、能力水平来规划,才能在职场中站稳脚跟。

四、大学生就业心理偏差的调适

健康的就业心理关系着一个人今后的发展,它能让一个人在职业生活中发挥自己的个性,施展自己的才华,取得事业成功与自我价值的实现。大学生要充分认识心理调适的积极作用,提高自我调适的自觉性,增强承受挫折、化解冲突和矛盾的能力,及时调整自己的心理状态,保持健康的心理。

(一)自我激励法

自我激励法主要是指用生活中的哲理、楷模或明智的思想观念来激励自己,同各种不良情绪进行斗争,坚信未来是美好的,因为失败、挫折已成为过去,要勇敢地面对下一次挑战,尽可能地把不可预料的事当成预料之中的事,即使有意外事件出现或受挫,也要鼓励自己不要惊慌失措、冲动、急躁,要冷静地寻找对策。大学生在就业过程中,要相信自己的实力,通过自我激励增强自信心,消除自卑感,保持良好的情绪和心态。

(二)注意力转移法

注意力转移法即把注意力从消极情绪转移到积极情绪上。当不良情绪出现时,可以采取转移注意力的方法,如寻找一个新颖的事物,激活新的兴奋中心,以抵消或冲淡原来的兴奋中心,使不良情绪逐渐消失。例如,听听音乐、参加体育运动、接受大自然的熏陶、参加有兴趣的社团活动等,使自己没有时间沉浸在各种原因引起的不良情绪中,以求得心理平稳。

(三)适度宣泄法

当遇到各种矛盾冲突,引起不良情绪时,应尽早进行调整或适度宣泄,使压抑的心情得到缓解和改善。宣泄的较好方法是向挚友、师长等倾诉自己的忧愁、苦闷,使不良情绪得到疏导。在倾诉烦恼的过程中,可以获得更多的情感支持和理解,获得认识和解决问题的新思路,增强克服困难的信心;也可通过打球、爬山等运动量较大的活动消除压抑心理,恢复心理平衡。但应注意场合、身份、气氛,注意适度,宣泄应是无破坏性的。

(四)自我安慰法

自我安慰法又称自我慰藉法,关键是自我忍耐。在就业过程中,大学生常常会遇到挫折,当经过主观努力仍无法改变时,可适当地进行自我安慰,以缓解矛盾冲突,消除焦虑、抑郁、烦恼和失望的情绪,这样有助于保持心理稳定。在因挫折而受情绪困扰时,可用"亡羊补牢,未为晚矣""塞翁失马,焉知非福"等话语来做自我安慰,从烦恼中解脱出来。

(五)合理情绪疗法

合理情绪疗法认为,人们的情绪困扰是不正确的认知,是非理性信念造成的,因此,通过纠正认知,以合理的思维方式代替不合理的思维方式,就可以最大限度地减小不合理的信念给人的情绪带来的不良影响。例如,有的大学生就业不顺利就怨天尤人,认为人才市场提供的岗位太少、用人单位要求太高,认为大学生就业应当是顺利的,社会应该为大学生提供充足的岗位等。正是这些不正确的认知信念,造成了一些大学生的不良情绪,而这种不良情绪恰恰来自他们自己。如果能改变这些不合理的观念,调整认知结构,不良情绪就能得到缓解。

大学生运用合理情绪疗法时要把握以下三点:第一,要认识到不良情绪不是源于外界,而是自己的非理性信念造成的;第二,情绪困扰得不到缓解是因为自己仍保持着过去的非理性信念;第三,只有改变自己的非理性信念,才能消除情绪困扰。

总之,在就业求职过程中,大学生应提高自我调适的自觉性,立足于自身的努力,使自己保持一种良好的心态。同时,社会、学校和家庭各方面也应为大学生提供热情的帮助和积极的引导,帮助大学生面对现实,排除心理困扰,缓解不必要的心理压力,促使他们尽快实现角色转换,顺利走向工作岗位。

从众心理测试

一、测试说明

从客观上讲,每个人都有不同程度的从众心理。下面的测试可以使你明白自己的从众心理的强烈程度。

二、测试题目

(1)你周围有比较多的朋友在谈恋爱,你会有谈恋爱的想法吗?
　A.是　　　　　　　B.不确定　　　　　　　C.否

(2)在过马路时,明明是红灯,可是其他行人都在闯红灯,你会怎么办?
　A.跟着闯红灯　　　B.不确定　　　　　　　C.在原地等待

(3)你发现你的很多同学对待学习比较敷衍,你觉得你受到他们的影响了吗?
　A.是　　　　　　　B.不确定　　　　　　　C.否

(4)如果班上有较多的同学在为升学考试做准备,你会和他们一样也去考吗?
　A.是　　　　　　　B.不确定　　　　　　　C.否

(5)你走进一间电梯,发现大家都戴着一顶帽子,这时你会觉得怎样?
　A.头上凉飕飕的　　B.不确定　　　　　　　C.他们戴帽子不关我的事情

(6)你觉得自己将来会选择大多数人想要的那些工作吗?如公务员、医生、教师等。
　A.是　　　　　　　B.不确定　　　　　　　C.否

(7)在一个问题上,你的观点和其他人的观点不一样,此时你会怎么做?
　A.放弃自己的观点　B.不确定　　　　　　　C.坚持自己的观点

(8)如果周围的人都在用一件东西,而你的经济条件不允许,你会想办法得到它吗?
　A.是　　　　　　　B.不确定　　　　　　　C.否

(9)你是否习惯做大家都觉得对但不是出于自己意愿的事?
　A.是　　　　　　　B.不确定　　　　　　　C.否

(10)冬天到了,你并没有觉得很冷,但当大家都穿得很厚时,你会怎么做?
　A.也穿得很厚　　　B.不确定　　　　　　　C.按照自己的感觉加减衣服

(11)你习惯思考问题前参考主流的看法吗?
　A.是　　　　　　　B.不确定　　　　　　　C.否

(12)你喜欢大家都喜欢的东西,是因为你害怕别人说你落伍吗?
　A.是　　　　　　　B.不确定　　　　　　　C.否

(13)天上下着小雨,你拿出伞,发现大街上没有一个人撑伞,你会怎么做?
　A.不撑伞　　　　　B.再走一段,没人了再撑　C.撑伞

(14)你在没有弄清事情的经过时,是否会跟随主流对客观事实产生看法?
A.是　　　　　　　B.不确定　　　　　　C.否

(15)当周围人都在使用某款流行的智能手机时,你是否也想购买?
A.是　　　　　　　B.不确定　　　　　　C.否

(16)等电梯时,电梯迟迟不来,乘客都走楼梯了,这时你会怎么做?
A.走楼梯　　　　　B.不确定　　　　　　C.等到电梯来了坐电梯

(17)你是否觉得跟着大众走,即使错也不会错太多,所以有没有自己的看法也无所谓?
A.是　　　　　　　B.不确定　　　　　　C.否

(18)你是否认可现在的家长给孩子报各种培训班,为了不让孩子落后于其他孩子的做法?
A.是　　　　　　　B.不确定　　　　　　C.否

(19)中午大家都想吃快餐A,你想吃快餐B,此时你会怎么做?
A.和大家一起吃快餐A
B.买快餐B到快餐A的店铺和大家一起吃
C.自己去吃快餐B

三、评分标准

每小题选A得3分,选B得2分,选C得1分。得分越高说明从众心理越强烈。

第二节　树立正确的就业观

一、就业观的定义

就业观是人们关于职业理想、就业动机、就业标准的根本观点和看法,是就业者的世界观、人生观、价值观在就业问题上的集中反映。就业观是大学生走向求职市场的思想先导,它支配着毕业生择业的方向和定位。树立正确的就业观能指导大学生在就业时做出理性、合适的选择。

二、就业观的常见误区

面临就业的大学生,由于对自身及社会的认识相对缺乏,在就业观方面难免会存在一些误区,主要表现在以下几个方面:

(一)"一次就业"定终身

随着社会的发展,就业途径越来越多元化,日益细化的行业分工为大学毕业生提供了更多的选择机会。"一次就业"的观念已经跟不上社会发展的步伐。就业的第一份工作一般不是终身的唯一职业,要改变求职"一步到位""一成不变"的就业观,要将自己的职业目标、价值观、择业要求与客观环境结合起来进行思考和评估。

(二)过分强调专业对口

因为在校期间完成了专业的学习,想找到一个对口的工作发挥专业才能是可以理解的,但现实需要与我们所学的专业往往难以吻合,专业与工作不对口已经成为毕业生求职的常见现象,而非个例。大学毕业生应以服从单位需要为主,强求工作岗位与所学专业无缝对接是不可能的,也是不现实的。

(三)知识精英心态

自主择业给求职者提供了自由选择和公平竞争的机会。但是,一些求职者表现出盲目的骄傲,往往过高地评价自己的学识与能力,对一般的企业、一般的职位不屑一顾,一厢情愿地对用人单位提出各种要求,遭到拒绝也不肯降低就业期望值。这部分人在工作岗位上也容易出现眼高手低的情况。用人单位如今更加关注求职者吃苦耐劳、踏实勤奋的敬业精神。毕业生在求职过程中,只有放下身段,从基层做起,改变"高不成,低不就"的心态,才能矫正择业行为的偏差。

"高不成,低不就"也是很多大学生就业难的主要原因。想留在大城市去大公司发展,又想做自己喜欢的工作,还希望工资待遇达到期望值,这些自以为很容易满足的择业条件,在刚刚踏入社会时很难达到,这会一次次打击他们的信心。大公司进不了,小公司不想去,这种"高不成,低不就"的心理常常把这部分毕业生拦在门外。

(四)大城市趋向

历年毕业生就业去向统计显示,毕业生到长三角、珠三角地区就业占比较高。部分大学生面对择业时,坚持选择去东南沿海大城市就业。在他们看来,北京、上海、广州、深圳等一线城市才有更多的发展机会,他们宁可到沿海地区或大城市改行,也不愿意在当地欠发达地区择业。他们往往忽略了在大城市生活成本高、工作压力大的弊端,更少考虑自身事业发展及国家需要,陷入理想与现实的纠结。

三、树立正确就业观的方法

树立正确的就业观的核心是以社会需求为重,认识到职业不仅是谋生的手段,更是为社会服务的工具。大学生应将职业理想建立在充分了解自己和社会发展的基础上,把个人理想和价值的实现与国家利益紧密结合。

(一)心系社会,职业理想与社会需求相结合

大学生是社会主义事业的建设者和可靠接班人,是未来国家建设的中坚力量。所以,在选择职业时应从国家发展和社会需要出发,不要过分强调自我,大学毕业生应首先视自己为一个社会劳动者,调整好就业心态,要做到社会价值和自我价值相统一。个人对社会的付出越多,贡献越大,职业也就越有价值。所以,当代大学生要培养爱岗敬业、服务社会的就业观。在确立职业理想时,既要着眼当前,又要考虑长远,将社会责任感和民族精神相结合,真正追求个人价值和社会价值的完美统一。

(二)立足现实,转变传统就业观

很多大学生就业受父母观念的影响,选择去党政机关、国企或事业单位工作,认为这样的工作稳定性好。其实,随着时代的变迁,拓宽就业渠道,敢于选择名气不大但有发展前途的中小企业和私营企业,灵活就业也是不错的选择。

大学生要把心态放平,根据人才市场的需求,及时调整心态,找准自己就业的社会定位,放下自己在亲人、熟人面前的"面子"和虚荣心。对受过高等教育的毕业生来说,应在征求他

单元九　就业心理与就业观

人意见的基础上,保留自主选择职业的权利。转变在机关、事业单位、国有企业工作才算是就业的传统观念,大学生根据自身条件采取"先就业后择业",采取临时就业、短暂就业、兼职就业或自主创业等灵活多样就业的方式,才能走出就业困境。

(三)基层做起,科学规划职业生涯

大学生对自身"精英"定位的意识很强,"精英情结"在一定程度上影响了毕业生的就业观念。"上大学＝社会精英"的观念仍对大学生产生影响,使得学生产生了过高的工作期望。

大学生要全面了解不同行业性质,明确其对人才的要求,科学规划职业生涯,从基层做起,通过实践锻炼自己的业务能力。用发展的眼光去选择自己的事业,客观地审视自己的专业水平、个人潜质、兴趣爱好,确定自己更适合做什么,有多大的发展潜能,通过比较确定最佳职业选择。大学生要立足于自己的职业选择,以务实的精神创造出更大的价值。不盲目追求优厚的待遇、优越的工作环境等。例如,西部地区以及一些中小城镇等基层单位人才相对缺乏,大学生去西部、下基层寻找就业机会是一个明智之举。西部地区、基层单位为吸引人才也采取了各种措施,为大学毕业生提供了很多优惠条件,并且国家的西部大开发战略也为西部的发展创造了难得的机遇。

(四)脚踏实地,提升就业实力

作为大学生,实力是最好的自我推销名片。从步入大学的那一刻起,大学生就要努力学习专业知识,夯实专业基础。同时,要广泛涉猎各方面知识,扩大视野,以增强适应工作的能力。大学生应该力争做一个市场相信、单位认可的,既有实力又讲求诚信的优秀求职者。

(五)自主创业,就业的新选择

自主创业作为新的就业方式,也成为更多大学生毕业后就业的理想选择。大学生树立创新创业意识,由"找工作"转变为"自己创业",通过开拓职业新领域,能够更好地实现自我价值和社会价值。大学生自主创业,一方面可以学以致用,提升实践能力,培养团队精神和社会适应力;另一方面,国家为大学生创业提供了一系列支持和保障政策,创业已经成为解决大学生就业问题的一个比较现实的选择。

现代大学生创业已经不仅仅是为了获取财富,还承担着更多的作为社会人应承担的责任。创业已经成为新时代人们生活中的重要元素,成为一些大学生的生活方式。创业本身就是社会责任的实现,是以创造经济价值和社会价值的方式为社会做贡献。在创业过程中,创业者要有创业与社会责任融合在一起的营商理念,要着力培养企业家精神。创业过程中,认真遵守国家的法律法规,节约资源、保护环境、安全发展,自觉接受国家的监督和管理,履行对国家和社会的责任和义务,坚持企业利益和国家利益相统一。

你支持他们的创业选择吗?

某高职院校电商运营专业的 5 名学生,在校期间结合所学专业,组建了"融易团队",这个成员平均年龄不到 20 岁的年轻团队从大一开始就立志创业,他们忙着找项目、组团队、做市场调研……通过对接校企合作公司项目,先后开展了电商运营、设计、文案、市场推广、客服等多项业务。通过全网营销,该团队在各大电商平台推出了营销产品的类目及搭配。4 个月的时间,团队助力企业实现销售流水从零到三十余万元,制作的网络视频曝光达八十

177

余万次,站外推广在各大网站收录上千词条,原创文案最高阅读量十九万次,全网营销案例受到合作公司的高度认可。人民网、黑龙江省高校网等多家媒体对此进行了报道。

几年后,5名团队成员面临毕业就业。因为在校期间的优秀表现,其中,3名同学被上海、杭州等知名电商企业录用,而另外2名同学没有投简历,坚定地选择了自主创业,但这2名选择自主创业的同学却遭到家人的反对,家里人认为他们年龄小、经验不足,应该先找到一份稳定的工作,等工作几年后,视情况再决定是否创业。也有的同学说:创业风险太大,大学毕业后有专项技能,不如到企业先就业,获得稳定的收入心里才有底。而这2名同学认为:当前国家和社会对大学生创业给予了较好的政策支持,还有通过在校期间的历练和实践,专业技能得到了提升,电商创业也积累了一定的经验。虽然创业有风险,但趁年轻做自己最感兴趣、最想做的事,可以最大限度发挥自身能力,实现创富梦想,实现自身价值,这样的选择是值得的。

思考并回答:
1. 你怎么看待就业与创业?你支持哪一种选择呢?
2. 如果是你,你会做什么样的就业选择?

单元十 掌握求职方法

2023年6月,张某从山东某技术职业学院毕业。因为所学专业并非热门,不太容易就业,他就决定采用"漫天撒网"的办法投递简历。他把自己精心设计、制作的求职信和个人简历通过网站进行了投递。

一天天过去了,他没有收到任何一家单位的面试通知,他感到十分沮丧。又过了一段时间,终于有一家单位给他发来了热情洋溢的邀请函,欢迎他到基层立业,可他对该单位提供的工作环境、待遇不满意,之后就什么消息都没有了。

张某非常苦恼,他到学校就业指导中心向老师求教。学校就业指导中心的老师耐心地为他讲解,一个人积极主动的精神是值得肯定的,但找工作一定要有明确的目标,千万不能盲目行事,必须根据自己的实际情况和对方的需求有的放矢地投送材料,求职需要做的第一件事情就是积极收集就业信息,对其进行筛选后再联系相关单位参加应聘。

在老师的耐心指导下,张某很快改变了策略,重新制作了10份材料,在广泛收集用人需求的基础上,根据自己的实际情况和兴趣爱好,有选择、有重点地参加了几场招聘会。他一共投出去9份材料,收到了5家单位的面试通知,最后他参加了3个单位的面试,并与其中一家单位正式签约。

(资料来源:曹强,杨丽,贺玉兰.大学生就业指导教程[M].北京:北京邮电大学出版社,2023.有改写)

请思考:

张某最终求职成功的原因是什么?

第一节 整合就业信息

一、就业信息基础知识

就业信息是指经过收集整理能被求职者接受并具有一定价值的有关就业招聘的资料,

是大学生择业时必须收集和掌握的材料。就业信息是大学生求职的基础,是毕业生了解社会、走向用人单位的桥梁,谁掌握了就业信息,谁就把握了求职的先机。在求职过程中,无论是职业目标的确定、求职计划的设计还是决策方案的选择,都是以信息的收集和处理为基础的。

(一)就业信息的内容

就业信息的内容非常广泛,初次求职的大学生应主要了解以下五个方面:

1. 就业方针政策

就业方针政策包括国家的方针政策,也包括地方的用人政策,这些是大学生在就业时必须遵守的,不能违背。大学生只能在国家就业方针政策所规定的范围内,根据个人情况选择职业。

2. 就业法律法规

法律法规是国家用来管理、调节和规范组织及个人的活动,解决组织之间的纠纷,制裁违法行为的重要工具。法律法规不仅赋予了组织和个人进行各项活动的权利,也是其同一切侵犯自己合法权益的行为做斗争的有效手段。大学生必须清楚地了解与就业有关的法律法规,学会用法律来保护自己。

3. 行业详情

大学生应提前了解所学专业对应行业的详情,包括本行业的工作内容、任职要求、职业瓶颈及应对策略、行业结构等。就业前充分了解行业情况,可以防止大学生在就业中出现一窝蜂地将职业目标投向同一领域的状况,也可以避免大学生因为不了解行业的特点和要求而盲目择业。所以说,了解行业详情,不管是对个人还是对社会,都是非常有必要的。

4. 职业需求信息

即将走上工作岗位的大学生必须提前了解以下信息:本年度全国应届毕业生人数、本年度用人单位需求数量、当前紧俏专业、不同地区的就业形势、自己意向工作地区的人才需求情况等。也就是说,大学生要提前了解清楚所择行业的求职者是供大于求还是供不应求,了解清楚自己和职位之间的关系,以便更好地避免在求职中走弯路。

5. 目标单位情况

一些大学生在求职时存在盲目性,对目标单位和应聘岗位的情况均不了解。在求职前了解目标单位的一些基本信息,才能更好地为自己的求职提供依据。具体来说,可以归纳为以下"十了解":

(1)了解用人单位的准确全称、性质及隶属关系。

(2)了解用人单位的经营业务范围、产品或服务内容与类别。

(3)了解用人单位的组织结构、行政结构与规划。

(4)了解用人单位的发展历史与最新动态、客户类型、竞争对手的类型与规划。

(5)了解用人单位的文化背景、工作环境、上级的有关信息、员工的办事方式和思维方式。

(6)了解用人单位的发展目标、实力、远景规划、在整个行业中的运营方式。

(7)了解用人单位的地点、总部及分支机构的业务范围与地理分布。

(8)了解用人单位的财务状况及绩效考核体系、培训体系和薪酬体系(含工资、福利、公金、社会保险等),以及为员工培训和发展所提供的条件等。

(9)了解用人单位对所需人才的专业要求、招聘的具体工作岗位及对所需人才的其他具体要求。

(10)了解用人单位的联系方式,如人事部门的联系人姓名、电话、通信地址、电子邮箱等。

(二)收集就业信息的原则

大学生想要收集到适合自己的高质量就业信息,应遵循以下五个原则:

1. 准确性、真实性原则

准确性、真实性是对就业信息收集的首要原则,因为就业信息是否准确,是求职人员能否做出正确决策的关键。信息不准确,会给求职工作带来决策上的失误。大学生在收集就业信息时,必须做到准确无误。只有准确、真实地掌握用人单位对求职者专业、学历层次等的具体要求,才能知道该岗位是否适合自己,才能进行有针对性的准备,否则只会浪费时间、精力和财力。

2. 适用性、针对性原则

随着社会进步、信息技术的普及和人才市场的逐步发展壮大,就业信息也越来越多、越来越丰富。如果收集信息时不注意适用性,就可能在众多的就业信息中把握不住方向,捕捉不到真实的、有价值的信息。为此,大学生应首先对自我进行充分认识,然后结合自己的专业、兴趣、求职要求等有针对性地收集信息。

3. 系统性、连续性原则

大多数情况下,大学生获得的就业信息来自不同的渠道,是分散、零散的。而要对当前的就业形势和就业市场有一个整体的认识,就必须对所获得的就业信息进行加工、提炼,形成能客观、系统地反映当前就业市场、就业政策、就业动向的就业信息。

4. 计划性、条理性原则

在收集就业信息的过程中应坚持计划性、条理性原则。在收集就业信息时,首先,必须根据自己收集信息的目的制订计划,只有这样,才能在收集信息的过程中掌握主动权,避免盲目和混乱;其次,要明确自己所需的就业信息是有关就业政策的、就业动向的还是用人单位的,这样才能有的放矢,收集的信息也才能更具条理性。

5. 及时性、时效性原则

收集信息要突出及时性、时效性,越早行动,越容易掌握主动权。一般来说,大学生在毕业前一个学期就应着手收集信息,只有早做准备,收集到的信息才能全面、系统。另外,还应注意就业信息的时效性,即对收集到的信息及时进行处理。

(三)收集就业信息的途径

收集就业信息不能采用单一的方式,需要多种方式并举,要利用多种渠道,选择适合自己、效率高的方式。

1. 通过高校就业主管部门获得

高校就业主管部门一般是指学校的就业办公室或就业指导中心,是高校学生就业工作的行政管理部门,在长期工作交往中,与各部委和省市的就业主管部门及用人单位有着密切的联系,各单位招聘信息往往都汇集到这里。一般来讲,高校就业主管部门所提供的就业信息无论是数量还是质量,都有明显的优势,也是大学生收集就业信息的主要渠道。

但高校就业主管部门只是高校的一个职能部门,其主要任务仍是服务于教育和学生,而并非专业的人才交流机构,它在用人单位的数量和范畴掌握上仍有不足。因此,大学生除了要经常关注高校就业主管部门的就业信息之外,还要积极主动地寻找和开辟其他渠道,掌握全面、及时的就业信息,赢得就业竞争中的主动权。

2. 通过人才交流会、供需见面会获得

人才交流会、供需见面会有的是学校主办的,有的是当地毕业生就业主管部门组织的。因为是供需双方之间直接见面,所以大学生不仅可以掌握许多用人信息,有些还可以当场签订就业协议书,比较简单有效。其中,校园招聘会是各个高校单独或联合举办的毕业生供需见面会,一般以本校学生的专业情况和偏好作为根据,多以双选会的形式进行,一般都是针对应届生的。而社会招聘则是各地方、各行业协会举办的大大小小、形式各异的供需见面会,一般要求求职者有一定的工作经验。

3. 通过网络获得

随着信息化、大数据时代的到来,网络的应用已经越来越普遍。网络求职对于许多求职者特别是高校应届毕业生来说已不再陌生。网络人才交流是通过先进的科技手段,将求职信息及招聘信息在网上公开,用人单位和求职者可以通过网络互相选择、直接交流。网络人才交流最大的优势在于即使求职者身在异地也能获得大量的招聘信息和就业机会。网络人才交流突破了人才信息与招聘信息间的种种限制,跨越时空界限,打破了单向选择的传统人才交流格局。大学生不仅可以自由地从互联网上获得各种就业信息,而且能利用互联网把自己的履历发布到网上。通过网络获得就业信息是热门也是快捷的渠道,但需要注意的是,网络信息具有不可过滤性,使用网络信息时需要甄别信息,以免跌入求职陷阱。

4. 通过社会实践和实习获得

社会实践和实习是大学生收集就业信息的重要途径。很多高校都会在第三学年或第四学年安排学生参加社会实践或实习活动,有的高校或院系鼓励大学生自己主动联系实习单位,有的院系则有自己的校外实习基地,这些基地往往跟学校或院系有一定的合作关系,实践或实习活动的内容也多与大学生所学专业密切相关。校企合作有助于大学生开阔视野、接触社会,从而使大学生在了解职业的同时,也能更好地了解自己。在实习过程中,大学生往往能获得及时、可靠的用人计划和招聘信息,这是大学生自我推荐的一个绝好时机。

大学生综合素质高,在实习期间表现良好,比较容易获得用人单位的好感和信任,甚至可以直接谋得自己期望的职位。因此,大学生一定要认真对待社会实践和实习活动,不要抱着懈怠的心理去随便应付。

5. 各级毕业生就业管理指导机构

国家、地方各级毕业生就业管理指导机构负责从总体上规划大学生的就业去向,是进行全国性和区域性信息交流与人才配置的政府机构,具有很强的权威性;同时,也为大学生提供各种服务,尤其是政策咨询服务。这些管理指导机构主要包括教育部和省教育厅、人力资源和社会保障厅及各市的教育局、人力资源和社会保障局。它们的职责是指导大学生的就业,建立就业市场信息库,通过就业信息网,形成就业管理指导机构、高校及用人单位三者之间的信息共享。大学生可以经常浏览这些机构的网站,以获得准确而可靠的就业信息。

二、就业信息的整理与运用

当收集一定数量的就业信息后,大学生应结合自己的实际情况对这些就业信息进行加工、分析、汇总、归类、过滤,从中筛选出适合自己需要的信息,以此作为求职的重要依据和基本前提,更好地为自己求职择业提供服务。

(一)就业信息的整理原则

大学生在对就业信息进行整理分析时,应遵循对比信息、把握重点,全面考察、深入了解,放平心态、拓宽范围等原则。

1. 对比信息、把握重点

大学生应根据一定的标准对就业信息进行梳理和归类,对比各用人单位对所招聘人员的素质要求、岗位类别、工作条件、福利待遇等方面的具体情况,将自己感兴趣的真实信息由重要至次要做一个排序,从中选取最重要的信息认真地加以分析。这样做有利于明晰自己求职的重点目标和具体方向。

2. 全面考察、深入了解

大学生将就业信息对比归类、侧重选择之后,需要通过有关人士去核实这些重点信息的可靠程度,深入了解招聘单位的具体情况,这样做,一方面能防止上当受骗,另一方面也能为将来的求职面试做好充分的准备。很多大学生过于看重毕业前能否求职成功,很少去认真分析意向单位的具体情况,对应聘单位的了解只是"皮毛",这反映出部分大学生求职盲目、浮躁、急功近利的心态。事实上,对应聘单位不了解,不仅影响求职的成功率,更可能给未来的工作带来不可估计的负面影响。

3. 放平心态、拓宽范围

有些大学生在大学期间就为自己定了个"坚定不移"的目标,如毕业后只考公务员、只考研或只进事业单位等,在理想落空后就怨天尤人、愤世嫉俗,甚至轻易地否定自己。大学生在整理就业信息时,不要把目光仅仅局限于自己事先计划从事的职业,或周边较近的地区,或专业对口的单位及某些热门单位,因为那样会大大降低求职的成功率;要将心态放平,将就业范围扩大,不要太过理想化。

人的潜力是无限的,自己的发展空间或自己真正适合从事的职业,很多时候是要经过许多次尝试甚至失败之后,才能真正被自己发现。正确的心态能帮助大学生减轻就业压力,找到满意的职业。

(二)就业信息的整理方法

大量的就业信息是择业的前提,但这并不是就业的充分条件。受信息来源和获取方式的影响,开始得到的信息一般比较杂乱,有的甚至虚假不实,往往不能直接利用,必须对这些信息加以整理,去粗取精,去伪存真,有目的、有针对性地进行分析、筛选和鉴别。

1. 就业信息的分析方法

对就业信息的分析包括定性分析、定量分析和定时分析。定性分析是指对信息进行质的分析,如对就业信息中应聘条件、岗位特点、招聘对象的分析。定量分析是指从数量关系上对就业信息进行分析,如对某一职业岗位所需人数与应聘人数之间关系的分析。定时分析是指对一定时间内就业发展趋势进行分析。进行就业信息分析,常用的方法还有对比分析法、综合归纳法和典型分析法。

2. 就业信息的筛选要点

对就业信息进行筛选时主要应审核信息的真实性、时效性和价值性。对信息的真实性进行筛查,就是要排除那些虚假信息;对信息的时效性进行筛查,就是要排除那些过期无效的信息;对信息的价值性进行筛查,就是要分析它们对自己的不同价值。例如,某些岗位信息符合自己的职业方向、兴趣爱好、发展要求等,那么这类信息就比较有价值;反之就是无价值的就业信息。筛选就业信息时应注意以下四点:一是善于对比,二是掌握重点,三是了解透彻,四是适合自己。

3. 就业信息的鉴别方法

鉴别就业信息的目的主要是辨别其真伪、权威性及适用性等,鉴别的对象主要是前一阶段加工整理得出的信息。要想弄清信息的真伪,就需要知道其源于何处、是谁提供的、提供者的依据是什么等。要想辨别信息是否具有权威性,就需要了解其来源与质量,掌握信息提供者的背景,比较同类信息的深度。要鉴别信息是否具有适用性,就需要了解自身的需求和特征。

(三)就业信息的运用要点

就业信息的运用过程实际上是一个将职业与自我进行匹配的过程。要学会合理、充分地利用整理出来的有效信息,这样才能把信息的无形价值转换成实实在在的成功择业收益。在运用就业信息时,要把握好以下五点:

1. 共享信息资源

在自己获取的就业信息中,有的对自己无直接用处,但可能对他人有用。当遇到这种情况时,大学生应主动地将这些信息提供给他人,避免信息资源的浪费。这样做,可以帮助别人,而被帮助的人在获取对你有益的信息时,也会及时地与你分享。从这种角度来说,帮助别人等于帮助自己。

2. 参照信息完善自己

在收集了大量的求职信息之后,大学生可以从这些信息中分析、总结出用人单位对人才的整体要求,或者多数用人单位都比较看重的素质和能力,然后对照自己,便能更清楚地发现自己在求职择业中的长处和不足,从而扬长避短,不断发展和完善自己,这会对今后的求职和工作大有帮助。事实上,这项工作要尽早进行,大学生在读书期间要经常浏览高校就业主管部门的网站,经常与毕业班学生或已经毕业的校友交流,多寻找机会参加一些与专业相关的兼职工作,这样才能对市场需求有更深刻的了解。大学生不能在临近毕业的时候才去探究、总结招聘信息及社会对人才的素质要求,这样会错失很多发展和完善自己的最佳时机,最终只能以不断的尝试、不断的失败作为代价。

3. 灵活应用信息

用人单位虽然对所招聘的人员有专业、能力倾向、生理条件等各方面的要求,但这些要求并不是一成不变的,尤其是有些招聘信息上写着"一般需要具备"或"特殊情况下可放宽"等语句时,即使自己不完全符合其招聘条件,也可以尝试投递简历。最好的情况是,让用人单位相信自己是"特殊"的,而不是"一般"的,在个人简历中展示出自己"不一般"的才能、经历和水平。在就业信息前,大学生需要冷静地、认真地分析自己的优势和劣势,不要因某个次要条件达不到用人单位的要求就轻易放弃,要保持灵活的头脑,更要相信自己的实力,加之积极努力争取,可能会有意外的收获。

4. 注意信息的时效性

就业信息一般都有时间限制。在收集就业信息时,应特别注意信息是否公布了招聘日期,若有,则应在规定的时间内应聘。一旦看准了就要有所行动,以便把握良机,找到自己心仪的工作。

5. 把握适度原则

很多大学生在初次就业时,不能正确定位,过分注重就业信息中提到的薪资与职位,甚至会选择一个薪资较高、压力过大且不适合自己的工作,而放弃一个待遇一般却适合自己并大有发展前景的工作。把握适度原则有两方面的含义:一方面指的是自己的个性、需求等情况要与职业要求相符合,另一方面指的是自己通过努力能够胜任所从事的工作。如果工作难度过高而自己通过努力也很难胜任,那么自己在今后的职场生涯中就会力不从心、压力重重,从而产生强烈的挫折感,工作效能感很低;如果工作难度过低,自己在步入职场之后就会有一种大材小用、单调乏味、英雄无用武之地的感觉,久而久之,便会失去积极性和热情。

就业信息收集赛

1. 活动目的

学生通过收集适合本专业毕业生的就业信息,掌握收集信息的方法和途径,了解本专业的就业形势,对将来顺利就业产生积极的影响。

2. 活动主题

探索工作世界,确定职业目标,规划美好未来。

3. 活动组织

(1)教师对就业信息的收集方法和应注意的问题做简要介绍。

(2)学生围绕所学专业,对本专业未来所涉及的职业、职位信息等内容进行收集和整理,也可以对自己感兴趣且未来可能从事的工作岗位进行信息收集。信息收集内容包括但不限于专业发展、职业特征、就业状况、岗位设置、工作内容、能力要求、工作环境、薪资待遇等。

(3)将收集的信息进行分析与整理,报告以PPT的形式展示,可以用文字、数据、图片、视频、录音、访谈记录等多种形式展示信息收集结果,注意体现专业、职业、职位等的特点。

4. 结果评价

(1)对就业信息报告进行自评。

(2)学生之间开展就业信息报告互评。

(3)教师对学生的就业信息报告进行点评。

(4)班级评选出优秀奖三名,获奖学生分享活动心得。

第二节　求职材料

求职材料是大学生求职时不可缺少的书面材料，能够清楚地展现大学生个人的专长特点。撰写求职材料不是简单地照抄照搬或是使用现成模板，而是根据自己的实际情况，重新进行模块的布局和优化。

一、求职材料的撰写原则与封面设计

（一）求职材料的撰写原则

要想撰写一份好的求职材料，就需要遵循以下几个基本原则：

1. 个性化原则

个性化原则是指制作求职材料必须立足自身，根据自身的特点体现出独创性，以吸引用人单位的眼球。一般来说，好的用人单位会有很多求职者，千篇一律的求职材料很容易使用人单位产生视觉疲劳。要想让自己从众多求职者中脱颖而出，就要通过求职材料引起用人单位对自己的注意。要制作个性化的求职材料，一是要把自己的核心竞争力凸显出来，二是要把学习本专业的主要课程及最大收获描述出来，三是求职材料的设计要与求职的目标岗位相吻合。但需要注意的是，如果一味地追求个性，把求职材料制作得过分豪华、另类也是不合适的。另外，求职材料在外观上也要赢得用人单位的关注。

2. 针对性原则

针对性原则是指在撰写求职材料时一定要根据用人单位的具体情况和招聘要求进行。不同的用人单位因其特有的企业文化、单位性质、职位特征等对求职者的要求有所不同，如有的可能注重团队合作精神、有的会注重实干进取精神等。因此，在撰写求职材料时，求职者应根据自身的优点和缺点来扬长避短，突出自己的某些特点，把自己的优势转化成用人单位所需要的形式。如果为了省事，只准备一份求职材料，复制后投到不同类型的用人单位，就会显得无的放矢，效果一般都不太理想。

3. 准确性和规范性原则

求职材料的准确性原则是指求职材料中涉及的有关数据、概念、结论等一定要准确无误，如对自己的评价，一定要把握尺度、叙述得当，并尽量不要使用"我觉得""我想"等带有强烈个人主观色彩的字样，用修饰词时尽量不用"十分""很"之类的字样。此外，还要避免使用错误的词语搭配，免得贻笑大方。规范性原则主要是指在撰写求职材料时要避免出现错别字、书面排版混乱等方面的问题。因此，自己的求职材料一定要通读几遍，或者请同学、老师帮忙看几遍，确保没问题了才能将其投给用人单位。

4. 真实性原则

讲诚信是大学生的美德，但个别大学生为赢得用人单位的青睐，不惜伪造获奖证书、学习成绩、社会经历等，以此来装扮自己。这些"注水"现象已经引起用人单位的警惕。用人单位一旦发现求职者的求职材料有"注水"情况，一般都会毫不犹豫地拒绝求职者。求职者对自己的求职材料造假是为了找到一份好工作，可结果却事与愿违。因此，大学生在撰写求职材料时,一定要确保材料的真实性,当然,这并不是要求大学生把自己所有的实际情况都列出来。例如,在简历中提到个人某方面的能力,许多大学生并没有真实工作的经历,但却可以通过描述自己在校期间所经历或处理过的某些事情来展现自己的这方面能力。

(二)求职材料的封面设计

封面是求职材料的"门面",成功的封面设计能够起到锦上添花、画龙点睛的作用,给用人单位留下一个良好的第一印象。

1. 封面设计的原则

封面设计既要美观、有个性,又要突出主要内容,不可过于花哨。封面底色一般为浅色,深色的底色不利于个人信息的显露。求职材料的封面设计应遵循美观、大方、醒目、整洁的原则。求职材料的封面设计要有一个与求职者自身特点和应聘岗位相匹配的主题。封面设计风格应与其他材料内容风格保持一致,要尽可能涵盖全面的信息。

2. 封面设计的内容

封面上的内容应该把求职者关键的主体信息呈现出来,并确保招聘者能及时联系到求职者。封面的内容一般包括"自荐信"或"求职简历"等字样、学校名称(可附上学校的标志性图案及校徽)、专业名称、个人姓名、联系地址(附上邮编)、联系电话(附上区域号码)、电子邮箱、求职意向(应聘行业、企业、职业)等。在求职时,建议使用职业化邮箱发送邮件,以防因邮箱里垃圾邮件过多,人力资源人员设置拦截。

为了不显得单调,可以在封面上设计一些简单的图案,有的求职者把应聘企业的Logo(标志)醒目地放在封面上,这能充分表达自己对企业的了解和热爱,更容易打动招聘者。但切不可把图案当成封面的主体,否则就会喧宾夺主。

3. 封面设计的方法

求职材料的封面要符合自己的目标职位风格,可尝试运用色彩、Logo图片、朴素格言、漫画线条等元素进行设计。

(1)封面的色彩运用。得体的色彩表现和艺术处理,能在观看者的视觉中产生夺目的效果。色彩的运用要考虑内容的需要,用不同色彩对比的效果来表达不同的内容和思想。例如,鲜明的色彩可以吸引眼球,配以合适的图案就能将观看者的目光吸引到相应的焦点上。

(2)封面的Logo图片运用。例如,封面可以带有学校校徽(Logo),封面左侧上方放置校徽,封面右侧显示学校名称等信息,封面中间部分显示个人的主要信息,封面底部可以显示一些学校有代表意义的图片等。

(3)封面的朴素格言运用。一些封面设计不需要华丽的辞藻,不需要鲜艳的色彩,只需精心挑选一句朴素的格言放上去,用简单的构图简洁明了地表现出求职者的内心即可。

(4)封面的漫画线条运用。对于那些应聘动漫、创意等相关职位的求职者,封面可采用漫画线条等元素进行设计,这样面试官能够很直观地感受到求职者的美术、创意功底,为自己赢得面试的机会。

二、撰写自荐信

自荐信是大学生在谋求职业的过程中向用人单位进行自我宣传和推荐的一种具有祈使

性的专用书信。一封好的自荐信就是一个自我推销的"活广告",会给用人单位留下很好的第一印象。

(一)自荐信的格式

通常来说,自荐信属于书信范畴,符合书信的一般格式,主要包括标题、称呼、正文、结尾、署名、日期和附录七个方面的内容。

1. 标题

自荐信的标题通常只有文种名称,即在第一行中间写上"自荐信"或者"求职信"三个字。

2. 称呼

称呼是对收信人的称呼,要顶格写收信者的单位名称或个人姓名,以表示尊敬和有礼貌,后加冒号,单位名称后可加"负责同志"。自荐信不同于一般的私人书信,一般来说,收信人与写信人未曾见过面,所以称谓要恰当,要郑重其事。

对于写给政府机关、事业单位的人事部门领导的自荐信,可用"尊敬的××处长(科长、主任等)"称呼;对于写给企业领导的自荐信,可用"尊敬的××总经理(厂长、经理等)"称呼;对于写给高校人事部门的自荐信,可用"尊敬的教授(老师等)"称呼。但最好不要使用"××老前辈""××师傅"等不正规的称呼。当然,有些自由体的自荐信也可以不要称呼。

个人姓名后可加"先生""女士""同志"等。称呼后的问候语一般应为"您好"而非"你好",更不能用"您们好",即使招聘人不是一个人,也不能使用这样的字眼。

3. 正文

正文是自荐信的核心,开头语应表示出向对方的问候和致意。主体部分一般包括简介、自荐目的、条件展示、愿望决心和结束语五项内容。

(1)简介。简介是自我概要的说明,包括自荐人姓名、性别、民族、年龄、籍贯、政治面貌、文化程度、校系专业、家庭住址、任职情况等要素。

(2)自荐目的。自荐目的要写清信息来源、求职意向等项目,要写得简明扼要。自荐目的既不能要求过高,又不能模棱两可,给人以自负或自卑的不良印象。

(3)条件展示。条件展示是自荐信的关键内容,主要写清自己的才能和特长。要针对所求职岗位的应知、应会去写,充分展示求职的条件,从基本条件和特殊条件两个方面回答凭什么求职的问题。基本条件应写清政治表现和学习经历两个方面的内容。政治表现要从活动和绩效等方面写,突出党校学习、参加活动、敬业态度、奉献精神、合作意识等,并佐以获奖和资格证书。学习经历要写清主修、辅修专业课程及成绩状况,对于英语、计算机和普通话等级的情况也应一一说明。对于为人处世、组织管理、社会调查、实习设计及论文答辩等方面的情况也要略加提及。有特殊技能的,要加以强调,如操作实践、文体书画、写作口才等特长,以展示自己的能力,突出个性特征。

(4)愿望决心。愿望决心部分要表示加入对方组织的热切愿望,展望组织的美好前景,期望得到认可和接纳,要自然恳切、不卑不亢。

(5)结束语。结束语一般在正文之后按书信格式写上祝福语或"恭候佳音"之类的语句。

4. 结尾

结尾部分一般应写明希望对方给予答复并盼望有机会参与面试,写上简短的表示敬意、祝愿之类的祝词。例如,写上"此致"之类的词,然后换行顶格写"敬礼",或"祝工作顺利""祝事业顺意"等相应的短句。这两行均不加标点符号,不必过多寒暄,以免画蛇添足。

5. 署名

署名可以直接写上自己的姓名,或××大学××系学生××。

6. 日期

日期一般写在署名的右下方,最好用阿拉伯数字书写,并把年、月、日写全。

7. 附录

一般要随自荐信寄一些有效证明材料,如学历证明、学生证复印件、身份证复印件、获奖证书复印件、本人简历、近期照片等。在校发表的文章、发明、专利等科研成果是很有吸引力的材料,有关专家、教师的推荐信等也是很好的佐证材料,能起到画龙点睛的作用,切勿遗漏。应届大学毕业生还要附上各科成绩单(加盖公章)。附录的材料最好在正文左下方一一注明,如"附1:个人简历""附2:获奖证明"等。这样做,一是方便招聘单位审核,二是给对方留下一个"有条不紊、负责任、办事周到"的好印象。

(二)撰写自荐信的技巧

撰写自荐信看似简单,其实并不容易,撰写自荐信是一门艺术,需要毕业生客观地审视自我、了解用人单位的需求、掌握撰写自荐信的技巧。要想写出一封内容丰富、吸引力强、恰到好处的自荐信,应做到以下几点:

1. 力求真实感人,令人印象深刻

诚实是每个招聘单位、每位面试官都非常重视的。自荐信应该实事求是、扬长避短。在自荐信中,对自己的优点应充分展示,但绝不能说大话、假话,也不能有过多的套话,不能让人感觉到是自我吹嘘,最好的办法是用具体的事实和成绩恰如其分地介绍自己,而不是在自荐信上写"有很强的组织能力"之类的空洞的、自我表扬性的言辞。例如,你可以说明自己从事过什么工作、担任过什么职务、组织过什么活动、取得过什么业绩,让面试官从事实中感受到你的组织能力、管理能力。又如,你可以介绍自己利用业余时间进修了什么课程、取得了哪些证书,但不要写"有远大理想""好学上进"之类的修饰语,要让招聘单位从你摆出的事实中得到结论。

2. 针对性强,有个性

自荐信要针对具体用人单位的岗位及其情况而写,信中最好有你对该用人单位和相关岗位的描述,即使这是该单位招聘广告中说过的情况,也会让对方产生亲切感。不少人事经理反映,现在的求职信中常见的问题是"千人一面"。的确,网络给求职者提供了更多的方便,但面对着互联网上成千上万的职位,有的求职者"天女散花"式发自荐信,事实上它的命中率很低,结果往往"广种薄收",甚至以"广种无收"告终。其原因很简单,这种千篇一律、没有任何针对性的自荐信,招聘者看得太多了。因此,有无针对性已成为自荐信奏效与否的"生命线"。另外,个性化也很重要。有的求职信没有任何豪言壮语,也没有使用任何华丽的词汇,却使人读起来觉得亲切、自然、实实在在。因此,在自荐材料的撰写过程中,一定要用自己的语言风格进行表述,切不可模仿他人、照抄照搬,那样做的结果只能是"千人一面",不能引起用人单位的注意。

3. 语言简练,重点突出

自荐信要简洁明快、清楚准确。简洁是指用尽量少的文字表达最丰富的内容,篇幅过长的自荐信容易让招聘者厌烦,过短的自荐信会让招聘者感到求职者没有诚意;准确是指用词要恰当和表意要精确,即自荐信中固定的内容要叙述准确,一些提法要符合规范和实际。例如,"大学三年"说成"我的前半生",就显得夸张,与事实不符;"省级优秀学生干部"不能随便说成"优秀学生干部",这样就漏掉了级别,对择业不利。同时,自荐信还要重点突出、安排有序,突出个人的特长和爱好,这样容易给人留下深刻的印象。

4. 逻辑严密,结构清晰

自荐信包括毕业生的基本情况、学业成绩、知识结构、社会实践、科研成果及获奖情况等,尤其是对求职单位的兴趣等内容更不能忽视。每个部分的内容都要做到结构合理、布局清晰,给人思路清晰、章法严谨的感觉。

5. 认真书写,仔细检查

在撰写自荐信时,要注意把握语言表达的方式和分寸。如果你的字写得好,就要认真地书写,并在署名后注明"亲笔敬上"等;如果你的字写得不好,就用打印的。在书写时,最好使用钢笔、中性笔,圆珠笔也可以,但不能使用红笔和铅笔。因为一般用红笔书写表示绝交,用铅笔书写对人不尊重。书写完毕后要仔细检查几遍,避免出现错别字、错句,以免用人单位对你的能力产生怀疑。

6. 对于涉及外资的单位,宜同时使用中文和外文

到外资企业、合资企业求职时,最好用中文、外文各写一封自荐信,这既表明你的外语能力,又表示你对用人单位的尊重。外文自荐信的撰写可以参考有关书籍,注意语法和拼写不要出现错误,否则可能会影响录用,因此,外文自荐信写完之后,最好请专业人士把关。

此外,在自荐信中要认真书写自己的联系方式。一般来说,自荐信发出后1个月仍不见回信,可以打电话询问;如果没有获得面试机会,应及时调整并选择下一个目标。

(三)自荐信范文

自荐信范文示例如下。

自荐信

尊敬的领导:

您好!

我是××××大学××××届的毕业生。在完成学业、即将迈出校园进入社会之际,我需要谋求一份适合自己发展的工作。现在有机会把我介绍给贵单位,我感到非常荣幸。

我的主修专业是电子商务,在校期间主要学习了计算机基础知识、网站建设、操作系统的功能和使用、数据库维护和使用、网页制作、电子商务等相关课程。我具有计算机信息管理方面的能力,适合在政府行政机关、电信部门、计算机设计、销售公司、财税部门、金融机构及企事业单位从事计算机应用与维护管理的工作,以及网络公司的网站建设、网络维护等工作。

我有着很强的拼搏意识,对自己充满信心。在大学时,我学习努力,成绩优良,为以后的工作打下了坚实的专业基础;并且能够理论联系实际,在校内外都积极地进行专业实践,检验自己所学的知识,使自己具备了较强的分析问题和解决问题的能力。为适应经济、科技和社会发展的需要,我德智体美劳全面发展。我积极地参加各种社交活动,参与了大量的活动

策划、组织工作。经过长期的学习和锻炼,我积累了丰富的社会工作经验,具备了一定的工作能力。

我怀着对前途、对未来的信心和对施展才华的渴望,我相信自己较强的逻辑思维能力和实践操作能力,将是把理论知识转化为实际业绩的有力保证。

我在此冒昧自荐,并期望成为贵单位的一员,以充分发挥自己的聪明才智。如果能够得到贵单位的青睐,我一定会以不断学习、积极进取的精神竭诚为贵单位服务,与贵单位共同发展、共创美好未来!

此致

敬礼

求职人:×××
××××年××月××日

三、撰写个人简历

制作一份好简历,绝不是很多大学生认为的选择一个漂亮的模板、放上有特点的艺术照片、罗列上自己所学专业课程和社会实习经历那么简单。创作简历必须体现专业度,简历内容要体现自己对所求工作的胜任能力或突显自己的综合素质、专业素质。个人简历是呈现个人特质、能力、兴趣的名片,制作得好,它可以帮助大学生脱颖而出;制作得不好,它会成为无效简历,无法吸引用人单位。大学生需要掌控制作简历的关键细节。

好简历就像一件特别符合当下社交场合的着装,能给人留下良好的印象。一份优质的简历必须符合以下三个写作原则:完整性、人岗匹配性、真实性。

(一)简历的完整性

一份完整的简历有助于招聘人员快速了解大学生的基本素养,通过简历中呈现的基本信息判断求职者是否匹配所投递职位的人才画像、是否具备岗位胜任力、是否匹配企业的文化特质和行业背景等。简历的内容一般都会涉及基础信息,教育背景,实习或者工作经历,获奖和荣誉,专业协会活动、志愿者工作、校园活动,专业证书6个部分,招聘人员一般会用5~15秒判断一份简历是否值得安排面试。招聘人员首先关注大学生的关键信息,如求职目标、教育背景等;其次关注大学生是否有与职位匹配的实习或工作经历;最后关注大学生获奖、荣誉和专业证书。招聘人员会根据这些信息快速判断求职大学生与所招聘职位的适配性,再决定是否安排面试。用简历上的关键信息吸引招聘人员是获得面试机会的关键,有效呈现个人能力与职位的匹配性对求职者来说非常重要。

1. 基础信息

(1)个人信息。传统简历模板要求填写的基础内容是姓名、出生年月、年龄、性别、民族、政治面貌、籍贯、户口所在地、目前居住地、电话、邮箱、期望工作地点等。基础信息所涉及的民族、籍贯、户口所在地等如果不是必填项,可以略去,但是要标注目前居住地和期望工作地点。招聘人员重点关注教育背景和工作能力,要避免罗列太多不必要的个人信息,可配上一张符合应聘岗位身份的职业化的形象照,给招聘人员留下好印象。

(2)自我评价。自我评价是指大学生用精练的语言介绍自己的背景优势、才干特质、价值观以及对所选行业的热情和态度等。自我评价是一个从更精准的视角快速帮助招聘人员了解求职者的特点和亮点的途径,但应注意不要写一些天马行空的自我宣言或者比较空洞的语言内容,应条理清晰、言之有物。

如果两位能力、学历一样的同学应聘同一个岗位,一位同学的自我介绍是"我是一个积极开朗、热爱学习、热爱工作、热爱社交的青年。"另一位同学的自我介绍是"我的优势是工作有热情,有外贸行业销售助理的实习经验,获得过部门内的优秀实习生奖;学习兴趣广,大学主修市场营销,辅修英语和西班牙语;社交有方法,大学期间组织过社团活动,带动更多优秀的在校学生共同参与;生活有乐趣,爱美食、爱旅行、爱唱歌、爱跑步。"显然,第二个同学的自我评价更容易通过简历筛选。

(3)求职目标。求职目标是指大学生明确自己的意向岗位。若没有明确的意向岗位,则可以填写职能类别,如财务类岗位;如果有明确的意向岗位,就可以直接填写,如销售助理、商务专员,但是不要填写不同职能类型的多个岗位,如销售、出纳、客服、行政,这类求职目标分散的简历往往会被直接淘汰。

(4)期望薪酬。期望薪酬可以写也可以不写,避免因为标注的期望薪酬过高和过低影响面试。大学生也可以事先到第三方招聘网站查询同类岗位的薪酬范围,选择一个中位值,以备面试官要求填写期望薪酬。

2. 教育背景

教育背景涉及入学时间、毕业时间、毕业院校、专业、学位、学习成绩等信息。如果成绩优秀,可以写上成绩;如果成绩普通,就不需要写出来,可以通过校园活动经历、大赛经历或者一些与专业相关的项目经历来展示自己的优势。

3. 实习或者工作经历

实习或者工作经历是非常重要的内容。工作时间的填写要求是由近及远,从最近一份实习或工作经历写起,工作起止时间要精确到月。实习或者工作的公司名称和所属部门、担任职位,都需要在这部分说明,如果是管理者,还要写明所带下属的人数。无论是不是管理者,都要写明工作职责、工作绩效、项目贡献等。大学生要将自己在工作期间的核心工作内容根据应聘职位的考察点,有重点地进行展示。

4. 获奖和荣誉

获奖和荣誉是指大学生在学习期间、实习期间,获得的有一定社会认可度的奖励荣誉,如优秀毕业生、优秀班干部、国家奖学金、国家励志奖学金、全国大学生创新创业大赛奖项、全国大学生数学建模竞赛奖项、全国大学生英语辩论赛奖项、全国大学生英语竞赛奖项、全国青年组织与创新能力训练赛奖项等。大学生可以在大一就关注并有意识地参加市级、省级、国家级的比赛,在写简历时如果有参与或获奖都可以呈现,这些都是可以呈现和证明自身学习能力、专业程度、创新力、沟通能力、个人价值观的印证。

5. 专业协会活动、志愿者工作、校园活动

专业协会活动、志愿者工作与校园活动的经历可以展示出大学生良好的组织能力、领导力、沟通协调能力、社会责任感和执行力。

6. 专业证书

专业证书是非常重要的能够展示自己实力、作为求职敲门砖的资格证书。大学生在大学期间考取相关专业的从业资格证书是非常有必要的。

（二）简历的人岗匹配性

大学期间积累的社会活动经验有可能对未来的求职起到积极作用。如果大学生从大一开始就注重职业生涯规划，大学期间不断探索自我需求，在不影响学习的前提下，利用假期或者业余时间参加校内实践活动或者到企业实习，将有助于增加求职成功的概率。

其实，只要简历内容完整就是合格的简历，但是用人单位是否邀请求职者参加面试在一定程度上取决于人岗匹配性。要制作体现人岗匹配性的简历，大学生要掌握以下四个步骤：

1. 研究意向职位的要求，仔细分析具体岗位职责与任职要求

大学生利用职业生涯工具梳理出自己想选择的行业和意向职位后，不要马上投递简历，要有针对性地分析用人单位的核心业务、组织文化、招聘职位的任职要求、职位待遇，结合自身进行综合评估后，再制作简历。

2. 总结与意向职位要求相近的工作能力和可量化的绩效

大学生通过解读职位要求，已经基本掌握了企业需求，第二步就是在了解需求的基础上，展示自身与需求匹配的经验，以及能证明自己能力的绩效。这部分内容可以分两部分展示：第一部分是校外的工作经历和实习经历，第二部分是校内的活动经历。

3. 总结与意向岗位要求有相关性的工作经历、绩效和荣誉

这部分内容是对个人获得的能够体现工作能力的荣誉奖项和个人亮点、特质的总结。内容要简练，无须描述细节。不论是职场新人，还是职场精英，都需要定期总结收获。

4. 梳理简历逻辑，突出重点，精简内容

上一步是做加法，列出与意向岗位要求有相关性的工作经历、绩效和荣誉，而这一步是做减法，因为招聘人员阅读简历的时间有限，所以要求简历内容简练，符合招聘人员的阅读习惯。

大学生可以按照动宾结构，描述自己是如何负责工作的、做了什么工作、工作效果如何。例如，实习期间参与线上新产品上市的市场调研，独立设计问卷，发放1 000份问卷并进行后期收集、分析，绘制用户画像；配合市场部针对目标用户做推广计划，线上广告针对目标人群的推广转化率为15%，广告首发带来1 000万元的新品销售额等。

求职者应避免简历中的内容没有价值。例如，同一份行政助理工作，描述不同，价值也不同。无价值表述方式：帮助上级领导完成会议安排、做好会议记录，处理行政事务。有价值表述方式：协助领导部署周会、月会、季度会；独立负责会议后的内部线上宣传及会议简报；每月组织一次员工生日会，让员工感受到温暖。

完成简历的制作后，不要马上投递简历，而要将简历交给专业的面试辅导老师或者优秀且细心的朋友评估，避免出现不能突出重点的无效信息，尤其要避免因为粗心遗漏了重要信息。

（三）简历的真实性

真实性是最重要的，简历上的内容必须是真实的。企业招聘人员的职责之一是做好求职者入职前的全面的背景核实，避免招到不诚信的员工。招聘人员会从以下五个方向对简历背景做核实：身份信息、法律纠纷、学历、学位、实习经历、成绩、专业证书、创业经历。大学生如果由创业转为就业，就要事前处理好自己的创业事宜，更要注意转变心态。

规范的企业在求职者入职前还会邀请求职者填写入职登记表和入职承诺书。一旦发现有信息虚假问题,企业有权解除劳动合同,虚假信息情节严重到会危害企业利益者应负法律责任。

撰写简历遵循完整性、人岗匹配性、真实性原则,可以增加简历脱颖而出的成功率。

制作个人简历

1. 下面是一份大学毕业生的求职简历,仔细阅读并分析这份简历所写内容是否恰当,并说明原因。

个人简历

姓名	李×	性别	女	照片
年龄	23岁	民族	汉族	
健康状况	良好	政治面貌	中共党员	
学历	大专	专业	电子商务技术	
毕业院校	×××职业学院	籍贯	黑龙江省伊春市	
联系电话	139××××××××	E-mail	Li×××@163.com	
联系地址	黑龙江省哈尔滨市××区××路1号			
兴趣爱好	篮球、绘画、唱歌;擅长文学创作			
求职意向	网店运营、活动策划、市场调研、行政专员等方面工作			
主修课程	电子商务概论、大学英语、电商运营与实操、应用文写作等			
个人技能	大学期间经营女装网店,网店经营火爆,收益高			
计算机水平	熟练使用计算机并自学掌握了图像处理技术			
荣誉证书	英语四级、省级三好学生、一等奖学金、驾驶证、"互联网+"大学生创新创业大赛省级银奖			
社会实践	2020年07月,××公司网店客服2个月 2020年10月,××超市短期促销员10天 2021年01月,××传媒公司运营专业3个月			
自我评价	优点:活泼外向、积极乐观、抗压能力强、勤奋好学、做事情踏实肯干、认真负责、有责任心、吃苦耐劳、勇于迎接挑战。有较强的组织能力和人际交往能力,语言表达能力强、文笔流畅、有较强的团队协作意识 缺点:性格急			
小结	我认为我是一个有责任心、有理想的青年,对自己所要追求的理想,一刻都未曾停止,如果给我一个舞台我将会展现最美的"舞姿"。希望凭借我的实力,可以成为贵企业的一分子。我将运用我的理论知识,为公司创造更大的价值			

2. 请同学们结合自身目前的情况,制作一份简历。要求内容完整,格式可自行设定。

第三节 笔 试

笔试是指用人单位采用书面形式对求职者所掌握的基础知识、专业知识、文化素质和心理健康等综合素质进行的考查和评估。针对岗位的用人要求,笔试是一项重要的考核形式。笔试通常是筛选求职简历后,对求职者的进一步考核。通过笔试考核,可以帮助用人单位在短时间内快速了解求职者的基本情况,掌握求职者的基础知识、专业知识、管理知识、综合分析能力和文字表达能力等素质及能力的情况。

一、笔试的准备

笔试应用于大规模的员工招聘中,多用于一些对专业技术要求很高和对录用人员素质要求很高的单位,如一些涉外部门、技术要求高的企事业单位。对于求职者而言,只有掌握笔试的相关知识和技巧,才可以从容应对。通常情况下,笔试的准备应注意以下内容:

(一)平时勤积累

笔试不是一蹴而就的考试过程,而是需要对知识的长期积累。良好的笔试成绩不仅来自大学期间的勤奋学习,还包括课外知识的积累,以及对社会时事和动态的了解。

(二)考前多复习

笔试前,针对笔试内容的复习是非常有必要的。目前,大多数考试都会提前给出相应的考试范围,求职者可以围绕这个范围有针对性地进行复习准备,以便能在笔试中灵活运用掌握的知识解决各类题目。

(三)保持好心态

从某种程度上讲,良好的心理素质对于笔试的成功是有极大促进作用的。这就要求求职者在考前放松心态,树立信心,考试当天不紧张、不怯场,以平常心从容应对考试。

笔试是用人单位检验求职者的重要环节,求职者只有对笔试进行充分准备,胸有成竹,才能取得好成绩。笔试的成绩将直接影响求职者是否有资格进行下一步的面试。

二、笔试的类型

笔试的目的是通过试卷检验求职者的专业知识水平、综合素质以及语言组织能力等。目前根据考核的要求和内容不同,可以将笔试分为专业知识考核、职业能力测试、心理测试和公文写作四种类型。

(一)专业知识考核

专业知识考核主要是检验求职者专业知识的掌握程度及应用能力。通常情况下,招聘单位可以通过求职者提供的成绩单大致了解其专业知识水平,但一些特殊的行业对专业性要求较高,因此需要通过笔试进一步了解求职者的专业水平。例如,汽车营销服务行业对求职者要考核汽车营销专业知识;律师事务所对求职者要考核法律知识;外贸企业对求职者要考核外语水平;科研机构对求职者要考核动手能力。

对于大学生而言,专业知识考核侧重考查基础知识、基本技能,一般都是专业基础课学习的内容。当然,大公司和小公司考查的侧重点有所不同。小公司考查的内容一般比较细,目的是使人才一招进来就可以投入工作;大公司则强调基础和潜力,考查的内容比较宽泛。

例如,中国银行保险监督管理委员会2022年度公务员录用考试专业科目笔试主要考查求职者的金融基础知识、相关专业知识和英语水平。

(二)职业能力测试

职业能力测试主要考核求职者处理实际问题的能力,检验其对知识掌握程度和智力运用能力。例如,求职者要在规定的时间内对一组数据、一组资料进行分析,找出其合理的地方和存在的问题,并设计出解决问题的方案。这是对学生的知识面、阅读理解能力,发现问题、分析问题和解决问题的能力的全方位测试。有时还要求用英语回答,难度相对其他情况来讲更大一些。

(三)心理测试

近几年,各类企业对求职者的心理健康问题关注度有所提升,因此一些企业在招聘时会在笔试环节对求职者进行心理测试,心理测试是要求求职者限时完成事先编制好的问卷或标准化量表,再根据其完成问题的数量和质量来判断其心理水平或个性差异的方法。通过心理测试,用人单位不仅可以了解求职者的兴趣爱好、求职动机、智力水平、个性能力等心理素质,而且可以考查求职者的思维反应、心理健康程度、综合分析能力等。

(四)公文写作

对求职者的文字表达及分析归纳能力有要求的企业会在笔试时以公文写作的形式进行考核。公文写作一般会规定特殊的内容范围或特定的写作要求,甚至给出了明确的题目,要求求职者当场作文,以此来考查求职者的思维能力和书面表达能力。此类写作不同于中小学作文,主要考查应用文。比如,要求求职者通过对设定资料的阅读,回答有关问题,限时写一份观点论述;写一份会议通知、请示报告或工作总结等。

三、笔试的技巧

求职者在进行笔试时如果注意使用一些技巧,不仅可以提高笔试的考核成绩,而且能消除紧张情绪,增强自信心,取得理想的好成绩。

(一)相信自己的实力

求职者要客观冷静地对自己进行正确评估,相信自己的实力,克服自卑心理,增强自信心。有时稳定、自信的心态就意味着已经取得了一半成功的机会。

(二)掌握科学的答卷方法

求职者在拿到试卷后,首先要通览一遍,对试卷有一个总体的了解,以便掌握答题进度,合理规划答题时间;然后先解答简单的题,再解答难题,答题要掌握好主次之分。

(三)特殊情况特殊处理

求职者在答题过程中,遇到特殊的试题千万不要慌张,不要就此放弃进而失去信心,应该相信大家的水平都很相近,只要认真分析作答就一定可以解决。从这个意义上来讲,笔试考核的是你的综合素质。

(四)注意字迹工整、卷面整洁和考场纪律

求职者一定要注意按规定的时间到场,不能迟到。答题要注意字迹工整,卷面整洁,因

为有些用人单位并不特别在意应试者的考分稍许高低,而对应试者的认真态度、细致的作风、新颖的观点更为在意。考试绝对不能作弊或搞小动作,毕竟做人诚实守信也是用人单位尤为关注的。

笔试小训练

1. 数字推理

给你一个数列,但其中缺少一项,要求你仔细观察数列的排列规律,然后从四个选项中选择你认为最合理的一项,来填补空缺项,使之符合原数列的排列规律。

请开始答题:

(1) 2,8,18,32,( )。
A. 48　　　　　　B. 50　　　　　　C. 64　　　　　　D. 72

(2) 4,3,2,0,-3,-8,( )。
A. -15　　　　　B. -16　　　　　C. -17　　　　　D. -18

(1)【答案】B。解析:二级等差数列。
(2)【答案】B。解析:二级等差数列变式。

2. 数学运算

这部分试题中,每道题呈现一道算术式或表述数字关系的一段文字,要求你迅速、准确地计算出答案。

请开始答题:

(1) 20102010×2009-2010×2009×10001=( )。
A. 2010　　　　　B. 2009　　　　　C. 1001　　　　　D. 0

(2) 甲、乙、丙三名羽毛球选手在某天训练中分别用了 A、B、C 个羽毛球,总数为 56 个,若 A:B=B:C,那么乙选手用羽毛球数是( )个。
A. 8　　　　　　B. 9　　　　　　C. 12　　　　　　D. 16

(1)【答案】D。解析:原式=2010×10001×2009-2010×2009×10001=0,选择 D。
(2)【答案】D。解析:已知 A:B=B:C,那么 A:B:C=1:2:4 或者 1:3:9 或者 1:4:16,当 A:B:C=1:2:4 时,总共有 7 份,即每份为 56÷7=8,符合题意。所以乙所用羽毛球数为 8×2=16 个,应选择 D。

第四节　面　试

求职者在通过笔试考核后,接下来就要参加招聘单位的面试考核。面试是测量和评价一个人的知识、能力、品德、性格等方面的一种手段和方法。面试能够从不同角度对求职者的素质进行比较和鉴别,进而客观地评价出求职者的优势和不足,因而在社会上得到了极为广泛的运用。面试环节是求职者能够得到一份工作的关键,所以在短时间内获得面试官的认可是至关重要的。

一、面试的步骤

（一）准备工作

面试前一天，要注意饮食卫生，提前整理好第二天面试需要的装备，晚上早点休息，第二天不要迟到。

参加面试要注意一些细节。例如，如果是夏天，衣服要有领有袖，不要穿短裤和拖鞋。头发要整齐，皮鞋要干净整洁。女生可以适当化些淡妆，给人干净清爽的感觉。如果面试被安排在下午，午饭尽量要少吃一些，以免影响状态。最好提前10分钟到达面试地点，进门前将手机调至静音模式。

（二）等候面试

面试前如果需要等候一段时间，公司接待人员会让求职者在指定地方坐等，求职者可以利用这段时间观察一下公司的情况，或看看公司的宣传资料以便详细了解公司的实际经营状况。有时候，求职者或许会得到一张问卷，填写关于个人技能、心理测试方面的内容。如果有期望薪资之类问题，最好填写"面议"，这样有利于接下来进一步的薪资协商。

（三）进行面试

这一环节是面试过程中最为关键的。面试的形式有很多种，有的面试可能会需要进行好几轮。通常面试过程中，求职者可能会单独面对两个或两个以上的面试官，也可能与其他应试者在同一个房间内一起面试。当然不同的情况求职者需要有不同的应对策略，但无论是何种情况都不要慌张。

如果是多人一起参与面试，求职者一定要大胆地表现自己，不要害怕开口，通常情况下，第一轮淘汰的多数是不善于表达的面试者，面试官更看重求职者的综合素质，而只有通过表达才能够增加面试官对求职者的了解。

多数情况下，求职者会得到一个单独面试的机会，这才是面试的决定性过程，有时会是几个部门的负责人一起参与面试，有时却仅有一个面试官。先出场的面试官一般会是这个职位所在部门的负责人，他们的目的是通过提问来考核求职者是否有能力和诚意担任所应聘的岗位。大多数求职者如果事先准备充分，对于面试中的提问是可以自如应对的，即便遇到一些新问题，也可以举一反三地将问题解决。求职者要始终保持自然诚恳的态度，认真倾听面试官的提问，判断面试官提问的目的，以便做出简明清晰的回答。

面试官在提问结束时，可能会询问求职者还有什么问题，通常情况下，不要回答没有问题，但也不要泛泛而问，求职者可以询问公司运作状况，或者所申请职位的具体工作内容等，以此表现出自己对公司有一定兴趣和诚意。最后，如果有可能，请面试官留下联系电话或名片以备日后联系之需。

（四）询问结果

通常情况下，求职者会在一周内得到面试公司的回复，但没有得到答复也是常有的事，求职者也可以在面试结束后一周内，给面试官打电话表示感谢，询问面试结果，并简短地表达期待得到这份工作机会的愿望。

二、面试的方法

大学生如果想了解面试官的心理和人才识别方法,就要了解不同面试方法背后的逻辑。大学生了解不同的面试方法后可以用大学时间有针对性地完善自我,以及在面试时适应面试官的提问方式,有的放矢地回答问题。在面试中,大学生还可以利用所学知识引导面试话题,展现出自己与岗位匹配的核心竞争力,让面试官优先考虑自己。

面试方法非常多样化,面试方法和流程也都有可以参考的标准。用于人才选拔的面试方法根据面试的结构化程度可以分为结构化面试法、非结构化面试法和半结构化面试法。根据面试的技术可以分为行为面试法、压力面试法和情景面试法。还有一种名为评价中心面试法的面试方法,包括无领导小组讨论、案例面试、公文筐测验、管理游戏等。

(一)结构化面试法

结构化面试法是指经过统一培训的面试官通过统一的面试流程和面试题目,按顺序向求职者提问,再按照标准答案和对应级别给求职者打分的面试方法。因此,结构化面试法也称为固定模式型面试法。结构化面试法有三个特点:面试程序结构化、面试题目结构化和面试得分结构化。这种面试法的优势是降低了非结构化面试法的主观性,从而提高了面试的可靠性和准确性。面试官经过培训,对求职者的评价更加客观、公正。

结构化面试法通常有以下四种题目类型:

(1)情景类问题:是对工作场景提出假设,让求职者回答的问题。

(2)工作知识类问题:涉及工作中会用到的综合能力,一般是专业领域的题目或管理和人际类题目。

(3)工作样本模拟问题:是对工作中会出现的关键工作的实际场景进行实操性考核,如人力资源培训岗会要求求职者直接给出培训流程的方案。

(4)工作要求问题:旨在考察求职者的工作适应性,经常涉及的问题是"你是否愿意接受出差、加班、工作应酬或者常驻某一地区"等。

(二)非结构化面试法

非结构化面试法没有固定的流程和提问内容,面试官可以向求职者灵活提出与工作相关的问题,求职者的回答也很灵活。例如,面试官可以提问:"在你的成长经历中有什么事情让你印象深刻吗?为什么?"求职者的回答范围不设限,可以是工作、生活和学习中的任何一件事,只要说明为什么印象深刻就可以了。

有些面试官比较喜欢问开放性问题,如"你的朋友评价你是一个什么样的人"。同时会尽量避免引导式提问,如"当你觉得自己做错事的时候,你会主动和领导沟通,还是选择当领导问起时你才说",这种明显具有引导倾向的问题属于无效问题。

(三)半结构化面试法

半结构化面试法是结构化面试法和非结构化面试法相融合的方法,是一种灵活性更强的面试方法,既有标准问题,也有开放性问题,提问顺序不固定。由于半结构化面试法,既可以用标准化问题过滤出人才,又可以采用非标准化问题深度互动,从而从多角度了解求职者的综合素质、动机、价值观和个人期待,所以大多数企业会比较愿意采用这种面试方法。

(四)行为面试法

行为面试法是根据个人行为表现的连贯性原理发展起来的,要求求职者描述过往的工作案例或者生活经历来展示个人素质和优势的方法。行为面试法的假设前提是,一个人过去的行为能预示他未来的行为。例如,一个过去喜欢创造新事物的人,他的创新意识较强。行为面试法在前三种面试方法中都可以灵活应用。

(五)压力面试法

压力面试法是招聘中经常出现的面试形式,主要检测的是求职者在压力下处理人和事的能力。例如,工作中处理复杂人际关系和冲突时,是否有一定的情商,并保持情绪稳定性;组织安排高强度任务时,面对压力是否有责任心和坚忍的精神完成任务。这一环节是很多大学生求职中容易出现问题的环节。

(六)情景面试法

情景面试法也是招聘中普遍应用的一种结构化面试方法,这个面试方法是面试官根据实际工作中可能出现的情况进行关联问题模拟的面试方法。一个人未来的工作表现会受到自身分析问题能力和解决问题能力的影响,因此,情景面试法有针对性、真实性、可信性、直接性和预测性的特点。例如,在工作中如果你和同事共同负责一个项目,但是你们对于项目的处理意见不合,你会如何处理这件事?举一个过去在你学习或者工作中真实发生的、你调动大家和你共同处理一件事的例子,中间遇到了哪些困难,你又是如何解决的?

(七)评价中心面试法

评价中心面试法是一种从多角度对个体进行标准化测试的方法,融合多种面试形式,曾用于军事,现在用于企业人才选拔。公文筐测验、管理游戏和角色扮演常用于中高端人才的选拔,在校园招聘的面试中常用的是无领导小组讨论。

无领导小组讨论是评价中心面试法中使用最多的测评技术,多用于小组面试,由随机选择的求职者组成一个6~9人的临时小组。让他们讨论指定题目、共同商议、轮流发言,并得出共同的结论。题目设有情景,求职者自发选择自己所扮演的角色,一般有以下几种角色:组织者、时间官、记录者、汇报者、参与者。总讨论时长为1小时左右,所有环节面试官均不参与讨论,包括分座位等。通常是1个面试官观察2个求职者,面试官主要观察求职者的综合素质,如沟通表达、解决问题、组织协调、说服他人、辩论演讲、人际关系处理等方面的能力,还有求职者的个性特质,如成就动机、价值观、自信心、责任心、创造力、内向或外向和情绪稳定性等。

无领导小组讨论在校园招聘中使用非常多,在专业面试官的观察下,测试的信度、效度较高,面试效率也较高。无领导小组讨论也是公务员选拔、企业批量招聘和高管内部竞聘选拔的面试方式之一。

无领导小组讨论中的面试官的评价标准常有以下几个:

(1)有效发言次数。

(2)组织讨论和引导他人积极参与的能力。

(3)是否有独立思考并提出有效建议的能力,是否敢于发表不同意见。

(4)倾听能力、尊重他人的能力,即在别人发言时不随意打断他人,但是反应快,能够抓住适合表达的机会表达自己的不同观点。

(5)时间把控能力。

(6)观点总结能力。

(7)演讲呈现能力。

(8)发现团队人才和授权管理的能力。

不论哪一种面试方法,都是用人单位为了选出岗位需要的人才而采用的,所以大学生需要训练的是回答思路,有针对性地将问题要考察的能力和性格特质全方位展示出来。大学生在校期间多参加一些学校和人才交流中心组织的模拟面试大赛,有助于提升临场发挥能力。

三、面试的常问问题

大学生面试前的准备工作之一是熟悉面试官的常问问题,针对岗位梳理思路,并进行模拟面试。

大学生在面试前进行专业的职业规划学习,在老师的辅导下梳理自己的成长轨迹和对职业规划的想法,回答问题时会更加精准。

(一)面试问题分类举例

面试官会围绕简历进行提问,全方位地了解大学生的综合素质。面试官常问问题示例详见表10-1。面试官重点关注四类经历:学生干部经历、科研项目经历、社会实践经历以及学习过程。面试官不仅要考察大学生当前的工作能力,还要考察个人发展潜力、性格与企业岗位的匹配度。关于发展潜力,企业较看重大学生六大核心素养:适应力、文化贡献力、团队合作力、领导力、责任感和目标感。

表10-1　面试官常问问题示例

简历模块	常问问题
个人信息	请做简单的自我介绍
求职意向	1.为什么选择我们企业
	2.你有哪些能力可以胜任这个岗位
	3.关于应聘这个岗位,你做过哪些准备
教育背景	1.为什么选择这个学校和这个专业
	2.在专业课中你最喜欢哪一科?为什么喜欢
	3.读书期间让你最引以为傲的一件事是什么
	4.你对自己选择的专业满意吗
	5.你喜欢什么专业?为什么喜欢这个专业
	6.你对于学习深造有什么计划

(续表)

简历模块	常问问题
实习经历	1. 你在实习期间有哪些收获
	2. 实习中对你来说最有挑战的任务是什么？你是如何解决的
	3. 你在你的领导身上学会了什么
	4. 你认为实习期间的哪些表现是能让领导满意的？哪些表现是让领导不够满意的
	5. 你为什么不选择留在实习企业
	6. 你理想的工作是什么样的
项目经历	1. 请介绍一下你参与的这个项目
	2. 项目中你主要负责哪些工作
	3. 项目中让你印象深刻的事情是什么？为什么
	4. 你觉得项目有哪些遗憾？如果重新做一次，你会如何安排
	5. 做这个项目，你最大的收获是什么
社会实践	1. 你为什么参加这个活动
	2. 参加活动后，你的哪些能力提升了
	3. 你在活动中的职责是什么
	4. 在这个活动中，你最有成就感的事情是什么
奖励荣誉	1. 你是如何获得这些荣誉的
	2. 和同样争取这个奖项的同学相比，你在哪些方面更有优势
	3. 你为什么要争取这些荣誉
	4. 这些荣誉中哪个对你最有意义？为什么
职业资格证书	1. 你考取这些证书的目的是什么
	2. 你认为自己有哪些专业和技能优势？请举例说明
个人生活经历	1. 你父母的职业是什么
	2. 他们对你的工作选择有哪些建议
	3. 成长中，对你影响最大的人是谁
	4. 身边的人都是如何评价你的
	5. 你从小到大做过最让自己自豪的事情是什么
个人职业规划个性品质沟通能力	1. 你的梦想是什么
	2. 你最欣赏哪三个人？欣赏他们的哪些方面
	3. 你希望自己成为一个什么样的人
	4. 描述一下你理想状态下的职业规划
	5. 如果你不适合我们这个职位，你还会考虑哪个职位
	6. 你认为什么风格的领导是你愿意追随的
	7. 工作中如果你和领导的观点不一致，而且你坚信你的观点是对的，你会怎么做
	8. 同事之间争取项目，你没有争取到，而且你认为能力不如你的人被选为负责人，你会怎么做
	9. 你的领导在会议上因为你的工作失误批评了你，但是失误实际是同事造成的，你会如何处理

针对上表列出的问题进行练习,大学生可以进一步了解面试官的提问思路。大学生越早了解这些问题,对学业规划和职业规划越有帮助,可以提升学习动力和进行职业规划的积极性。

(二)面试问题回答指南

大学生意识到每一个面试问题背后必有考察点时,就会认真思考如何回答问题。有面试经验的大学生,回答问题的思路更清晰,能抓住问题的要点。面试官在整个招聘过程中始终关注以下三个问题:

(1)你是我要找的人才吗?

(2)如果你顺利入职,可以稳定地工作吗?

(3)你能很好地融入团队吗?

下面的面试问题回答指南会帮助大学生针对自身能力水平、职业发展、个人特质等多个维度梳理回答逻辑。当然,这些内容是为了让大学生在进入职场前可以有意识、有准备地规划学习,让自己面试时有内容可以陈述,并且知道如何陈述会让面试官印象深刻。这些表达逻辑也适用于职场内部竞聘、商务合作洽谈等场合。

1. 自我介绍阶段

面试开始后,面试官通常会通过求职大学生的1~3分钟的自我介绍快速识别其自我总结能力、沟通表达的逻辑和水平。

大学生在此阶段常出现的问题如下:

(1)重复简历已有内容。

(2)漫无目的地长篇大论,论述没有重点。

(3)夸大其词地认可自己,让面试官感觉不真实。

(4)过度谦虚、妄自菲薄,让面试官感觉求职者不自信。

(5)过度紧张,表达磕磕巴巴,展示出心理素质较差。

下面是自我介绍的注意事项:

(1)内容管理。自我介绍的呈现逻辑可以用MTV原则来梳理:M(Me)指我是谁;T(Task)指我在过去的任务中取得了哪些成就;V(Value)指我能带来的价值是什么。

(2)表情管理。面带微笑,语言简练,表现出自信;与面试官有眼神交流,自然地注视面试官的鼻梁处;介绍时嘴角自然上扬。

(3)声音管理。面试时容易紧张,导致声音发抖、发颤,这会影响面试官给出的印象分。在家对着镜子不断练习自我介绍,到面试现场就会比较放松。练习呼吸,将空气吸入腹腔,再慢慢呼出,说话时尽量控制语速,不要出现气短的感觉。如果普通话不标准可以说慢一点,让自己吐字清晰,打开口腔可以让发音更响亮、清晰。

(4)时间管理。面试官一般会提出自我介绍的时间要求,如果面试官没有提出,大学生可以把自我介绍的时间控制在1~3分钟。时间太短,显得准备不足;时间太长,会让面试官失去耐心。把握MTV原则,介绍时根据岗位要求把自己的优势介绍清楚,关注面试官的反应。如果对方听得津津有味，身体前倾、频频点头或者眼神表达出想再多听一些的意思，大学生可以酌情补充细节。

2. 考察能力阶段

针对面试官提出的与能力相关的问题，大学生应围绕专业实习经历、在校活动经历来回答。但是，有些大学生在面试时，答非所问，或者内容冗长，重点不突出。

大学生在此阶段常出现的问题有以下三种：

(1)回答问题既不客观也不具体，更多停留在自我欣赏上。例如，面试官问："你为什么认为你有能力做好这份工作？"回答："大家认为我做事非常认真，我相信我可以做好这份工作。"

(2)表达的优势与职位要求的能力无关。例如，面试官认为某职位需要的是团队配合和强执行力，而大学生表达的自身优势是有个性化的创意，这就是与职位不直接相关的优势。

(3)回答绩效时不量化。很多没有经验的大学生喜欢用形容词描述优势，而不是用可量化的绩效来展示优势。例如，面试官问："你认为在上一份实习工作中你的表现有哪些亮点？"回答："领导认为我的文案写作能力特别强。"

针对考察能力的问题如何回答更加有效，下面为大家总结了一些回答思路。

(1)介绍时，可按照本书中前文所述的 STAR 原则介绍自己的能力和优势。STAR 原则是很多知名企业的面试官常用的考察能力的原则。在面试中，可对 STAR 原则做出以下应用：S(Situation)——事情发生的情景是什么？T(Task)——你的目标任务有哪些？A(Action)——针对这样的情景，你采用了什么行动方式？R(Result)——结果如何，你有哪些收获，提升了什么能力？简而言之，大学生可以利用 STAR 原则在面试中有逻辑地介绍自己。

(2)重点介绍与岗位素质相关的成就事件和能力。这个环节需要重点解读职位描述。对于应聘工作所要求的能力，大学生一定要结合岗位所需专业水平和个人的案例、取得的成绩做重点介绍。

动宾结构的表述方式，同样适用于面试，并且大学生的回答一定要可量化或可验证，而不是形容词的堆砌。

(3)案例必须真实，经得起追问和核实。即使实习经历少、可总结的案例有限，大学生也不要在面试时虚构经历，因为面试官可能阅人无数。如果在面试中被识破说谎，大学生就不可能有入职的机会了。

(4)态度必须真诚。态度真诚是与面试官建立信任的必要条件，大学生提前针对岗位做模拟面试练习、准备好自我呈现的内容和意外问题的应对方法很重要。同时，面试官如果因为你的诚恳给了你后期反馈个人问题的机会，大学生一定要在面试结束后真诚地向面试官表达感谢。

3. 考察稳定性阶段

面试官除了看重大学生的能力外，还看重大学生的稳定性。稳定不仅是个人需求,还是企业需求。企业培养职场新人上岗从而产生绩效的成本很高,所以企业也希望招到合适的稳定的员工。面试官考察稳定性的问题很多,在此阶段常提问的问题如下:

(1)你为什么想选择我们企业的这一职位?(动机)

(2)你理想的职业规划是什么?(职业规划)

(3)你认为收入、发展、人际关系、工作和生活平衡、健康这五个因素的重要性排序是怎样的?为什么这样排?(职业价值观)

(4)到目前为止,你对我们企业的整体感受是怎样的?我们企业最吸引你的是什么?(个人印象)

大学生在此阶段常出现的问题如下:

(1)职业规划过于宏大,但是能力一般,让面试官感觉求职者心浮气躁,例如:"我的目标是3年升到总监,5年升到总裁,然后自己创业,挑战自我。"

(2)过于在乎收入。例如:"收入是对能力的证明,如果不能给予我更好的待遇,就说明企业不重视我。"

(3)对企业文化不够理解、认可度低,让面试官觉得适应性差,例如:"我理想的工作状态是自由支配工作时间,不接受加班、出差。"

大学生回答面试官考察稳定性问题的思路如下:

(1)动机问题。大学生要围绕自身的专业、兴趣、实习经历或者未来行业预期等展开说明,要提前调研职位要求和行业发展的情况,不要讲"假大空"的话。

(2)职业规划问题。大学生要根据自己3～5年的近期规划、5～10年的中期规划和10年以上的远期规划表述自己的想法。在近期规划的介绍中,大学生要想明白是沿着专家线发展,还是沿着管理线发展,因为这两条发展线需要积累的核心竞争力是不同的,大学生可以借机询问面试官企业对于新员工的培养计划。在中期规划的介绍中,大学生要结合自己理想职业生涯的发展目标,对自己为实现目标积累的资源和培养的能力展开描述。在远期规划的介绍中,大学生要结合理想的事业状态和生活状态,以及自己的梦想和情怀展开描述。

(3)职业价值观问题。职业价值观排序要匹配自己的职业目标,不要自相矛盾。如果你的职业目标是成为部门骨干,5年内获得独自带项目的能力和机会,但是职业价值观排序是工作和生活要平衡、希望有自由支配的时间、身体健康、收入增加、发展空间大,这看起来就是冲突的。此时,可以换一种说法表述职业价值观,例如:"我希望获得更多的成长空间,愿意为提升能力暂时放弃休息时间,让自己多充电、多学习,同时,我希望把每年可以支配的假期分配给自己的家人和业余爱好,让自己工作时全力以赴,休息时尽情放松。"

(4)个人印象问题。大学生在面试时可以多分享自己了解的企业文化、面试官给自己的感觉、工作内容等方面的信息,让面试官感受到求职者是在认真观察和深思熟虑后做出的回答。

4. 考察个性特质阶段

面试官对大学生个性特质的考察贯穿面试所有环节,大学生的个性特质反映了其入职后能否快速适应岗位、融入团队。

面试官考察大学生个性特质的问题很多,在此阶段常提问的问题如下:

(1)你眼中的自己是什么样的?你身边的人(老师、同学、朋友、父母)对你的评价是什么样的?你认同吗?(自评和他评)

(2)你觉得自己的哪些个性对你与人相处有优势?哪些是存在问题的?(人际关系)

(3)如果在工作中和同事因为讨论问题而产生冲突,你会如何解决?(冲突管理)

(4)你从小到大对什么方面的事比较感兴趣?(兴趣)

(5)如果你的上级要求你做的事违反企业制度,你会怎么办?(价值观)

大学生在此阶段常出现的问题如下:

(1)只讲优点不讲缺点,容易让面试官感觉自评过高。

(2)处理人际冲突时情商过低,总是讲自己的优点和别人的问题。

(3)性格过于呆板,让面试官感觉很无趣。

大学生回答面试官考察个性特质问题的思路如下:

(1)自评和他评问题。从实际出发,进行自我评价时一定要想好对应的例子,说明为什么要这样评价自己。例如,大家一致认为你做事太"较真",你举出平时和大家一起做事时过于认真的例子,这样会加分,但是不要举出那些过于斤斤计较的例子。

(2)人际关系问题。根据自己的个性特点在与人相处时发挥的作用来回答。如果自认为是开朗、积极主动的人,大学生就可以举一些因为开朗、积极主动而赢得良好关系的例子。如果自认为内向、不爱与人交流,大学生就可以举出一些自己可能会觉得不够舒适的情况,但不要举出因为自己个性让对方很不愉快的例子。总之,面试时不能说谎,也不要将自己的问题放大化。

(3)冲突管理问题。冲突管理问题考察的是大学生的情商和解决工作冲突的能力。大学生回答问题时应把握以下三个原则:第一,以解决问题为出发点;第二,做好表情和情绪管理,如果沟通方式让面试官产生了不良情绪,要为自己的沟通方式道歉,但是要让面试官理解自己的初心是希望更好地解决问题;第三,要展现出自己的魄力,要敢于和对方探讨问题,针对发现的问题,要勇于表达,并给出解决方法,同时保持谦虚的态度,对于思考不足之处可以请对方指出来,一起探讨。

(4)兴趣问题。兴趣影响大学生将来投入工作的热情。兴趣可以与工作无关,也可以与工作有关,但是应是长期坚持并且热爱的,而不是一时兴起的事物。

(5)价值观问题。这类问题既考察大学生的人品,也考察大学生的智商和情商。价值观是做事的原则和底线,所以大学生要先明确地表达自己的观点和态度,再说明原因和处理方法。"君子有所为,有所不为",违反企业利益和法律的事不能做,违反职业道德的事不能做。

5. 考察面试态度阶段

在面试结束前,面试官会提出一个问题:"你有问题要问吗?"在真实的面试中,很多大学生并没有利用好这个提问题的机会。

大学生不会提问题的原因主要有以下三种：

(1)没有准备，稍一紧张就不会提问，索性随便选择一个问题。

(2)对职位不感兴趣，所以也不想浪费时间交流，直接放弃提问题的机会。

(3)只想聊关于薪酬福利的事，询问有没有五险一金或补助等，而忽略了与个人发展有关的问题。

大学生在面试中必须关注以下问题，从而有效提问。

(1)掌握自己入职后所在部门的业务属于企业的新业务还是老业务，是核心业务还是周边业务，判断部门未来的发展空间。

(2)了解自己入职后所在团队各级领导的经历和背景。

(3)了解自己加入企业后有哪些可以提升个人能力的机会。

(4)了解在同一岗位上，目前在企业中晋升速度比较快的员工所做的努力。

(5)了解对于自己的面试表现，面试官有哪些反馈和建议。

(6)请面试官分享这家企业吸引他加入的亮点，他认为自己有哪些方面能力与企业的职位相匹配。

(三)面试谈薪的方法

面试必定涉及薪酬谈判环节。大学生经常在初次面试中，会被问及薪酬期待，或者自己主动向面试官询问有关薪酬的问题。求职者和面试官都在试探对方的需求，面试官想了解求职者的下限，求职者想了解面试官的上限。到谈薪这个关键环节，有三个重要的注意事项，分别是谈薪时机、谈薪对象和谈薪方式。

1. 谈薪时机

谈薪的时机不应该是初次面试结束前由自己主动提出，而应该在对方对你表示欣赏，并且询问你对于薪酬的期待，以及确认可以入职的时间时商讨。

校园招聘企业会有统一的校招薪酬标准，但是按照经验，根据毕业学校和面试表现，薪酬还有谈判的空间，尤其是当你已经拿到同行业头部公司的录取通知后，这个时机最有谈判的空间。

2. 谈薪对象

一般情况下，求职者是与人事负责人谈薪，除非自始至终都是业务部门负责人面试。与人事负责人谈薪，是比较合适的，他会根据你的综合能力和公司的薪酬标准识别可以为你争取的福利，而且如果你的薪酬期待不合理，他也会表明原因。人事负责人比较理性，不会计较你因为薪酬洽谈不好而产生的情绪，这样可以有效避免你与业务部门负责人谈薪时可能产生的不愉快。

3. 谈薪方式

大学生应请面试官先介绍一下这个岗位的薪酬福利，对其开出的条件做到心中有数后再谈。如果面试官想知道大学生的期望薪资，大学生有两种回答方式：一种是参考网站上同类岗位的薪酬水平,报出自己的期望值;另一种是根据已经获得的同类岗位的录取通知,表达希望不低于某一个薪酬数值,同时表示尊重企业的薪酬体系。

当面试官表示企业能给的薪酬与大学生的预期不匹配时,大学生不要急于表达不满的情绪,更不要表示希望加薪的理由是生活开支较高。

大学生从以下角度谈薪是比较合适的:

(1)询问这个职位的晋升体系和对应的薪酬水平。

(2)调研同类职位在其他企业的薪酬水平,如果底薪和绩效相差悬殊,可以请面试官介绍一下福利构成及绩效考核条件。

(3)了解同一岗位绩效最好的员工和绩效一般的员工的薪酬差别,了解自己入职后的薪酬提升空间。

(4)多分享自己对企业的价值,展示自己的能力。

在面试前,大学生对本节分享的常见问题进行总结和练习,可以有效提升面试的成功率。这部分内容也能帮助大学生在求职中学会自信表达、有效沟通。

四、掌握面试策略

面试虽然只是简单短暂的交流,但如果掌握技巧,在几分钟甚至十几分钟的面试过程中就可以取得较好的效果。面试形式分为视频面试、语音面试、现场面试,视频面试和语音面试统称为线上面试,现场面试即线下面试。

(一)线上面试"避坑"指南

线上面试是目前校园招聘中比较常用的第一轮面试形式,一般采用视频面试的形式。对于大学生来说,在线上面试前需要提前关注很多细节才能保证面试流程的顺畅。大学生结合真实面试中常出现的问题和面试流程,总结应对思路,掌握应对策略,就能够在线上面试中发挥正常水平。

视频面试和语音面试都属于线上面试,两者共同之处比较多,大学生用准备视频面试的标准准备语音面试一般不会出问题。不要因为是语音面试就准备得比较随意,声音可以反映出一个人的面试状态和对面试的准备程度、重视程度。了解以下常见的五个问题,有助于大学生顺利通过线上面试。

(1)没有提前测试线上面试工具,网络卡顿、声音小。

应对策略:提前下载好相关软件,并熟悉不同按钮,找到话筒静音、视频开关,并测试音量和网络环境;面试前提前20分钟进入线上会议室,设置成静音和视频关闭状态安静等待面试官。

(2)视频中画面背景比较乱、声音嘈杂,影响面试印象和沟通效果。

应对策略:提前准备好耳机,选择无噪声的面试环境;背景可以是一面白墙或者书架,也可以设置虚拟背景。

(3)不适应视频沟通,眼睛不看镜头,导致无法和面试官有很好的眼神交流。

应对策略:提前练习自我介绍,保持自信与微笑,声音要适度放大,必要时配一个话筒,让自己熟悉视频面试中的互动形式。

(4)坐姿和着装不得体,过于随意。

应对策略:正襟危坐,后背挺直,表情自然;建议男同学穿深色西服和浅色衬衫,女同学穿职业套装,不要穿褶皱过多的衣服。

(5)小组视频会议面试,声音嘈杂,出现抢话、叠音的情况。

应对策略:自己不说话时要将话筒调为静音;如果想回答,举手示意或使用软件的"举手"功能后再打开话筒回答问题。

(二)面试步骤流程指南

根据面试人数的不同,面试时长会有所差异,单独面试和集体面试的考察形式不同。一个标准化的一对一面试时长在 20~40 分钟,集体面试或者高级岗位面试的时间会更长一些。大学生面试前应预留出足够的时间,如果面试时间有冲突,要协调好每场面试之间的时间。

1. 寒暄问候,双方自我介绍

面试官一般会先亮明身份,主动介绍自己的姓名和所属部门、告知大学生如何称呼自己,并在面试中提示大学生:所有的面试问题都要保证如实作答,如果不方便回答可以拒绝回答。

面试官会请大学生做 1~3 分钟的自我介绍,大学生针对简历和综合情况介绍自己的经历和求职意向即可。

2. 面试官进行企业介绍、职位介绍和面试流程介绍

企业信息和职位信息不是所有企业的面试官都会介绍的,因此大学生要提前做好这部分的功课。有些面试官会反问大学生对企业和对这个职位的认识,以及询问大学生选择这个职位的原因。

受过规范培训的面试官会在面试开始或结束时说明本岗位共有几轮面试、由哪个部门的人员负责后面的面试。如果面试官没有告知,大学生要在面试结束后主动询问,确认后续的面试流程,了解参与面试的企业人员的职务背景,方便准备之后的面试。

之所以强调这一点是因为大多数面试失败的大学生会忽略第二步的细节,让自己一直处于被动状态。

3. 面试官识别职位要求与求职者能力的匹配度

在这一环节面试官会结合对于岗位的面试考察方式,采用不同的面试方法。面试官会根据面试人数融合多种面试方法,多角度识别人才,大学生不需要掌握所有面试方法,但是要对这些面试形式有所认识,以免在真实的面试场景中因为过于紧张而发挥失常。

4. 面试官考察求职者工作动机、价值观、性格和职业发展规划等

这个环节主要考察的是大学生的工作动机、价值观、性格、人品、态度和职业发展规划等。例如,关于工作动机的问题,自己认为做什么事能够让自己投入更多的精

力,不去计较得失;关于性格的问题,生活中父母、老师、亲友认为自己是一个什么样的人;关于职业发展规划的问题,3到5年内自己的生活达到什么状态是自己比较满意的。

面试官提出问题的目的是明确大学生的动机、价值观和特质与职位的匹配度。例如:一个从小喜欢自己做决策的人,面对学业和工作更容易自我驱动,朝着自己的目标努力;反之,一个多数时候是家人帮助做决策的人容易受他人观点的影响,对于工作和职业规划往往处于被动状态等。面试官通过了解大学生的成长经历,可以更好地判断工作内容和部门文化是否满足大学生的个人诉求,以此分析大学生的稳定性和工作动力来源。

5. 面试官询问求职者是否有要问的问题

这是识别双方意愿和态度的最后环节。很多准备不足的大学生会回答"我没有问题",认真准备的大学生会结合自己的需求提出一些与工作相关的问题。

(三)面试中出现问题的原因及解决攻略

一份好简历可以帮助面试官了解求职者的个人素质、过往经历,有哪些经验是可以运用到未来工作场景中的。而面试环节则是面试官识别求职者关键能力、验证其能做什么的关键环节。一个优秀的求职者不仅要有丰富的学习和工作经验,还要在面试前做好准备,让自己在面试中展示出自己的真实水平。

优秀的职场人士既会做事又会表达,可是很多大学生缺少面试经验,不熟悉面试环节和考察方式,不会有针对性地总结优势,导致自己过度紧张,答非所问,使自己与好机会失之交臂。自身能力不够需要专业积累,无法临阵磨枪,但是应聘态度和心理素质可以通过快速训练得到改善。

1. 面试中出现问题的原因

求职者在面试中出现问题的原因如下:

(1)精神紧张,在面试现场答非所问,声音"软绵绵",因准备不足导致被问得面红耳赤。

(2)难以沟通,让面试官失去耐心。

(3)夸大其词,让面试官觉得不够诚信。

(4)情绪失常,在被否定时,会情绪激动或者用语言攻击面试官。

(5)态度不端,对求职职位和企业业务完全不了解,现场表现过于随意。

(6)造型不合适,忽略对外在形象的管理。

2. 解决攻略

在面试中表现力强的求职者并非具有天生的优势,而是非常善于提前学习、总结规律,注重面试前、面试中、面试后的工作,让自己的综合实力得以完美呈现。

(1)面试前。大学生在面试前要做好以下准备工作:与邀请面试的工作人员电话确认面试流程,提前对面试官可能会询问的问题做好回答的思路梳理,上网查询企业介绍、业务发展范围、行业内排名、应聘岗位的职责要求、他人的面试经验等。如果可以通过职业访谈等形式提前了解企业的文化和制度、企业发展方向等信息,更有助于大学生提前评估自己与企业的匹配度。若面试要求使用外语作答,则需要提前准备相应的简历和回答。提前练习自我介绍,不断优化和精简语言。

(2)面试中。初次见面要给面试官留下良好的第一印象,进门的那一刻就是面试的开始。要注意仪表得体、表情自信、语言简练有逻辑、礼貌回答问题,让面试官感受到真诚。主动与第一次见面的面试官保持友好互动,因为其既会向你反馈面试结果,也有可能是你未来的同事,面试结束离开之前要留下其联系方式以便跟进面试结果。

(3)面试后。面试后,求职者要重点做好以下三件事:用短信或者邮件感谢面试官邀请面试;针对面试官的提问和自己的答题思路,做好面试总结,从自我介绍、专业展示、沟通表达、情绪状态等方面对自己在本次面试中的表现进行评分;对职位进行综合分析,进一步判断其是否为最佳职位。如果是,重点跟进面试结果,并集中精力准备下一轮面试;如果不是,可以开始寻求更心仪的职位。

不需要在每次面试中都获得完美的结果,但既然选择去面试,就应该珍惜自己投入的时间,认真对待。

(四)面试关键考察点

面试流程不论是简单还是复杂,都万变不离其宗,大学生在求职前要掌握面试官在不同面试环节的关键考察点。

心理学的冰山模型很好地诠释了面试官选择人才的甄别方向。第一轮面试主要识别"水面以上"的人才质量,它决定了求职者的工作能力与职位的匹配度,以及"水面以下"的个性特质,这决定了求职者性格与职位和团队文化的匹配度;第二轮面试重点考察"水面以下"的动机,动机决定了自驱力和工作态度;第三轮面试重点考察期望值,期望值决定了企业是否录用求职者以及未来与求职者长期的合作与发展。

无领导小组讨论练习

假设你是某面包公司的业务员,现在公司派你去偏远地区销毁一卡车的过期面包(可以食用,无损身体健康),在执行任务的途中,你被一群饥饿的难民堵住了去路,因为他们坚信你所坐的卡车里有能吃的东西。这时报道难民动向的记者也刚好赶来,对于难民来说,他们要解决饥饿问题;对于记者来说,他要报道事实;对于你来说,作为业务员是要销毁面包的。

现在,要求你既要解决难民的饥饿问题,也不让他们吃这些过期的面包,又不让记者报道过期面包的事实。

请问你将如何处理?(说明:①面包不会致命;②不能贿赂记者;③不能损害公司形象。)

任务要求:

1. 各自思考 5 分钟,每人阐释各自观点时间为 2 分钟;请就其他组员提出的方案阐述自己的意见。

2. 通过小组讨论,在 15 分钟内决定方案,派出代表做陈述,无领导小组讨论解题思路如下:

①分配角色。

②分析利益冲突。

③找到双方需求。

④提炼价值观和工作职责。

⑤梳理答题逻辑框架。

单元十一
就业流程与权益保护

 案例导入

  毕业生张某在寒假参加 A 市的毕业生供需见面洽谈会,当时有一家国有企业在会场招聘应届毕业生,张某觉得单位处在沿海开放城市,工作环境、工资待遇、发展前景等方面都很有吸引力,而自己也比较符合单位的招聘条件,经过初试和复试,张某与单位正式签订了就业协议,张某回想起这段经历,脸上还不时浮现出自信的笑容,能在大学生就业形势如此严峻的情况下找到这么中意的工作,自己已经非常幸运了。

  不久之后,张某却愁容满面地回到学校,向负责就业指导工作的老师咨询毕业生解约的相关问题。张某说:"刚接到了单位人力资源部打来的电话,说由于在招聘时没有注意到市人事局关于接收应届高校毕业生的通知中对本年度毕业生引进的相关规定,参照我个人的条件,单位无法为我办理人事关系接收手续。"张某接着向老师详细说明了情况:张某在寒假期间和单位签订就业协议时,双方都没有注意到市人事局关于人才引进的相关政策,当单位到 A 市人事局准备为张某办理人事关系接收手续时才发现张某不符合接收条件,原因是 A 市人事局出台了新的接收高校应届毕业生的政策。新政策规定,外地生源应届高校毕业生到 A 市工作,需要毕业证、学位证、计算机等级证书"三证"齐全才能办理接收手续。张某目前还没有考取计算机等级证书,又是外地生源,所以,A 市人事局无法为张某办理人事关系接收审批手续。他只好与原单位解除就业协议,重新寻找工作。前几天,张某向大学生就业指导中心提交了省外就业协议书,他已经和深圳的一家企业签订了就业协议书,而且已经完成了人事关系转接的审批手续。

  请思考:

  通过张某一波三折的就业经历,你认为在就业流程方面怎样才能少走弯路?

第一节　就业流程

一、了解就业基本常识

（一）就业协议书的概念

就业协议书是明确毕业生、用人单位和学校在毕业生就业工作中的管理和义务的书面表现形式。一般由教育部或各省、自治区、直辖市就业主管部门统一印制，一式四份，用人单位填好盖章后再由学校就业办盖章并生效，四份协议书：学校一份（作为就业方案依据）、用人单位一份、省就业主管部门一份（派遣依据）和学生本人一份。

（二）户籍关系、档案的转寄

学校户籍管理部门根据就业方案统一办理户籍关系转迁证明，并发放给毕业生本人。学生离校后持就业报到证、户籍关系转迁证明到单位报到后，持工作单位证明到辖区公安部门办理户籍迁移手续。档案在毕业生离校后由学校统一寄（送）到用人单位或当地人力资源和社会保障局。

二、了解就业基本流程

毕业生和用人单位双向选择达成录取意向后，即可与用人单位签订就业协议书，毕业生从学校领取就业协议书后，要认真如实填写基本情况及意见，并签名；用人单位上级主管部门及人事调配部门签署意见，了解档案详细转寄地址；院系签署意见后交给学校就业主管部门，学校就业主管部门代表学校签署意见后，就业协议书生效并交到省就业主管部门签约。

三、就业过程注意事项

（一）毕业生资格审查

毕业生资格审查的目的是确认和核实每一位毕业生的入学资格，审查合格后才能取得毕业资格。毕业生资格审查的主要内容是毕业生姓名、专业、学制、培养方式、生源地等，所审查的内容以学信网和省级招生部门招生底册上的内容为准。如有不一致之处，须出具相关手续。比如，改名手续，须出具市区级公安部门的改名手续；生源地变迁，须出具户籍变动手续（由现住址所在地的派出所出具户口迁移证明信）；降级、休学、转系、转专业等，须出具学籍变动手续（由学生处、教务处签字盖章的证明资料）。

（二）就业协议书的基本要求

就业协议书必须填写清晰，单位名称必须与单位公章一致，不要简写、误写或写别名，复印、自制协议书无效，姓名栏涂改无效。就业协议书在毕业生签字、用人单位盖章后经学校就业主管部门盖章即可生效，并纳入就业方案。就业协议书是最后派遣的依据，所以要仔细阅读上面的条款及说明，并核对自己的名字、专业是否有误，同时更要妥善保管。

别让找工作陷入困难的境地

小高是某高校的应届毕业生,通过校园招聘会,被B公司录用并签订了就业协议书,B公司以及当地人事部门在就业协议书上盖章后将其寄到学校,学校就业主管部门也在就业协议书上盖章同意。

此后,不断有用人单位到学校来招聘,小高也不断地参加校园招聘会。后来他又被C公司看中,并打算录用他。经再三衡量,小高觉得C公司规模和名气都比B公司大,对自己的发展更有利,于是他又选择了C公司,并开始在C公司实习。

毕业后,小高没有在规定的时间到B公司报到,也没有任何音信。B公司经询问得知小高同学已经到另外一家公司去上班了。于是,B公司正式致函小高,请其履行所签的就业协议书中的条款,否则,将通过法律途径解决问题。在始终没有得到明确答复的情况下,B公司向法院提起诉讼,状告小高违约,要求其赔偿。法院开庭审理了此案,认为原、被告之间自愿签订的就业协议书,是双方当事人真实意图的反映,双方都应履行协议。小高的行为违反了《中华人民共和国合同法》,应承担违约责任。

而与此同时,C公司要求与小高签订学校统一发放的就业协议书,并根据此协议签订正式的劳动合同,办理转档和户籍等相关手续。可是此时的小高却无能为力,因为唯一的一份就业协议书已经和B公司签了。C公司因此无法与小高签订正式的劳动合同。

思考并回答:

小高本来是想谋求一份更好的工作,为什么会陷入了进退两难的困境?

第二节　就业协议书、劳动合同与档案

一、就业协议书

(一)就业协议书的作用

就业协议书是毕业生与用人单位确定劳动关系的标志和法律依据。就业协议书的作用主要有以下三点:

(1)作为毕业生落实就业单位,用人单位同意接收毕业生就业,双方确立劳动关系的主要依据。

(2)作为毕业生就业主管部门及其所在学校编制就业计划、制定就业方案、管理大学毕业生就业的主要依据。

(3)作为毕业生和用人单位承担相同法律责任的法律依据,以保证协议的严肃性,防止用人单位和毕业生在双向选择中的随意性,避免就业市场的混乱。

（二）就业协议书的签订

1. 签订就业协议书的基本原则

毕业生与用人单位达成一致意见之后，须签订就业协议书。签订就业协议书应遵守以下基本原则：

(1)平等公正原则。签约各方当事人在法律资格上或者在民事权利上是平等的，签约过程和协议内容都应当是公正的，不可有任何偏袒、强迫，更不允许威胁。

(2)双向选择、协商一致原则。当事人依法具有自由决定是否签订就业协议书、与谁签订就业协议书的权利。协议书内容，特别是要害项目，一定要经过协商，双方一致同意。

(3)合理合法原则。签订就业协议书的主体必须合法。主体合法主要是指求职择业者必须具有就业资格，即必须是毕业生或结业生，并具有民事能力；用人单位必须具有民事能力，具有录用毕业生的权利以及计划。就业协议书的内容必须合法，即所签订的就业协议书必须符合国家的法律法规，符合国家的就业方针政策和各级政府的规定。同时也要符合社会道德规范要求，做到合情合理。

(4)诚信原则。诚信原则主要是指当事人各方都要客观、如实地介绍各自的情况，不得用欺诈隐瞒、弄虚作假、故意粉饰等手段骗取对方的信任和允诺，同时必须遵守信用，认真地履行就业协议书规定的权利和义务。

2. 签订就业协议书的步骤和程序

(1)签订就业协议书的步骤。就业协议书的签订一般要经历两个步骤，即要约和承诺。

①要约。毕业生持学校印制的就业推荐表参加各地各行业举办的供需洽谈会，即进入人才市场，向用人单位表达求职意向，或给用人单位寄发自我介绍、有意就职的书面材料，这些实际上就是要约邀请。用人单位收到毕业生的材料，对毕业生进行多方面考察，经过选择决断，同意接收后，将同意回执寄给高校毕业生就业工作部门或毕业生本人，这样就完成了要约的环节。

②承诺。毕业生收到多家用人单位的同意回执或通过其他方式得到多家用人单位的同意答复后，从中做出进一步的选择和决断并最终确定一家用人单位，与此同时，到学校毕业生就业管理部门领取就业协议书，同用人单位签订就业协议书，这就是承诺。

(2)签订就业协议书的程序。要约与承诺环节的完成为就业协议书的签订提供了前提条件，接下来就应该是就业协议书的签订了。一般来说，签订就业协议书要经过如下程序：

①毕业生到学校就业管理部门领取统一制式的就业协议书，一般为一式四份。

②毕业生和用人单位在就业协议书多方面的内容上达成一致后，双方在就业协议书上签字盖章。

③无独立人事权的用人单位需报请上级主管部门在就业协议书上签字盖章。

④毕业生所属院系审核就业协议书，并签字盖章。

⑤毕业生所属学校审核就业协议书，并签字盖章。

就业协议书签订完成后，毕业生、用人单位和学校各执一份，第四份交由相关部门鉴定并存档。

3. 签订就业协议书应注意的问题

签订就业协议书是一项比较烦琐、具体，又关系到当事各方利害的事情。因此，要求毕业生、用人单位和学校三方都要耐心、细致和慎重。作为毕业生，在签订就业协议书时特别要注意以下问题：

（1）认真学习国家及相关省、自治区、直辖市的就业政策和规定，充分利用对大学毕业生就业有利的方面，规避可能带来的麻烦和损害。如教育部颁布的《普通高等学校毕业生就业工作暂行规定》以及各省、自治区、直辖市引进人才、录用毕业生的优惠政策和具体规定。

（2）充分了解就业协议书的所有条款，深刻领会每一条款的准确含义。要向用人单位如实介绍自己的情况，表明自己的就业意见和希望。这不仅是用人单位妥善安排大学生具体工作岗位的重要依据，而且是用人单位对大学毕业生诚信状况的一次考验，也是大学毕业生向用人单位以及社会应尽的义务，同时还能避免由此滋生的诸多不利。

（3）注意了解清楚用人单位是否具备合法的主体资格。仔细了解用人单位的基本情况、发展前景、文化氛围、用人规定以及对毕业生的使用意图、希望和要求。

（4）在签订就业协议书前，要尽量多地收集就业信息，以便选择最佳用人单位。一旦与一家用人单位履行了签约手续，千万不可再与第二家甚至更多家用人单位签订就业协议书。

（5）充分利用就业协议书备注栏，将自己的合理要求，诸如工资福利待遇、住房条件、服务期限、升学或选干后的处理办法以及违约处理办法等明确写入其中。

（6）严格按照学校规定的签约程序签订就业协议书，对只口头答应接收毕业生就业但未有任何书面接收意见的用人单位应慎重对待。大学毕业生与用人单位签订就业协议书后，一定要将其中一份协议书交回学校，纳入学校的就业方案。

（7）牢记就业协议书只有经各方面签字盖章后才能生效，要防止出现这方面的遗漏。要明白就业协议书一经生效，毕业生、用人单位、学校三方都应严格履行。任何一方提出变更协议要求都需征得另外两方同意。未经协商，任何一方都不得单方面终止和变更协议内容。

上述七条注意事项需要大学毕业生灵活掌握，细心运用，提高应变能力，做到具体问题具体对待，以维护自己的合法权益。

4. 无效就业协议书

无效就业协议书是指欠缺签订就业协议书的有效条件或者违反就业协议书签订的原则，从而不产生法律效力的就业协议书。无效就业协议书自订立之日起，就没有法律约束力。无效就业协议书产生的法律责任由造成就业协议书无效的一方承担。具体情况如下：

（1）一方采取欺诈、胁迫等手段，或者乘人之危，使对方在违背真实意愿的情况下签订的就业协议书无效。例如，有的用人单位未如实介绍本单位实际情况，根本无用人用工计划而与毕业生签订的就业协议书；有的用人单位利用大学毕业生"就业难"的心理，威胁利诱他们从事损害国家、社会和他人利益的活动而与大学毕业生签订的就业协议书等。

（2）用人单位免除自己的法律责任，排除大学毕业生权利的就业协议书无效。例如，有的用人单位凭借其自身的用人用工优势，趁大学毕业生急于求职择业之机，只主张自己的权利，只强调大学毕业生的义务，而与大学毕业生签订的就业协议书等。

（3）就业协议书未经学校鉴定并登记，学校不予列入就业方案，也不予派遣。如有的就业协议书经学校审查认为协议内容对毕业生有失公平，或违反法律、行政法规的强制性规定等，学校可以不予鉴定。这样的就业协议书也就很难成立了。

掌握无效就业协议书的相关知识和情况，规避由此产生的法律责任风险，也是大学毕业生求职择业、签订就业协议书要注意的重要问题。

（三）就业协议书的解除

在大学毕业生就业求职的过程中，常有就业协议书解除的情形出现，大学生需要了解这方面的知识。

就业协议书解除是指在生效的就业协议书未履行或者未完全履行之前，当事人各方约定或某方当事人单方行使解除权取消协议关系，终止协议权利和义务。就业协议书的解除分为单方解除和三方解除。

1. 单方解除

单方解除又分为两种情况，一种是单方擅自解除，另一种是单方依法或依协议解除。单方擅自解除协议属违约行为，解约方要对另外两方承担违约责任；单方依法或依协议解除，解除方无须对另外两方承担法律责任。

2. 三方解除

就业协议书的三方解除是指毕业生、用人单位、学校三方经协商一致，取消原先签订的协议书，使协议书不发生法律效力。此类解除是三方当事人真实意思表示一致的体现，三方均不承担法律责任。需要指出的是，三方解除就业协议书应在学校将就业计划上报主管部门之前进行，如果就业计划下达后三方解除就业协议书，还须经主管部门批准，办理调整改派。

如果与用人单位签订了就业协议书后又觉得自己不适合这份工作，必须与原单位解除协议，并及时持证明回学校办理相关手续。找到新单位后，可到其所在地的省级就业指导部门办理改派手续，把自己的档案、户籍关系等人事关系改派到新的用人单位。否则，档案、户籍关系就会滞留在原单位，这会给以后的工作和生活带来很多不便。轻易不要行使解除权，更要避免单方擅自解除。但这也不是绝对的，应本着"两利相权取其重，两害相权取其轻"的原则，正确行使解除权。

二、劳动合同

（一）劳动合同的概念

所谓合同，简而言之就是合意，即当事人之间表示一致的意思。合同也叫契约，是双方（或数方）当事人依法签订的有关权利义务的协议。劳动合同是合同的一种特殊类型，又叫"劳动协议"或"劳动契约"。《中华人民共和国劳动法》（以下简称《劳动法》）第十六条规定：劳动合同是劳动者与用人单位确立劳动关系、明确双方权利和义务的协议。

（二）劳动合同的内容

作为一份完整的劳动合同，归纳起来，其主要内容由两部分组成：一是法律规定的必须包括的条款，称作必备条款；二是劳资双方自己约定的条款，称作约定自治条款。

对于劳动合同的必备条款，《中华人民共和国劳动合同法》（以下简称《劳动合同法》）第十七条规定，劳动合同应当具有以下条款：

(1) 用人单位的名称、住所和法定代表人或者主要负责人。

(2) 劳动者的姓名、住址和居民身份证或者其他有效身份证件号码。

(3) 劳动合同期限。劳动合同期限是劳动合同中的重要条款，在签订劳动合同时，劳动者与用人单位协商确定劳动合同的期限。按照《劳动合同法》的规定，劳动合同期限分为三种，即固定期限、无固定期限和以完成一定工作任务为期限。

(4) 工作内容和工作地点。劳动合同要清晰地写明工作内容和地点，劳动合同中的地点就是单位的所在地，即职工工作的地点。

(5) 工作时间和休息休假。工作时间主要是指工时制度和加班加点制度。对于加班加点的条件、工资计发等法律法规都有明确的规定。目前我国主要采用三种工时制度，即标准工时制度、不定时工时制度和综合计算工时制度。

带薪休假主要有法定节假日、年休假、探亲假、婚假、丧假。其他假期主要包括事假、病假等，职工因私事请假期间的待遇，国家现行法律规范中没有具体规定，要看用人单位规章制度的规定。

(6) 劳动报酬。①工资是劳动报酬的重要部分，因为社会保险费等的缴纳都是以工资为基数确定的。②工资是劳动者获得劳动报酬的主要组成部分，但不是全部，还可能有不列入工资总额范围的由用人单位支付给劳动者的其他费用。③法律规定，劳动合同中约定的工资标准不得低于当地的最低工资标准。④劳动合同中应当写明劳动报酬的具体数额或计算方法及支付日期，并明确该劳动报酬是税前还是税后等事项。

(7) 社会保险。按照国家规定，每个职工应该享受养老保险、医疗保险、失业保险、工伤保险，女性职工还应享受生育保险，这五项就是通常说的社会保险。其中，前三种保险的保费由企业和个人共同缴纳，后两种保险的保费完全由企业承担。除了社会保险之外，还有住房公积金也是法定的，其费用由企业和个人共同缴纳。社会保险和住房公积金的缴费基数、缴费比率等均由法律或当地政府规定，需要了解相关的政策规定。

(8) 劳动保护、劳动条件和职业危害防护。劳动保护和劳动条件是指在劳动合同中约定的用人单位对劳动者所从事的劳动必须提供的生产、工作条件和劳动安全卫生保护措施，包括劳动场所和设备、劳动安全卫生设施、劳动防护用品等。职业危害防护是指为了避免劳动者患上由工作环境中存在的各种有害因素引起的疾病和保护劳动者的健康，需要采取的一系列的防护措施。

(9) 法律法规规定应当纳入劳动合同的其他事项。如《劳动法》中规定的劳动纪律条款以及《中华人民共和国安全生产法》《中华人民共和国职业病防治法》等规定的必须纳入劳动合同的事项。

(三)签订劳动合同时应注意的问题

1. 了解必要的劳动法律知识

劳动合同是劳动者维权的基本依据之一。如何签订一份能保证自己合法权益的劳动合同,哪些是劳动合同中的必备条款,对用人单位提出的哪些"不合理条款"甚至"霸王条款"可以说不,都需要毕业生了解相关法律知识后才能辨别。

2. 签订合法的劳动合同

劳动合同产生法律约束力的主要条件包括以下几个方面:首先,要确保毕业生和用人单位都具备签订劳动合同的主体条件;其次,要确保双方签订的劳动合同内容(权利与义务)符合法律法规和劳动政策;最后,签订劳动合同的程序、形式必须合法,如经协商一致、由劳动行政部门鉴证劳动合同等。

3. 及时签订劳动合同

当毕业生已经为用人单位工作时,毕业生应当要求用人单位与自己签订劳动合同,如果用人单位拒绝签订,可以向当地劳动保障监察部门投诉。对此,《劳动合同法》第八十二条规定:用人单位自用工之日起超过一个月不满一年未与劳动者订立书面劳动合同的,应当向劳动者每月支付二倍的工资。

4. 注重劳动合同的细节

毕业生在与用人单位签订劳动合同时,要在把握大局的基础上,特别注意其中的细节。首先,对用人单位事先拟好的劳动合同,毕业生一定要仔细推敲,发现条款表述不清、概念模糊的,应及时要求用人单位进行说明并修订;其次,在签订劳动合同前,毕业生应尽可能地掌握用人单位制定的与自己的工作岗位相关的岗位工作职责、岗位责任制度、绩效考核制度、合同管理细则以及有关规章制度,因为这些文件会涉及自身多方面的权利和义务;最后,劳动合同至少一式两份,毕业生和用人单位各执一份,毕业生要妥善保管劳动合同,切不可由用人单位代管。

三、就业协议书与劳动合同的区别

(一)相同之处

就确立劳动关系这一点来说,就业协议书与劳动合同是相通的,可以这样认为,就业协议书的实质是劳动合同的一种特殊表现形式。用人单位对大学毕业生这类劳动者,与面向社会公开招聘的劳动者,在培养、使用、待遇等方面可能有所不同,但从确立劳动关系这一点来说,就业协议书与劳动合同是一致的。

(二)不同之处

劳动合同是劳动者与用人单位确立劳动关系,明确双方权利和义务关系的协议。《劳动法》规定,建立劳动关系应当订立劳动合同。就业协议书是高校毕业生与用人单位确立劳动关系,明确双方在毕业生就业工作中权利和义务的协议。教育部颁布的《普通高等学校毕业生就业工作暂行规定》要求:经供需见面和双向选择后,毕业生、用人单位和高等学校应当签订毕业生就业协议书,作为制订就业计划和派遣的依据。

1. 适用主体不同

劳动合同是劳动者与用人单位之间确立劳动关系的协议,只要双方当事人协商一致,符合国家的法律、行政法规、无欺诈和胁迫等行为,经双方签字盖章,合同即生效。目前的就业协议书除毕业生与用人单位双方签字、盖章外,尚需学校和就业主管部门介入。

2. 内容不同

就业协议书的内容主要是毕业生如实介绍自身情况,并表示愿意到用人单位就业,用人单位表示愿意接收毕业生,学校同意推荐毕业生并列入就业方案,而不涉及毕业生到用人单位报到后,应享有的权利义务。劳动合同的内容涉及劳动报酬、劳动保护、工作内容、劳动纪律等方方面面,更为具体,劳动权利义务更为明确。

3. 时间不同

一般来说,就业协议书签订在前,就业协议书应在毕业生就业之前签订,而劳动合同往往在毕业生到用人单位报到后签订。

简单地说,两者的程度不同,劳动合同的法律力度较大,不管是权利还是义务,一旦签订,就必须遵守,一旦有违约现象,必须承担相应的违约责任。而就业协议书带有三方协商的成分,违约后果比合同要轻一些。

四、档案

毕业生档案包含各学历层次期间的学籍档案。档案很重要,没有档案,会影响以后的转正定级、评职称、考资格证等。

(一)档案的内容

毕业生档案里有高校毕业生登记表、学习成绩表、在校奖惩材料、入团入党志愿书、体检表、毕业生报到通知书等。

(二)档案的作用

考研、考公务员、转正定级、评定职称、入团入党、计算工龄、办理各种人事手续等,都会用到档案。毕业生不仅在毕业前要核实档案转递信息,在毕业后也要及时跟踪档案转递状态,确保档案不遗失。待档案到达单位或人才中心后,要及时办理报到和存档手续。具体如何办理,依据单位或各地人才中心规定执行。

(三)档案的存放

1. 直接就业

(1)到机关、事业单位、国有企业就业。高校毕业生到具有档案管理权限的机关、事业单位、国有企业就业的,由单位直接接收、管理档案。

(2)到私企、外企就业。到无档案管理权限的单位(私营企业、外资企业等)就业的可由各地公共就业和人才服务机构负责提供档案管理等人事代理服务。

(3)去基层就业。去基层就业的,原则上档案统转至就业单位所在地县级政府人社部门,由公共就业和人才服务机构提供免费人事代理服务。

2. 升学

收到录取通知书后,及时与学校的就业管理部门和辅导员取得联系,复印自己的录取三联单并加盖学校相关部门公章,毕业时学校会将档案转寄到升学院校。

3. 暂未就业

若学生暂未就业,档案会发回户籍所在地公共就业和人才服务机构保管。须注意,档案不允许个人保存。

(四)核对好人事档案内的资料

一般情况下,个人不能直接查看档案,但是毕业时很多档案中的材料要求由学生自己经手办理,要及时核对好档案中所需的材料,避免遗失或损坏,因为离校后发现问题再补足材料会非常麻烦。

第三节 求职陷阱与防范对策

一、常见的求职陷阱

(一)以高薪为诱饵,先收费,后入职

多数求职者都希望能找到一份高薪的工作。因此,一些用人单位就以夸张、离谱的高薪作为吸引手段。

某些公司直接打出"欢迎新人入职,薪资1万元起"这样吸引人的招聘广告。很多大学生求职者往往求职心切,会选择轻信,等到办理"入职手续"时,对方就会要求应聘者交"建档费""培训费""保证金""服装费""风险押金"等费用。

面对要求缴纳各种费用的情况,我们要明白,这些往往都是以高薪为幌子的行骗。一些企业或非法组织擅自向劳动者收取货币、实物等作为"入厂押金""风险金""保证金""培训费""集资款",甚至指定求职者到某医院体检,收取体检费等都是行骗行为。这些收费的情况都是违法违规的,不要轻信刚入职场就会有非常高的薪资待遇。

有时,这些用人单位还会制定十分苛刻的工作考核内容,诸如迟到、早退、病事假、工作失误等,每一项少则扣罚几十元,多则上百元,而到了年底兑现年终奖时又将员工提前解聘。然后,用人单位继续用此办法招来新的求职者。

为此,人力资源和社会保障部先后发出文件,指出这种做法违反国家关于劳动关系当事人平等、自愿和协商一致建立劳动关系的规定,必须予以制止和纠正。对非法收取的货币和实物,应当责令用人单位立即退还劳动者。

(二)名不副实的招聘宣传

一些用人单位宣称,所招聘的员工全部都会转为正式员工,留在公司工作,求职者通过试用期后,便会获得较高的薪资和福利待遇。而实际上,这些用人单位大量招聘短期员工,

且不签订劳动合同,待试用期满,以各种理由予以解雇,这是部分大学生的求职遭遇。

还有招聘单位的介绍名不副实。一些单位为了提高入职要求,或吸引高学历的求职者,常常夸大招聘职务头衔,如某某项目经理、某某部门经理,或是美化单位形象,误导求职者。因此,毕业生们要认真解读招聘信息,结合公司资质考察和实地调研,在确保信息真实的情况下应聘、签约。

(三)获取求职者作品和个人信息

剽窃求职者的作品,属于招聘中的智力陷阱,智力陷阱是指以录取考试为名无偿占有程序设计、广告设计、策划方案、文章翻译等劳动成果。这种堂而皇之地占有他人劳动成果的做法,隐蔽性更强,求职者要具备慧眼,小心防范。

同时,某些招聘单位,只"招"不"聘",把招聘会当作宣传公司和获取求职者个人信息的机会,要求求职者提供身份证、户口本等重要证件。有些单位收了求职者的简历后,便杳无音信了。毕业生应多参加政府和高校主管部门组织的毕业生就业洽谈会,确认其他机构举办的就业招聘会得到主管部门的批准后再参加。毕业生们要有选择性地参加适合自身的人才招聘会。

(四)网络招聘中的广告陷阱

"网络招聘"已经成为求职招聘的重要渠道,很多同学通过"网络招聘"找到了心仪的工作。但在网络求职过程中,有些公司违规组织、委托专业人员制作精美的网页,或找出一个相对规范的企业网站模板填入自己编造的内容,或者干脆找一家公司做"样本",完全复制该公司的全部网页。然后,在全国各个主要的招聘网站或者高校网站上发布虚假招聘信息,通过冒充用人单位或中介单位收取大学生就业中介费,并获取学生求职简历,据此向用人企业收取招聘费、信息费,实施网络招聘诈骗。此类陷阱使用了一定的科技手段,识别起来有一定难度,毕业生要提高警惕加以防范。

二、规避陷阱的防范对策

面对以上种种招聘中存在的陷阱,如何做好应对防范,保护自身的合法权益,是新形势下高校毕业生应该具备的基本素质。

(一)了解国家关于毕业生就业的方针、政策

了解政策法规,才能做到有备无患。全面了解国家及所在省市地区关于毕业生的就业政策、规范以及它们之间的关系,熟悉毕业生在就业过程中的权利和义务,了解保障毕业生求职就业权益的部门有哪些,了解保护毕业生就业权益的法律法规有哪些。提高自己的法律意识,必要时要懂得用法律武器保护自己的合法权益。例如,就业协议书签订后,用人单位无故要求解约,毕业生有权要求对方履行协议,否则用人单位应对毕业生承担违约责任。

与毕业生就业有关的法律法规可分为四个层次。第一个层次是相关的法律,如《劳动法》和《劳动合同法》,它们具有绝对的权威性,在就业、劳动市场运作方面处于统领地位。第二个层次是教育部及有关部委发布的关于毕业生就业的规范,如教育部颁布

的《普通高等毕业生就业工作暂行规定》，该规定对全国高校、毕业生、用人单位具有普遍的约束力，是目前最为系统全面的毕业生就业规范。第三个层次是各地方就业主管部门发布的关于就业的规范性文件。第四个层次是各高校制定的关于毕业生就业的管理规定、实施办法、细则等。国家、社会为毕业生就业提供了诸多保障，毕业生也应该自觉遵循有关法律法规和就业规范。

（二）正确认识自我，克服不良求职心理

毕业生在求职的过程中要时刻保持清醒的头脑，科学理性地评估自己的能力，遇到提供高薪的用人单位，要清醒地思考自己的能力与经验是否与高薪匹配，不可被高薪冲昏头脑。一般待遇越高，越要认真审视信息的真实性。

同时，要合理地规划自我发展并追求与社会相适应的自我价值，清楚自己的优势与劣势。对自己有一个全面、客观的评价。有清晰的自我认知和环境认知，才可以避免求职中的盲目性。

（三）运用法律手段维护合法权益

毕业生应学会运用法律手段维护合法权益，大学生就业权益的法律保护主要有两类：一是作为一般劳动者享有的合法权益；二是作为大学生这一特殊群体享有的权益。例如，如果遇到用人单位发布虚假招聘信息，信息中所列的待遇、薪酬与实际情况严重不符，求职者应向劳动部门反映，请求解决。若遇到用人单位或中介机构收取一定中介费用后搬迁消失的情况，如果是正规中介机构或有营业执照的用人单位，可向劳动部门投诉；如果是没有营业执照的中介机构或用人单位，则可向所在地公安部门报案，由公安部门查实。

与用人单位签订合同时，求职者要做到"三看"：一看企业的经营期限是否超出工商部门登记注册的有效期限，若超出期限则所签合同无效；二看合同是否准确、清楚、完整，不能用缩写、替代或含糊的文字表达；三看劳动合同是否包括劳动合同期限、工作内容、社会保险等必备内容。而且，必须签订书面合同。

（四）注意招聘中的一些细节问题

(1)不购买公司以任何名义要求购买的有形、无形产品。

(2)不要轻信不知名的网站、媒体上刊登的招聘广告。

(3)不随意做任何允诺或签署任何不明文件。

(4)不将证件及信用卡交给用人单位保管，不要有"撒大网捞小鱼"的心理，要有选择地投递简历，对自身资料要加强保密。

(5)如果通过中介机构求职，一定要坚持中介机构先开具正规发票，然后付费。

(6)面试前，告知亲友、老师或同学面试的时间和地点。

初入职场的毕业生都会对自己未来的职业充满美好期待，都希望能找到展现自己能力的舞台。但是大家在求职过程中，一定要提高防范和应对意识，避免造成不必要的伤害和损失。

谨防招聘广告诈骗

酒店管理专业毕业生李某看到街头张贴的小广告说某五星级大酒店招聘前台接待员,就按广告上留下的手机号码联系上了酒店的"人力资源部主任",对方简单问了几个问题后,就让她第三天上午8点到酒店面试。李某如约前往,可到了9点还不见"人力资源部主任"人影,正要到酒店人力资源部问个究竟时,她的电话响了,那个"主任"告诉她已经悄悄观察过了,并且经过观察,觉得她的形象、气质都很适合这个岗位,因此决定录用她了,但要她将300元服装费汇到一个卡号上,下周一就可以上班。李某兴高采烈,按要求汇了钱。过了两天,那个"主任"又来电话说酒店要进行专门培训,需要交2 000元培训费。李某对这份工作很满意,就又汇了2 000元到那个账号上。过了一天,"主任"又通知她交押金5 000元,不然不能上班。李某这才感到可能受骗了,赶紧到该酒店人力资源部询问,结果让她大吃一惊:酒店根本没有招聘这回事。

思考并回答:

如果你是李某,你会怎么做?

参考文献

[1] 彭贤,马恩.大学生职业生涯规划活动教程[M].北京:清华大学出版社,2010.

[2] 金树人.生涯咨询与辅导[M].北京:高等教育出版社,2016.

[3] 盖笑松.生涯规划指导[M].长春:东北师范大学出版社,2021.

[4] 古典.你的生命有什么可能[M].长沙:湖南文艺出版社,2014.

[5] 王长青.大学生职业生涯规划与发展[M]南京:南京大学出版社,2017.

[6] 聂强.大学生职业生涯规划与就业指导[M].重庆:重庆大学出版社,2022.

[7] 王莹.大学生职业生涯规划[M].北京:清华大学出版社,2019.[8]傅赟.大学生职业生涯规划实用教程[M].重庆:重庆大学出版社,2021.

[9] 刘锐,王雅赟,李妍.职业生涯发展与就业指导[M].北京:人民邮电出版社,2023.

[10] 曹强,杨丽,贺玉兰.大学生就业指导教程[M].北京:北京邮电大学出版社,2023.

[11] 乔晶策,王刚,袁永彦.大学生就业指导[M].镇江:江苏大学出版社,2022.

[12] 范广,张高科.大学生就业指导[M].上海:上海交通大学出版社,2023.